Geschichte Russlands

Bert Hoppe

GESCHICHTE RUSSLANDS

THEISS WISSENKOMPAKT

THEISS

Inhalt

Eine russische Bauernfamilie zu Beginn des 20. Jh. hat sich zum Essen versammelt. Oben links die traditionelle »Schöne Ecke« mit den Ikonen der Familie.

Das Ende des Sozialismus und die Wiedergeburt Russlands

Russland – was ist das?

Zwei Jahrzehnte nach dem Ende des Sozialismus ist Russland noch immer auf der Suche nach sich selbst. Dominierte bis 1991 der Kult der Zukunftsgläubigkeit, so orientiert man sich seitdem stärker an der Geschichte. Umstritten bleibt allerdings, auf welche Traditionen seiner Vergangenheit das neue Russland zurückgreifen soll.

1996 lobte die Regierungszeitung *Rossijskaja Gazeta* auf Anregung des russischen Präsidenten Boris El'cin (Jelzin) ein Preisausschreiben aus. Umgerechnet 1500 Euro winkten dem Preisträger, der auf fünf bis sieben Schreibmaschinenseiten eine überzeugende »nationale Idee« für Russland entwickeln konnte. Für diesen ungewöhnlichen Schritt erntete El'cin viel Spott – und tatsächlich wurde der Wettbewerb schließlich ergebnislos abgebrochen – doch berührte der Präsident mit seiner Initiative eine Frage, die zu beantworten bis heute nicht gelungen ist: Was ist Russland?

Die Suche nach einer »nationalen Idee« gestaltete sich in Russland nach dem Verlust der sinnstiftenden Ideologie des Kommunismus sehr viel schwieriger als in den meisten anderen Nachfolgestaaten der Sowjetunion: Während sich die kaukasischen und baltischen Republiken auf ihre nationale Kultur und Geschichte besannen, wusste man in Russland nicht mehr, wie sich das Land fortan definieren sollte. Zwar hatte das Russische als *lingua franca* zunächst des russischen und dann auch des sowjetischen Imperiums gedient und die Klassiker der russischen Literatur des 19. und 20. Jahrhunderts waren von Karelien im Norden bis Samarkand im Süden Pflichtlektüre an den Schulen gewesen – eine stabile »russische Identität« hatte sich in dieser Zeit aber paradoxerweise nicht einmal in den russischen Kernlanden herausgebildet.

Zu Beginn des 20. Jh. war die Infrastruktur Russlands noch sehr schwach entwickelt, Foto von 1909

Besonders deutlich lassen sich die Probleme am schwierigen Verhältnis zwischen Nation und Staat ablesen. Bezeichnenderweise existieren für das Beiwort *russisch* in der russischen Sprache selbst zwei Begriffe – nämlich *russkij* und *rossijskij*. Das erste Wort ist von *Rus'* abgeleitet, womit die Kiever und Moskauer Fürstentümer des frühen Mittelalters bezeichnet wurden, und bezieht sich vorrangig auf die russische Sprache und das russische Volk (es dient aber auch den Ukrainern als Bezugsgröße ihrer Nationalgeschichte). Das Beiwort *rossijskij* dagegen leitet sich von *Rossija* ab, einer Bezeichnung, die seit dem späten Mittelalter für das damals entstehende Imperium gebräuchlich wurde, als sich Russland zu einem Vielvölkerreich entwickelte; dieser Begriff wird in der deutschen wissenschaftlichen Literatur daher abgrenzend auch mit *russländisch* übersetzt.

Ethnien und Imperium

Die Begriffe russkij und rossijskij deuten auf eine Tatsache hin, die die Geschichte Russlands stark geprägt hat: Es gibt gewissermaßen zwei Arten von Russentum – das eine eher ethnisch definiert, das andere mit der europäischen Großmacht verbunden. Aus dieser Konstellation erklären sich viele Unschärfen des heutigen Russlandbildes nicht nur des westlichen Auslandes, sondern auch im heutigen Russland selbst. Unscharf ist daher auch die Abgrenzung des Gegenstandes der russischen Geschichte – steht der Staat oder das russische Volk im Mittelpunkt? Wann beginnt die »russische« Geschichte – und wann endet sie? Lässt sich die russische Geschichte über das Revolutionsjahr von 1917 hinaus erzählen?

In der Geschichtsschreibung hat es sich inzwischen durchgesetzt, den Staat über die Brüche von 1917 und 1991 als die zentrale Bezugsgröße anzusehen. So orientiert sich auch der geografische Rahmen, innerhalb dessen in diesem Buch über die »russische« Geschichte berichtet wird, an den Grenzen des russischen Staates bzw. seiner Vorgänger und russländischen bzw. sowjetischen Nachfolger. Diese Erweiterung, die daher auch die Geschichte der Nachbarländer streifen muss, erscheint nicht zuletzt deshalb sinnvoll, weil man nur so dem bis heute prägenden multiethnischen Charakter Russlands gerecht werden kann. Wo vom »Charakter« eines ganzen Landes geredet wird, ist freilich zugleich Vorsicht geboten: Zu zahlreich sind die pauschalen Etiketten, die Russland bis heute angeheftet werden. So gehört beispielsweise das Bild vom »russischen Sonderweg« als einer Abweichung vom westlichen Modell der Nationalstaatsbildung zu einem der immer wiederkehrenden Topoi des Russlanddiskurses, heute meist in die Frage gekleidet, inwiefern Russland ein »europäisches« Land sei. Diese Frage beschäftigt allerdings nicht nur äußere Beobachter.

Klima und Landschaft

Russland besitzt zwar reiche Bodenschätze, die Menschen hatten aber stets mit den widrigen klimatischen Bedingungen zu kämpfen. Fast die Hälfte der Bodenfläche (vor allem die Weiten Sibiriens zwischen dem Enisej-Strom und der Halbinsel Kamčatka) ist ständig gefroren oder nur an wenigen Tagen im Jahr aufgetaut. Die für Ackerbau nutzbaren Gebiete liegen in der südlichen Waldzone und in der Steppenzone nördlich des Schwarzen Meeres. Die fruchtbarste Region bildet der Schwarzerdegürtel, der sich in West-Ost-Richtung von der südlichen Ukraine in einer Breite von 500 Kilometern bis zum südlichen Ural hinzieht, er gehörte schon in der Ur- und Frühzeit zu den bevorzugten Siedlungsgebieten. Diese südlichen Gebiete wurden allerdings bis ins hohe Mittelalter hinein von Reiternomaden kontrolliert; ostslawische Ackerbauern rückten erst in der zweiten Hälfte des 16. Jahrhunderts vor, als sich das Moskauer Reich ausdehnte.

Zudem war die Ernte selbst in den Regionen mit fruchtbarem Boden wegen der offenen Lage der Landschaft durch Dürren und sommerliche

Eine Poststation in Sibirien, Holzstich von 1865

Nachtfroste bedroht. Die häufigen Missernten, die aus diesen klimatischen Bedingungen entstanden, sind bis weit in das 20. Jahrhundert hinein eine Konstante der russischen Geschichte geblieben. Das Klima hat den Alltag in Russland jedoch auch auf andere Weise geprägt. Die Jahreszeiten Frühjahr und Herbst wurden lange Zeit bildhaft als die »Zeit der schlechten Wege« (*rasputica*) bezeichnet, weil in diesen Monaten die unbefestigten Wege im zähen Schlamm versanken. Angesichts der gewaltigen Ausdehnung des Landes war dies eines der wesentlichen Entwicklungshemmnisse: Der Verkehr zwischen den Regionen kam über Land nur schwer voran, erst der Bau der Eisenbahn im 19. Jahrhundert ergänzte die in Nord-Süd-Richtung verlaufenden Flüsse durch leistungsfähige Ost-Westverbindungen.

Geografie und Geschichte

Obwohl Russland bis heute als ein vergleichsweise dünn besiedeltes Land gilt, ist auch hier der Anteil des Waldes an der Gesamtfläche im Laufe der Jahrhunderte stark zurückgegangen. Betrug der Waldanteil Ende des 17. Jahrhunderts im europäischen Teil Russlands noch 53 Prozent, waren es Mitte des 19. Jahrhunderts nur noch 42 Prozent und hundert Jahre später noch gerade ein Drittel. Paradoxerweise war dies der Weite des Raumes geschuldet, die zu einer extensiven, Flächen verbrauchenden Agrarwirtschaft verleitete, anstatt die Erträge der bestehenden Äcker zu erhöhen.

Selbst der Birkenwald, der vielen heute als der »typische« russische Wald gilt und der zahlreichen Dichtern und Malern als Motiv diente, hat sich erst durch Eingriffe des Menschen so weit ausgebreitet, wie wir ihn heute kennen: Durch das gezielte Abholzen von Nadelbäumen in den Wäldern der südlichen Taiga konnten sich Laubbäume stärker ausbreiten, drang mehr Licht auf den Waldboden, auf dem sich so Unterwuchs bildete, der diese Teile der Taiga als Waldweide für das Vieh nutzbar werden ließ. Die Rodung der Wälder führte zudem zu einem starken Sedimenteintrag und zu abnehmenden Flusspegeln – der Wasserweg, auf dem die Wikinger einst von der Ostsee zum Schwarzen Meer in Richtung Byzanz durch Russland fuhren, lässt sich heute in einigen Abschnitten nur noch im Paddelboot absolvieren. Ein immer wieder diskutiertes Problem ist die Frage, wie stark die russische Geschichte

Der hemmungslose **Raubbau an der Natur** fiel schon Reisenden des 19. Jahrhunderts auf. So schrieb der Franzose Astolphe de Custine über seine Fahrt von Petersburg nach Moskau im Jahr 1839: »Alle Wälder, durch die ich bis jetzt gekommen bin, sind […] sehr gelichtet, so dass es eigentlich keine Wälder mehr sind, sondern sumpfige Flächen, auf denen hier und da eine Fichte oder eine verkrüppelte Birke steht.«

durch den weitgehend offenen Raum geprägt wurde. In der russischen Geschichtsschreibung wurde häufig betont, dass Russland durch das Fehlen natürlicher Grenzen ständigen Aggressionen ausgesetzt gewesen sei: von Osten her durch Reiternomaden, die im Mongolensturm des 13. Jahrhunderts gipfelten, und von Westen her durch Invasoren, die von den Normannen bis zu Hitler reichten. Andererseits erleichterte diese Offenheit des Raumes umgekehrt auch die Expansion Russlands. Insgesamt aber sollte man sich vor solchen geopolitischen Deutungen hüten – entscheidend waren stets Stärke und Schwäche staatlicher und gesellschaftlicher Strukturen Russlands und seiner Nachbarn. Die Offenheit der Grenzen begünstigte zwar einerseits die Herausbildung einer Zentralmacht, anderseits forderte und förderte die Weite des Raumes aber auch die Eigeninitiative vor Ort. Hieraus entwickelte sich eine ständige Spannung zwischen Zentrum und Peripherie, die bis heute andauert.

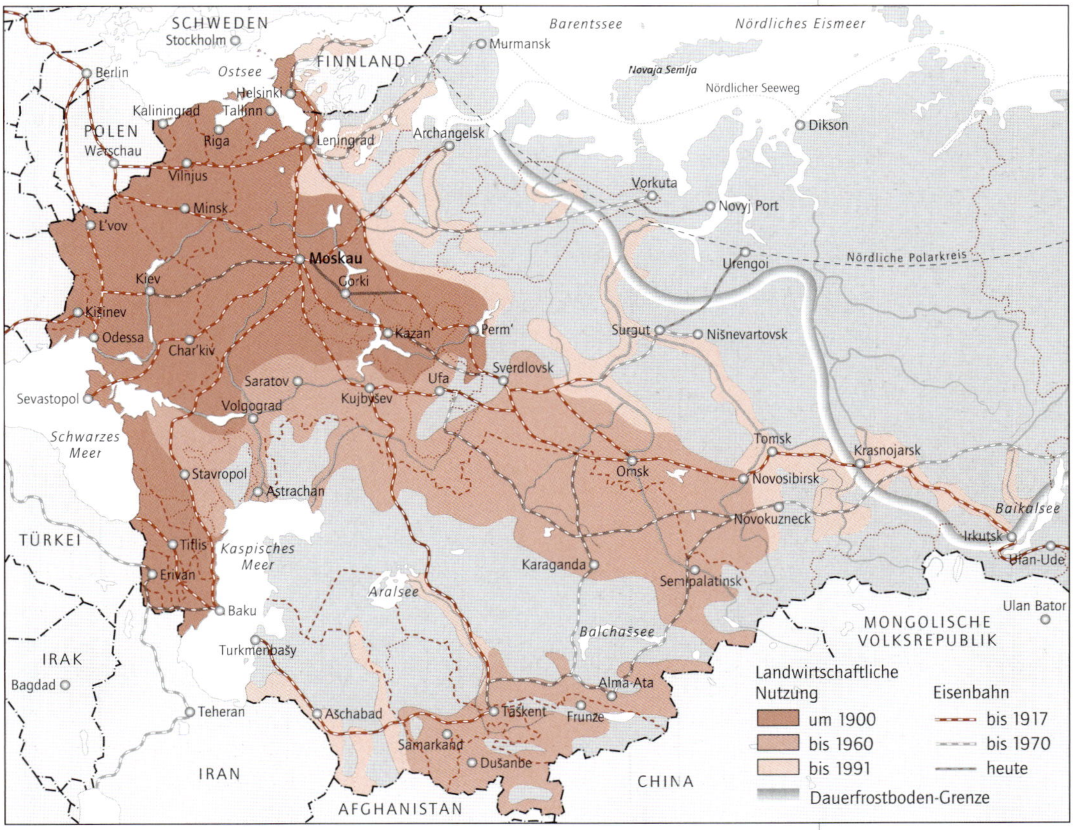

Се слышавъ володимиръ рч҃. аще истинна боудеть.
то поистинѣ великъ бгъ хрстьяньскъ. и повелѣ кре
стити. еппъ же корсоуньскыи. с попы црчины. ѿ
гласивъ крти володимира. и ꙗко възложи роукоу
на нь. абие прозрѣ. видѣв же се володимеръ. на
прасное исцѣление. и прослави бга рекъ тепервоувѣдѣх бга истиньнаго

Се же видѣвше дроужина е҃. мнози кртишас. крти же ся в цркви
стго василиꙗ. и е цркви стоаще. в корсоуне граде на мѣстѣ по
среди грда. идеже торгъ дѣють. полата володимира въ краи цркви
стоить. и до сего дни. а црчина полата за олтаремъ. по кре
щении же приведе црцю на оброучание:~

Von den Anfängen bis zum Ausgang des Mittelalters – Die Frühzeit

Russland liegt an der Schnittstelle zwischen Europa und Asien. Seit jeher wirkten hier Einflüsse von Ost und West auf einzigartige Weise ineinander. Wie unsinnig das lange gebräuchliche Schlagwort von der »asiatischen Prägung« Russlands ist, zeigt die jüngere Forschung zu seinen verschiedenen Vorgänger- und Nachbarreichen.

Frühe Völker zwischen Bug und Wolga und der Beginn der slawischen Besiedlung

Die ältesten zuverlässig datierbaren Funde, die eine Besiedlung des späteren Russlands belegen, sind etwa 35 000 bis 25 000 Jahre alt. In diesem Zeitraum – der mittleren Altsteinzeit – veränderte sich das Klima in diesen Gebieten tiefgreifend. Im Zuge der letzten Eiszeit wandelten sich die bislang waldreichen Regionen zu kalt-trockenen Steppen und Tundren. Zur Jagdbeute gehörte schon damals wohl das Mammut, dessen Stoßzähne in der darauffolgenden Jungsteinzeit (bis ca. 15 000 v. Chr.) nicht nur als Baumaterial für teilweise erstaunlich große Behausungen genutzt wurden, sondern auch für erste kleine Kunstwerke. So finden sich neben Tierfigürchen insbesondere kleine Skulpturen nackter Frauen, die teilweise sehr schematisch dargestellt sind, in allen Fällen aber eine üppige Körperfülle ohne Gesicht und Füße aufweisen und somit als Bestandteile eines Fruchtbarkeitskultes gedeutet werden.

In der Zeit um 6000 v. Chr. lässt sich in fruchtbaren Gegenden der Schwarzerdezone ein Übergang zu bäuerlicher Kultur beobachten; offensichtlich haben hierbei äußere Einflüsse eine wesentliche Rolle gespielt, wofür Funde importierter Keramik sprechen. Ob Ackerbau und Viehzucht jedoch auch mit der Einwanderung neuer Bevölkerungsgruppen zusammenhingen, lässt sich nicht sagen. Die frühesten Keramikfunde aus dem

Großfürst Vladimir lässt sich im Jahr 988 taufen; zur Linken der Palast Vladimirs, zur Rechten der seiner Braut Anna Porphyrogennetos, russische Buchmalerei, Ende des 15. Jahrhunderts

6. Jahrtausend v. Chr. wurden in der heutigen Westukraine ausgegraben, wo sich dann an der Wende vom 5. zum 4. Jahrtausend v. Chr. die jungsteinzeitliche Tripol'e-Kultur entwickelte. In den Siedlungen, die hauptsächlich in Flusstälern lagen, finden sich auch verschiedene Sorten importierten Feuersteins, die auf frühe Fernhandelsbeziehungen bis in das Gebiet des heutigen Rumänien hinweisen. Anfang des 3. Jahrtausends v. Chr. erlebte diese Kultur ihren Höhepunkt, nachweisbar an zum Teil sehr großen, befestigten Dörfern mit einer Grundfläche von bis zu 15 000 qm. Weiter östlich, zwischen den Flüssen Dnepr und Donec, bestand zu dieser Zeit die Dnepr-Donec-Kultur, die im Norden bis zu den Pripjat'-Sümpfen im heutigen Weißrussland reichte und im Süden bis zur Krim. Hier finden sich neben Gegenständen aus Kupfer auch erstmals Schmuckanhänger aus Gold als Grabbeigaben.

Bronzezeit

Eine entscheidende Wende vollzog sich im Laufe des 3. Jahrtausends v. Chr., als die bestehenden steinzeitlichen Kulturen von der sogenannten Kurgan-Kultur abgelöst wurden, deren heutige Bezeichnung von ihren Grabhügeln (den Kurganen) abgeleitet wurde. Erstmals tritt hier eine Kultur auf, die offensichtlich aus den östlich liegenden Steppengebieten nach Westen vorgedrungen ist – eine erste Migrationswelle in den südrussischen Raum, der bis in das Hochmittelalter noch viele weitere folgen sollten. In den charakteristischen Kurganen wurde meistens nur eine Person bestattet, häufig mit zahlreichen Schmuckstücken als Grabbeigabe, was darauf hindeutet, dass sich diese Gesellschaft sozial immer stärker differenzierte. Vor allem aber finden sich Spuren der für Europa neuen Pferdezucht. Trensenknebel aus Geweih zeigen, dass Pferde Wagen zogen und möglicherweise bereits geritten wurden. Auf ihrem Höhepunkt um 2500 v. Chr. reichte die Kurgan-Kultur über die Donau bis nach Jugoslawien im Westen und in den Kaukasus im Südosten. Ihre Siedlungen waren nun wieder klei-

Frauenstatuette aus Kostjenki bei Voroneš, 25 000 v. Chr.

Steinzeichnungen am Onega-See in Karelien, ca. 4000 v. Chr.

ner; offensichtlich spielte in dieser Kultur neben dem immer noch bestehenden Ackerbau nomadisches Leben wieder eine stärkere Rolle.

Anders als in diesen südlichen Steppengebieten der heutigen Ukraine und Russlands vollzogen die Menschen in der nördlich gelegenen Waldzone nicht den Übergang zum Ackerbau. Sie lebten vielmehr bis weit in das 3. Jahrtausend v. Chr. hinein als Jäger und Sammler. Unklar ist, ob diese große Zweiteilung auch sprachlich-ethnisch interpretiert werden kann und somit die Aufteilung in eine nördliche finno-ugrische und eine südliche indogermanische Sprachfamilie erklärt. Zwar dürfte diese These im Kern zutreffen, es lässt sich aber nur wenig Konkretes darüber sagen, inwieweit die Sprachgrenzen tatsächlich mit den archäologisch nachweisbaren Kulturen übereinstimmten.

Schon in den Grabbeigaben der jungsteinzeitlichen Kurgane finden sich neben Goldschmuck auch Kupferäxte, die auf Handelsbeziehungen mit den Hochkulturen Vorderasiens hinweisen; aus dieser Region trat im 3. Jahrtausend v. Chr. auch die Bronze ihren Siegeszug nach Europa an. Die Kurgan-Kultur wurde nun von der aus ihr erwachsenden Holzkammergräber-Kultur abgelöst, die sich vom Unterlauf der Wolga aus nach Norden und Westen ausdehnte. Charakteristisch für sie ist das Aufkommen von Mehrfachbestattungen mit reichen Grabbeigaben. Welche Be-

Pferde mit Reitern, Felszeichnung aus dem 6. Jh. v. Chr. in Šiškino an der Lena (Sibieren)

deutung Pferde in dieser Gesellschaft inzwischen erlangt haben, ist daran abzulesen, dass einige dieser Tiere in eigenen Grabhügeln bestattet wurden. Zu Beginn des 1. Jahrtausends v. Chr. tauchen erste befestigte Wallburgen (*gorodišče*) in der Dnepr-Region auf.

Krieg und Handel mit den Griechen

An der Wende vom 7. zum 6. Jahrhundert v. Chr. zeichnete sich ein neuer Umbruch ab – er ist sowohl an archäologischen Funden abzulesen, als auch erstmals in schriftlichen Zeugnissen aus der Zeit überliefert. Der griechische Historiker Herodot, der um die Mitte des 5. Jahrhunderts v. Chr. lebte, berichtet über die Skythen, ein Volk, das aus den turanischen Steppen nördlich des Aralsees kommend den Don überschritten hatte und die zu Herodots Lebzeiten über ein Territorium herrschten, das sich vom Kaspischen Meer bis zu Donau erstreckte. Der Einflussbereich der Skythen reichte jedoch viel weiter, vom kasachischen Altaigebirge bis in das heutige Brandenburg.

Skythischer Reiter, Bildteppich. Applikationen in farbigem Filz, 5./4. Jh. v. Chr.

Ihre Übermacht bezogen die Skythen aus einer neuen, militärisch einsetzbaren Erfindung: dem Sattel. Anfangs lebten sie, wie alle Völker, die aus dem Osten an den nördlichen Rand des Schwarzen Meeres gewandert waren, als Nomaden; auch war ihre politische Struktur zunächst sehr lo-

Hippokrates in *De aere aquis locis* über die **Skythen**: »Nomaden nennt man sie, weil sie keine Häuser haben, sondern in Wagen leben, von denen die kleinsten vierrädrig, andere sechsrädrig sind; diese Wagen sind vollständig mit Filz überdeckt und wie Häuser konstruiert, die einen mit zwei, andere mit drei Abteilungen; sie sind undurchdringlich für Wasser, Schnee und Wind. [...] Sie bleiben nur so lange an einem Ort, wie das Gras für das Vieh reicht, wenn es zu Ende geht, ziehen sie an einen anderen Ort. Sie selbst essen gekochtes Fleisch, trinken Stutenmilch und essen Hipake, das ist Käse aus Stutenmilch.«

Das goldene Pektorale zeigt deutliche Anleihen in der griechischen Mythologie, skythisch, 4. Jh. v. Chr.

cker in Stammesverbänden organisiert. Erst im 5. Jahrhundert v. Chr. entstanden feste staatliche Strukturen. Im 4. Jahrhundert vereinigte König Aetas die skythischen Stämme vom Azovschen Meer bis zur Donau in einem ersten Großreich, dessen Handels-, Verwaltungs- und Wirtschaftszentrum in der Wallburg in Kamenskoe am unteren Dnepr lag. Schon 339 v. Chr. begann jedoch der Niedergang, als Aetas im Krieg gegen Philipp II. von Makedonien unterlag.

Mit den Griechen lagen die Skythen jedoch nicht nur im Krieg – durch ihren intensiven Handel mit den griechischen Kolonien am Nordufer des Schwarzen Meeres, die seit dem 7. Jahrhundert v. Chr. bestanden, wurden sie auch immer stärker von deren Kultur geprägt. Die frühen skythischen Kunstwerke, in denen ein männlicher Kriegsgott eine zentrale Rolle spielte, sind noch durch einen abstrahierenden Stil geprägt, aus dem 4. Jahrhundert v. Chr. jedoch sind großartige Goldschmiedearbeiten überliefert, die sich durch einen einzigartigen Naturalismus auszeichnen. Die meisten dieser Kunstwerke haben sich als Grabbeigaben erhalten.

Sarmaten und Hunnen

Mit dem Niedergang des Skythenreiches setzen Jahrhunderte der Unruhe und Instabilität ein. Ende des 3. Jahrhunderts v. Chr. breiteten sich die

Sarmaten aus, die den Skythen in vieler Hinsicht sehr ähnlich waren; so lassen die wenigen überlieferten Namen darauf schließen, dass beide Völker der nordiranischen Sprachgruppe zugehörten. Allerdings blieben die Sarmaten im Gegensatz zu den Skythen Nomaden. Dies lässt sich auch deutlich an einem weit geringeren Wohlstand und einem Rückgang der Grabbeigaben ablesen. Für ihre Bestattungen nutzten die Sarmaten häufig bereits bestehende bronzezeitliche Kurgane, in die sie ihre Grabkammern eintieften. Auffällig ist die Stellung der Frauen. Schon Herodot wusste zu berichten, dass die Sarmatinnen im Reiten und Jagen erzogen wurden und ihre Heiratsfähigkeit dadurch beweisen mussten, dass sie einen Feind töteten. Er schloss daraus, dass die Sarmaten aus einer Verbindung der Skythen mit den Amazonen stammten. Herodot wusste von den damals noch fernen Sarmaten nur vom Hörensagen, doch Ausgrabungen haben seinen Bericht inzwischen in wesentlichen Punkten bestätigt. So haben sich in sarmatischen Grabhügeln tatsächlich auch repräsentative Frauenbestattungen gefunden, denen Waffen beigegeben wurden.

Die Sarmaten stießen im 1. Jahrhundert n. Chr. bis in den Donauraum vor, wurden dann aber im 3. Jahrhundert von den Ostgoten unterworfen, einem baltischen Volk, das im Zuge der Völkerwanderung von Nordwesten her in Richtung Krim und dann an die Donau zog. Nach einer vernichtenden Niederlage gegen die Römer gaben die Ostgoten den Versuch auf, weiter nach Süden vorzudringen und konsolidierten ein gewaltiges Reich, das sich um 350 n. Chr. von der Ostsee bis auf die Krim erstreckte. Nur ein Jahrzehnt später jedoch wurde die Herrschaft der Ostgoten von einer neuen Streitmacht bedroht, deren Macht letztlich das weströmische Reich einstürzen ließ: Aus den östlichen Steppen drangen die Hunnen in das Dongebiet vor, schlugen die Ostgoten im Jahr 375 und stießen dann immer weiter nach Westeuropa

Ein sarmatisches Gefäß mit Henkel in Gestalt eines Elches, gefunden bei Rostov/Don, 1. Jh. v. Chr.

vor. Sie trieben dabei Goten und andere Völker vor sich her über Rhein und Donau und setzten schließlich unter König Attila zum Sprung nach Italien an. Unter Attilas Herrschaft stand das Hunnenreich um 450 auf dem Höhepunkt seiner Macht – und zerfiel nach dessen Tod ebenso schnell, wie es entstanden war.

Ein jüdisches Großreich am Schwarzen Meer – die Chazaren

Den Hunnen folgten weitere Nomadenvölker, von denen die Awaren Ende des 6. Jahrhunderts zwischen Don und Weichsel ein weiteres Großreich aufbauten, das allerdings schon um 650 von Chazaren abgelöst wurde. Dieses Turkvolk schuf ein Reich, das sich ebenfalls gewaltig ausdehnte und auf seinem Höhepunkt um 750 vom Dnestr bis zum Kaspischen Meer reichte. Die Chazaren bildeten in diesem Reich jedoch nur eine Oberschicht, die über viele Ethnien herrschte, von denen sie Tribute einforderte – die Lebensweise und Religion dieser Gruppen beeinflussten die Chazaren dagegen zunächst kaum. An ihrer Spitze stand ein Khagan, der im Laufe des 9. und 10. Jahrhunderts immer stärker auf sakrale Funktionen beschränkt wurde, während der ihm für politische Aufgaben zur Seite gestellte Beg schrittweise an Macht gewann. Ihre einzigartige Stellung in der Geschichte erhielten die Chazaren, weil ihr Khagan und die Führungsschicht an der Wende zum 8. Jahrhundert zum jüdischen Glauben übertraten. Im Laufe dieses Jahrhunderts wurde das Judentum Staatsreligion und breitete sich auch in den einfachen Bevölkerungsschichten aus; die Auswirkungen lassen sich unter anderem in veränderten Bestattungsriten ablesen: So finden sich beispielsweise keine Grabbeigaben mehr.

Weshalb die Chazarenherrscher zum Judentum konvertierten, konnte noch nicht restlos geklärt werden. In einem erhaltenen Brief an den in Cordoba lebenden jüdischen Gelehrten Hasdaj ibn Schaprut (ca. 915–970) berichtete der Khagan Joseph in der Mitte des 10. Jahrhunderts, dass es am Hofe eines seiner Vorgänger ein Streitgespräch zwischen Vertretern des Christentums, des Judentums und des Islam gegeben habe, aus dem der Jude als Sieger hervorgegangen sei. Da sich dererlei Geschichten auch in anderen Kulturen finden, wird inzwischen allgemein angenommen, dass die Entscheidung der Chazaren vorrangig politisch motiviert war: Vermutlich wollten die Khagane mit dem Übertritt zum Judentum ihre Unabhängigkeit demonstrieren – sowohl gegenüber dem byzantinischen Reich, das noch einzelne Stützpunkte in den griechischen Kolonien auf der Krim unterhielt, als auch gegenüber dem arabischen Kalifat, das in

DIE FRÜHEN SLAWEN

Während sich die aus dem Osten einfallenden Reiternomaden archäologisch eindeutig anhand unterschiedlicher Waffen, Schmuckgegenstände und Begräbnisriten voneinander unterscheiden lassen, ist es kaum möglich, eine solche Unterscheidung auch zwischen slawischen, finnischen und baltischen Funden zu machen. Ihr Siedlungswesen ähnelt sich zu stark, als dass man mit Sicherheit sagen kann, wie sich die Slawen in der Frühzeit ausgebreitet haben. In schriftlichen Quellen werden sie erst recht spät erwähnt und auch die Herkunft ihres ursprünglichen Namens (*Slověne*) ist noch nicht geklärt. Möglicherweise ist damit das früheste nachweisbare Siedlungsgebiet am Oberlauf des Dnepr gemeint, vielleicht bezeichnet es aber auch diejenigen, die »eine eigene Sprache« sprechen. Offensichtlich befanden sich die Slawen lange unter der Herrschaft der Ostgoten und wanderten nach dem Zerfall des Gotenreiches nach Nordosten bis hin zum Ilmensee. Dort entwickelten sie bis zum 10. Jahrhundert eine ostslawische Sprache, die sich deutlich von der unterschied, die die nach Südwesten auf den Balkan abgewanderten slawischen Gruppen benutzten. Die politische Organisation der Ostslawen zu dieser frühen Zeit ist weitgehend unbekannt, doch haben sie wohl bereits größere Verbände mit Stammesfürsten gebildet: Im 9. Jahrhundert mussten einige der slawischen Stämme den Chazaren Tribute zahlen, für deren Abführung ein Mindestmaß an administrativ-herrschaftlicher Struktur nötig war.

Die slawischen Siedlungen lagen im Abstand von bis zu 100 Kilometern voneinander entfernt, die Menschen lebten dort in halb in die Erde eingelassenen, kleinen Blockhäusern, die bis zu fünf Personen Platz boten. Neben sehr einfacher Landwirtschaft und Brandrodung waren Viehzucht und Jagd bedeutende Wirtschaftszweige; für den Außenhandel waren nicht nur Felle, sondern vor allem auch Waldbienenhonig ein beliebtes Tauschobjekt.

Erdhütte einer Höhenburg bei Novotrojcke, 9. Jh. n. Chr.

den Südkaukasus vordrang. Nach einer verhältnismäßig langen Periode ohne kriegerische Einfälle, geriet das Chazarenreich im 10. Jahrhundert von zwei Seiten unter Druck: Vom Osten her drängten zunächst die turksprachigen Pečenegen die finno-ugrischen Magyaren durch das Chazarenreich nach Westen, bevor dann nach 960 Svjatoslaw, der Fürst der neu entstandenen Kiever Rus', mit Unterstützung von Byzanz die Chazaren von Westen her angriff. Im Jahr 969 fand dieser Krieg mit der Zerstörung der chazarischen Hauptstadt Itil' an der Wolgamündung sein Ende.

Aufstieg und Fall der Kiever Rus' (800–1240)

Über den Beginn des ersten ostslawischen Staates im 9. Jahrhundert existiert nur eine schriftliche Quelle, die zudem erst gut 200 Jahre nach dem Geschehen ältere Aufzeichnungen und mündliche Überlieferungen zusammenfasste, sodass sich bis heute nicht eindeutig klären lässt, wie weit die Erzählungen dem tatsächlichen historischen Geschehen entsprechen: Die Nestor-Chronik berichtet, dass sich im Jahr 862 Abgesandte verschiedener slawischer Stämme zu den Warägern (Normannen) aufmachten, die »jenseits des Meeres« lebten, und diese baten, die Herrschaft zu übernehmen. Zwar hatte man deren Tributherrschaft erst wenige Jahr zuvor abgeworfen, doch nun kam man zu der Erkenntnis: »Unser Land ist groß und reich, aber es ist keine Ordnung darinnen. Kommt, um über uns als Fürsten zu walten und zu herrschen.«

Die **Nestorchronik** ist das älteste erhaltene ostslawische Geschichtswerk und wurde in den Jahren zwischen 1113 und 1118 im Vydubickij-Kloster aus mehreren älteren Quellen zusammengestellt. Sie beginnt mit einem Bericht über die Aufteilung der Erde unter den Söhnen Noahs, beschreibt die mythischen Herrscher und Sitten des slawischen Stammes der Poljanen und erzählt im Hauptteil die nach Jahren geordneten Ereignisse der Zeit zwischen 852 und 1118.

Die Waräger als Reichsgründer

Es kamen dann – so die Nestor-Chronik – drei Brüder mitsamt ihren Sippen und übernahmen die Herrschaft in dem Gebiet zwischen Novgorod, Murom und Polock. Und da die Brüder zum Warägerstamm der Rus' gehörten, habe man dieses Gebiet schließlich nach ihnen das russische Land genannt. Der älteste der Brüder, Rjurik (gest. 878/879), überlebte seine kinderlos gestorbenen Brüder, einte daraufhin die Herrschaft und installierte warägische Gefolgsleute als Statthalter. Zwei von ihnen, Askold und Dir, passierten bei einer Fahrt nach Konstantinopel die von drei slawischen Brüdern gebaute Stadt Kiev. Da diese drei Brüder früh verstorben waren, übernahmen die Waräger auch diese Stadt.

Obwohl die Nestor-Chronik verschiedene sagenhafte Elemente enthält und auch in ihren Jahresangaben recht ungenau ist, vermag sie durch einen Vergleich mit archäologischen Quellen viel über die Herrschaftsbildung und die politische Struktur des frühen Staates zu sagen. Zunächst lässt sich die Anwesenheit der skandinavischen Waräger im Gebiet des nördlichen Russland archäologisch bereits für das 8. Jahrhundert nachweisen; weitere umfangreiche, skandinavische Fundkomplexe aus der Zeit ab dem 9. Jahrhundert haben sich unter anderem in Jaroslavl an der Wolga und in Kiev erhalten. Dort wurden vor allem reiche Bootsbestattungen skandinavischer Krieger gefunden, die ihre Zugehörigkeit zur Oberschicht ausweisen. Diese Bestattungen deuten auf die anfängliche Tätigkeit der Waräger im Osten hin: Zeitgleich mit den nach Westeuropa fahrenden Normannen hatten sie immer weiter reichende Züge unternommen, bei denen Raub und Handel, Herrschaftsbildung und Tributforderung ineinander übergingen. Die Waräger nutzten die Flüsse Russ-

Modellfoto Rekonstruktionsversuch Kiev, 11. Jh. n. Chr.

WARÄGER ODER SLAWE? – DER HISTORIKER-STREIT UM DEN GRÜNDER DER KIEVER RUS'

Kaum ein Problem der älteren ostslawischen Geschichte ist so politisch aufgeladen, wie die Frage nach der ethnischen Herkunft der ersten »Rjurikiden«-Herrscher. Hintergrund dieses Streites ist die Tatsache, dass Rjurik und seine beiden Brüder lediglich in der Sage über ihre Berufung erwähnt werden, wie sie in der Nestorchronik überliefert ist. Danach tauchen sie nicht mehr auf. Das weckte Zweifel daran, ob sie überhaupt gelebt haben – und vor allem, ob sie Waräger waren, also Skandinavier und nicht Slawen.

Während diese Frage für die Menschen des frühen Mittelalters augenscheinlich kein entscheidendes Problem war, änderte sich dies im 18. Jahrhundert grundlegend, als zunächst in den gebildeten Schichten ein Bewusstsein für die nationale Zugehörigkeit zu wachsen begann. Nachdem die an der Petersburger Akademie der Wissenschaften tätigen Deutschen Gottlieb Siegfried Bayer (1694–1738) und Gerhard Friedrich Müller (1705–1783) ihre Thesen von der normannischen Abstammung der Rjurikiden-Dynastie präsentiert hatten, widersprachen ihnen die russischen Mitglieder der Akademie empört. Michail V. Lomonosov (1711–1765), der berühmte Universalgelehrte, wies die These als beleidigend zurück, da sie seiner Meinung nach den Slawen jede staatsbildende Fähigkeit absprach: Wenn die Rjurikiden keine Slawen gewesen waren, bedeutete dies aus Sicht der Kritiker, dass die Rus' seit ihrer Gründung von Ausländern beherrscht war und die Slawen nur die unteren, dienenden Ränge im Staat eingenommen hatten. Die Empörung der russischen Gelehrten über die Thesen ihrer deutschen Kollegen lässt sich nur verstehen, wenn man bedenkt, dass im 18. Jahrhundert immer mehr westliche Wissenschaftler und Militärs am Hofe der Zarenfamilie den Ton angaben. Die »Normannen-These« erschien den russischen Wissenschaftlern als Versuch, dieser erdrückenden Dominanz der Ausländer einen geschichtlichen Unterbau zu geben.

Der Streit zwischen »Normannisten« und »Antinormannisten« währte jedoch sehr viel länger als die zeitweilige Dominanz ausländischer Experten in der damals neuen Hauptstadt St. Petersburg an der Neva. In der zweiten Hälfte des 19. Jahrhunderts wurde er von vielen der sogenannten Slawophilen genutzt, um ihre antiwestliche Publizistik zu befeuern. Die sowjetische Forschung setzte zunächst auf die »moderne« These der Normannisten, bevor sie Mitte der 1930er Jahre eine Kehrtwende vollzog (just zu dem Zeitpunkt, als die meisten der zahlreichen westlichen Ingenieure aus der Sowjetunion ausgewiesen wurden) und den frühen ostslawischen Staat als Ergebnis eines Prozesses der Klassenbildung charakterisierte.

lands als Handelsrouten nach Byzanz und in den Orient, errichteten unterwegs Stützpunkte, um diese Routen abzusichern und machten sich hierzu die bestehenden, schwächeren ostslawischen Fürstentümer tributpflichtig oder rotteten die jeweilige slawische Oberschicht aus. Was die Nestor-Chronik als freiwilliges Ersuchen um Hilfe darstellte, sollte somit vermutlich lediglich die Herrschaft der zur Zeit ihrer Niederschrift nach 1100 immer noch bestehenden, ehemals skandinavischen Rjurikidendynastie legitimieren – sie schildert jedoch offensichtlich recht treffend die Machtübernahme durch normannische Kriegerbünde. Diese als Schwurgemeinschaften auftretenden Verbände spielten noch bis in das 10. Jahrhundert eine wichtige Rolle im inzwischen gefestigten Staat – der erste Handelsvertrag der Kiever Rus' mit Byzanz von 911 beispielsweise nennt die Namen der 15 Gesandten aus Kiev, alle noch skandinavisch.

Die Machthaber passen sich ihren Untertanen an

Dass Rjurik und seine Sippe allerdings nicht die ersten Waräger in machtvollen Positionen in der Region waren, lassen die Annalen des Bischofs Prudentius von Troyes vermuten – er berichtet bereits für das Jahr 839 (also 23 Jahre bevor Rjurik gerufen worden sein soll) von einer Gesandtschaft des oströmischen Kaisers beim fränkischen Kaiser Ludwig in dessen Pfalz Ingelheim am Rhein, zu der auch »Rhos«, also Russen, gehörten, welche sich auf Nachfrage als Schweden zu erkennen gaben. Sie baten um Geleitschutz für die Weiterreise zu ihrem »Khagan«. Dieser Khagan-Titel hat die Forschung dazu angeregt, weitergehende Vermutungen über die politische Struktur im damaligen Russland anzustellen. So wird inzwischen vermutet, dass es sich bei den beiden angeblichen Gefolgsleuten Rjuriks in Kiev, die in der Nestor-Chronik erwähnt werden, tatsächlich um Nachfahren der ersten Waräger-Khagane handelte, die nach der Art der Chazaren eine Doppelherrschaft als Khagan und Beg ausübten. Offensichtlich nutzten die Waräger bei ihren Vorstößen somit recht flexibel die bewährten wirtschaftlichen und politischen Strukturen der Slawen und Chazaren. Für die kulturelle Flexibilität der dünnen skandinavischen Oberschicht spricht auch ihre schnelle Slawisierung: Schon die »Rhos« am Hofe Ludwigs hatten slawisch gesprochen und auch unter den in den Chroniken erwähnten Personen finden sich schon bald nach 950 immer weniger skandinavische Namen. Die Waräger hatten somit keine neue Kultur und Lebensweise mitgebracht, sondern bauten auf dem Vorhandenen auf und entwickelten daraus in der zweiten Hälfte des 9. Jahrhunderts eine festere politische Organisationsform.

Eine neue Macht neben Byzanz

Zunächst blieb die Herrschaft der neuen Machthaber von den Stämmen der Umgebung bedroht, bald nach 900 aber erlebte das Reich der Rjurikiden einen bemerkenswerten Machtzuwachs. 882 wurde Kiev von Rjuriks Nachfolger Oleg (*Helgi*, gest. 912/913) erobert, unter dem die Stadt bald zum Herrschaftszentrum des Reiches aufstieg – von diesem Zeitpunkt an spricht man von der Kiever Rus'. Diese zog sich nun als eine lockere Föderation einzelner Länder, die durch das Seniorat verbunden waren, von Novgorod im Norden über Smolensk und Kiev bis zum Unterlauf des Dnepr. Oleg war der Vormund von Rjuriks Sohn Igor (*Ingvar*, gest. 945); aus dessen Regierungszeit stammt der bereits erwähnte erste erhaltene Handelsvertrag mit dem oströmischen Reich von 911. Doch erst Igors Witwe Olga (*Helga*, gest. 969) begann, die noch lockeren Beziehungen zu Byzanz zu festigen. 957 besuchte sie Konstantinopel, wo sie sich taufen ließ und sich über die Kirchenorganisation informierte. Auffällig ist allerdings, dass sie nur zwei Jahre später Kaiser Otto um einen Bischof mit Priestern bat – offensichtlich war sie recht gut über die europäischen Machtverhältnisse informiert und bemühte sich, für ihr Reich eine unabhängige Stellung zwischen Ost und West zu finden. Olgas Sohn Svjatoslav, der 962 die Regierung übernahm, hielt nichts von diesen diplomatischen Überlegungen – er war noch ganz den alten Vorstellungswelten verhaftet. So lehnte er nicht nur die Übernahme des Christentums ab, sondern verlegte sich wieder darauf, in warägischer Tradition unablässig auf Beutezüge zu gehen. Mit einer groß angelegten Offensive vernichtete er das Chazarenreich und zerstörte 969 deren Hauptstadt. Ein zweischneidiger Erfolg, denn damit verlor die Kiever Rus' auch einen

Die **Herrschaftsform des Seniorats** wurde durch die Tradition der warägischen Schwertbrüdergemeinde bestimmt: Die Macht lag nicht in den Händen der Familie, sondern der Sippe. Die Brüder übten die Macht gemeinsam aus, allerdings galt der Älteste unter ihnen als der »Erste unter Gleichen«. Starb er, rückte nicht sein ältester Sohn nach, sondern sein nächstältester Bruder.

Spielzeug aus Novgorod, 12. Jh.

bislang stabilen Schutz vor den aus dem Osten herandrängenden Reiternomaden, die nun durch die Steppe über den Dnepr nach Südosteuropa kamen und immer wieder auch Kiev bedrohten.

Christianisierung als machtpolitischer Schachzug

Die Christianisierung der Rus' wurde erst unter Vladimir I. vollzogen, der von 980 bis zu seinem Tode 1015 regierte und der wegen dieses Schrittes später den Beinamen »der Heilige« erhielt. Die Motive für seine Abkehr vom heidnischen Glauben im Jahr 988 waren jedoch sehr weltlich. Innenpolitisch hoffte Vladimir, die einzelnen Stämme und Fürstentümer durch eine neue Staatsreligion stärker aneinander zu binden – dementsprechend brutal verlief vielerorts der erzwungene Übergang. Zudem galt der Kiever Fürst nun als »Gesalbter des Herrn«, wodurch er sich hoch über seine Untertanen und Gefolgsleute erhob. Außenpolitisch sollte ihm die Christianisierung den gleichberechtigten Eintritt in die christliche »Familie der Könige« ermöglichen. Dieser Aufstieg wurde dadurch befördert, dass Vladimir im Jahr vor seiner Taufe vom byzantinischen Kaiser Basileios II. (regierte 976–1025) gegen die Bulgaren zur Hilfe gerufen wurde. Im Gegenzug erhielt er nun Anna, die Schwester des Kaisers Basileios zur Frau. Eine solche Ehre wurde nicht einmal den ottonischen Kaisern zuteil – Otto II. (955–983) hatte zuvor mit Theophanu (regierte 983–991) lediglich eine entferntere Verwandte des damaligen byzantinischen Kaisers geheiratet.

Entfaltung, Krise und Zerfall der Kiever Rus'

Die enge politische und religiöse Verbindung mit Ostrom ermöglichte im 11. Jahrhundert unter Vladimirs Sohn Jaroslav dem Weisen (978–1054) eine erste Blüte der Kiever Rus', deren Kultur nun deutlich von Byzanz geprägt war: Schon die frühesten erhaltenen Kirchenbauten wie die damals entstandenen Sophienkathedralen in Novgorod und Kiev, orientieren sich an den oströmischen Vorbildern – Kreuzkuppelkirchen mit fünf Apsiden, die innen mit Mosaiken und Fresken ausgeschmückt wurden. Von wenigen Ausnahmen im 18. Jahrhundert abgesehen, bestimmt dieser Bautypus bis heute die russische Sakralarchitektur. Zum kulturellen Aufschwung gehörten auch die beginnende Kodifizierung der Rechtsnormen und der Aufbau eines Verwaltungsapparates, dessen erste Grundlagen schon unter Olga gelegt worden waren. Dies ermöglichte es Jaroslav, die unmittelbare Herrschaft der Rus' weiter nach Westen nach Wolhynien und Galizien und an den Oberlauf des Don auszudehnen, anstatt den dort lebenden Stämmen lediglich Tribut abzupressen.

Jaroslav setzte in seinem Vermächtnis seine Söhne und Enkel als Herrscher über die einzelnen Gebiete des Reiches ein, die den Gesamtstaat gemäß dem Senioratsprinzip gemeinsam regieren sollten. In der Praxis erwies sich dieses Prinzip allerdings als sehr konfliktträchtig: Regelmäßig folgten dem Ableben des Herrschers furchtbare Bruderkämpfe, weil immer wieder versucht wurde, die Nachfolgeregelungen des Seniorats zu umgehen. Schon Jaroslav selbst hatte gegen zwei Brüder Krieg um die Alleinherrschaft in der Rus' geführt (der ältere dieser beiden hatte gleich nach dem Tode des Vaters drei weitere Brüder ermordet). Sein Vermächtnis hatte einen solchen Bruderkrieg eigentlich für die Zukunft verhindern sollen, doch erwies sich diese Hoffnung als illusorisch, solange die Rangfolge innerhalb des Seniorats so fragil blieb. Außerdem wurde die Fürstensippe immer größer und dementsprechend wuchs die Zahl derjenigen, die Machtansprüche stellten.

Neue Zentren der Macht

1060 zerbrach der Friede und ein jahrzehntelanger Kampf um die Macht begann, bei dem die Kontrahenten häufig auf die Hilfe ausländischer Partner setzten. 1097 einigten sich die Fürsten der Kiever Rus', ihre jeweiligen Teilreiche als »Vatererbe« zu erklären. Unter Vladimir Monomach (1053–1125) wurde seit 1113 zwar nochmals versucht, die Reichseinheit zu bewahren, doch nach seinem Tod zerfiel die Einheit der Kiever Rus' endgültig. Während die einzelnen Fürstentümer zu neuen Machtzentren aufstiegen, beschränkte sich die Macht des Kiever Seniors auf das nicht allzu umfangreiche Kiever Fürstentum im engeren Sinn (die *ruskaja zemlja*).

Die Bezeichnung **Bojaren** stammt wahrscheinlich aus den alttürkischen Wörtern für »vornehmer Mann«. Die Bojaren bildeten die Schicht des landbesitzenden Erbadels und rekrutierten sich aus der engsten Gefolgschaft der Fürsten, traten bald aber recht selbstständig auf.

Zu den wichtigsten der neuen Zentren gehörten im Südwester Černigov, Wolhynien und Galizien, im Westen Smolensk und Polock und im Norden Novgorod, Pskov sowie das Fürstentum Vladimir-Suzdal' – damit bildeten sich nach 1150 jene Territorien heraus, in denen später die drei ostslawischen Völker der Ukrainer, Weißrussen und Russen entstanden. Vladimir-Suzdal' sollte später zum Kern des russländischen Staates werden. Andrej Bolgoljubskij (um 1111–1174) versuchte sogar, Vladimir zur Metropole der Rus' zu erheben. Das Vorhaben, Kiev den Rang als »Mutter der Städte der Rus'« abzulaufen, stieß aber auf den Widerstand der traditionellen Oberschicht, der Bojaren. Der Niedergang Kievs wurde durch diesen Fehlschlag dennoch nicht auf-

Krönung Jurik Dolgorukis in Kiev im Jahr 1155. Sein Sohn, Andrej Bogoljubski, raubt die Ikone der Jungfrau Maria, russische Buchmalerei, Ende des 15. Jahrhunderts.

gehalten. Ihre Rolle als Hauptstadt verlor sie endgültig, als im 13. Jahrhundert die Mongolen eine Schneise der Verwüstung durch die südliche Rus' zogen. Die Einnahme Kievs durch die Reiternomaden im Jahr 1240 setzte den Schlusspunkt unter die Geschichte der Kiever Rus'.

Die Ausnahmerepublik – das Großfürstentum Novgorod (1136–1478)

Novgorod gehört zu den ältesten Zentren der Kiever Rus', das sich im 12. Jahrhundert jedoch sowohl wirtschaftlich, wie auch politisch in einer besonderen Weise entwickelte. Grundlage dafür war der seit dem 11. Jahr-

STADTLUFT MACHT NICHT FREI – RUSSISCHE STÄDTE IM MITTELALTER

Die Kiever Rus' war durch eine reiche Stadtlandschaft gekennzeichnet: Um die ersten Burgen und befestigten Plätze entwickelten sich bald sozial und funktional gegliederte Zentren, in denen Handel getrieben, Tribute verwaltet und militärische Aktionen vorbereitet wurden. Doch obwohl schon im 10. und 11. Jahrhundert somit ein regelrechter Urbanisierungsschub zu verzeichnen ist, entwickelten sich die Städte in der Rus' grundlegend anders als in Mittel- und Westeuropa. Dies lag zunächst natürlich an den lange fortwirkenden Verheerungen des Mongolensturms im 13. Jahrhundert, die viele städtische Zentren im Süden der Kiever Rus' weit zurückwarfen. Im Norden, auf dem Gebiet des Moskauer Reiches, sollte sich später keine vergleichbare Stadtlandschaft entwickeln – dort blieb das Netz der Stadtsiedlungen selbst in dichter besiedelten Regionen recht locker geknüpft. Außerhalb des Großfürstentums Litauen dürften im 15. Jahrhundert einzig Moskau, Novgorod, Pskov und Tver' die Zahl von 10 000 Einwohnern überschritten haben. Novgorod erreichte auf dem Gipfel seiner Entwicklung im 15. und 16. Jahrhundert mit ca. 30 000 Einwohnern immerhin die Größe der damals bedeutendsten deutschen Städte wie Lübeck, Köln und Nürnberg. Bis in die Neuzeit blieb das Weichbild der russischen Städte jedoch von einem eigentümlich ländlichen Gepräge bestimmt: Während sich die westlichen Städte immer weiter verdichteten, konnten sich Besucher der russischen

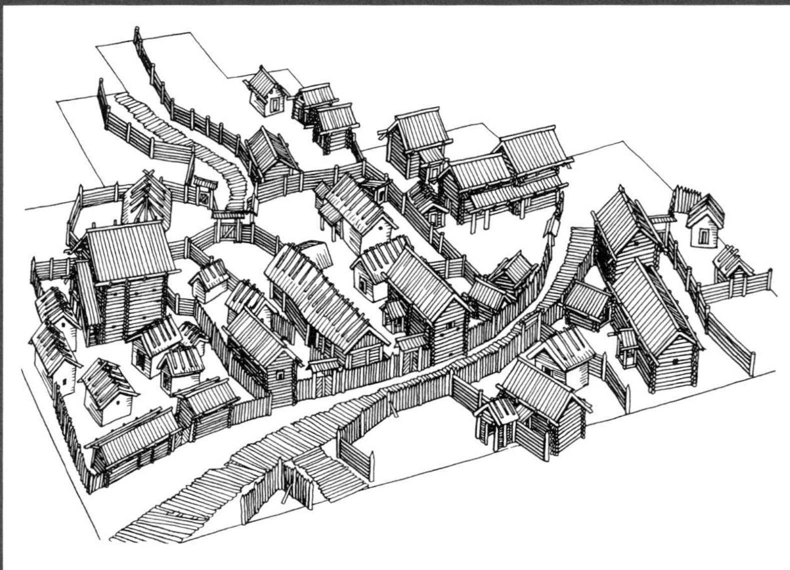

Rekonstruktionsversuch eines Stadtviertels in Rjasan, 13. Jh. n. Chr.

Rostov Velikij – das »Große Rostov« – gehört zu den altrussischen Städten, die ihr vormodernes Gesicht bis heute bewahrt haben. Im Bild der spätmittelalterliche Kreml'.

Hauptstadt noch in der ersten Hälfte des 20. Jahrhunderts durch Stadtviertel bewegen, die mit ihren Holzzäunen, Hofgebäuden und weitflächigen Gärten einen bemerkenswert dörflichen Charakter aufwiesen.
Das unterschiedliche Erscheinungsbild altrussischer Städte resultierte nicht vorrangig aus dem größeren Platzangebot, es bildete vor allem einen Unterschied in der rechtlichen Struktur zu den Städten Westeuropas ab: In den Städten der Rus' entwickelte sich nämlich keine Stadtbürgergemeinde, die sich rechtlich grundlegend vom ländlichen Raum unterschied. Stadtluft machte ebenso wenig frei wie Landluft. Zudem konnte sich bis auf Novgorod und Pskov keine russische Stadt von der Kontrolle ihres Fürsten lösen. Eine städtische Selbstverwaltung westlichen Typs blieb daher in Russland bis weit in die Neuzeit hinein unbekannt. Eine Selbstverwaltung konnte sich auch deshalb nicht entwickeln, weil die städtische Bevölkerung in sich zu sehr gespalten war. Dies war eine Folge der besonderen Struktur russischer Städte: Neben dem *kreml'*, der Burg, die den ursprünglichen Kern der Stadt bildete, setzte sie sich aus dem *posad* (ursprünglich »Vorstadt«) und den *slobody* (»Freiheiten«) zusammen. Im *posad* lebten die »schwarzen«, also freien und steuerpflichtigen Kaufleute und Gewerbetreibenden, während die Bewohner der *slobody* des Fürsten, des Adels und der Geistlichkeit zwar unfrei, dafür aber von Abgaben befreit, also »weiß« waren. Diese Abgabenfreiheit war für viele Städter so attraktiv, dass sie sich freiwillig in die damit verbundene Unfreiheit begaben (ähnlich wie es manche »schwarze« Bauern taten); allerdings erhöhte sich damit die Steuerlast für die verbliebenen freien Städter.

hundert wachsende Wohlstand der Stadt: Die Bevölkerung wuchs, das Hinterland dehnte sich bald bis zum Weißmeer aus und als Zentrum des Pelzhandels erlangte sie bald eine dominierende Stellung. Diese Faktoren stärkten die Macht und das Selbstbewusstsein der lokalen Oberschicht. Sie rekrutierte sich aus ehemaligen fürstlichen Gefolgsleuten, die sich zunehmend im Fernhandel engagierten, aber auch aus Kaufleuten und wohlhabenden Handwerkern, die teilweise in Gilden und Bruderschaften organisiert waren. Wohl ermuntert durch die Wirren infolge der Machtkämpfe zwischen den Fürsten, verjagten die Novgoroder ihre Fürsten mehrmals – letztmals und endgültig im Jahr 1136.

Von nun an wollten sie ihren Fürsten selbst bestimmen. Der von ihnen ausgewählte Kandidat wurde jedoch auf Distanz gehalten und durfte sich sicherheitshalber auch nicht mehr in der Stadt niederlassen, sondern nur im drei Kilometer entfernten Fürstenhof. Schrittweise verloren die jeweiligen Fürsten immer mehr Befugnisse, bis 1185 mit der Einrichtung des Amtes eines ebenfalls gewählten Tausendschaftsführers auch seine militärische Macht beschnitten und seine Gerichtsbefugnisse beschränkt wurden. Ihren Bischof wählten die Städter schon seit 1156 selbst. Wie stark sich Novgorod aus dem Verbund der Fürstentümer der Rus' entfernte, wurde Ende des 12. Jahrhunderts besonders deutlich, als die Stadt der Hanse beitrat.

Zentrales Element der neuen Verfassungswirklichkeit von Novgorod war das *veče* (Volksversammlung), zu der grundsätzlich jeder freie Bürger der Stadt Zutritt hatte und die seit 1141 als das oberste Organ der Stadtbevölkerung angesehen werden konnte. Für die Frühzeit kann man sich den Ablauf des *veče* in etwa so vorstellen, wie im Schweizer Kanton Appenzell noch heute die sogenannte Landsgemeinde praktiziert wird: Entscheidungen wurden von einer Massenversammlung unter freiem Himmel gefällt. Allerdings gab es zunächst kaum Regeln – es gewann, wer am lautesten schrie, sodass Abstimmungen häufig in Prügeleien ausarteten. Erst mit der Einführung von Wahlämtern wurde auch das *veče* reglementiert. Bemerkenswert ist vor allem, dass nicht nur die Patrizier, sondern auch die freien Bauern Stimmrecht besaßen – sofern sie sich gerade in der Stadt aufhielten.

Obwohl Novgorod somit zu einer Stadtrepublik mit demokratischen Verfassungselementen wurde, deutet sich in dieser Einschränkung schon an, dass die Chancen, reale Macht auszuüben, sehr unterschiedlich verteilt waren. Die strukturellen Vorteile der Oberschicht wurden Ende des 13. Jahrhunderts offensichtlich, als ein »Rat der Herren« gebildet wurde, auf den das *veče* keinen Einfluss hatte – zunehmend bestimmte eine oligarchisch strukturierte Schicht von Bojaren die Geschicke der Republik. Zeitgleich lehnte sich Novgorod schrittweise enger an das Fürstentum Vladimir-Suzdal' an und erkannte nach dem Aufstieg Moskaus die Oberhoheit des jeweiligen Großfürsten an. Erst unter Ivan IV. verlor Novgorod 1478 endgültig seine Selbstständigkeit.

Birkenrindenbriefe aus Novgorod – Gelehrsamkeit und Alltag im alten Russland

Zu den bemerkenswertesten Dokumenten des russischen Mittelalters gehören 16 Birkenrindenstücke, die ein gewisser Onfim an der Wende vom 12. zum 13. Jahrhundert beschriftet hatte und die nach 1951 bei Ausgrabungen in Novgorod gefunden wurden. Das Besondere dieser Schriftstücke ist gerade ihr gewöhnlicher Inhalt: Auf einer der Rinden können wir den Anfang eines Alphabets lesen, das allerdings nicht vollständig ist, weiter unten finden sich Strichmännchen mit großen Gesichtern und Händen. Auf zwei weiteren Stücken Birkenrinde ist ein Ritter dargestellt, der einen am Boden liegenden Gegner mit einer Lanze durchbohrt, und ein wildes Tier, ergänzt um einen Gruß an Danilo – es handelt sich hierbei um die Schreibübungen eines gelangweilten Schülers.

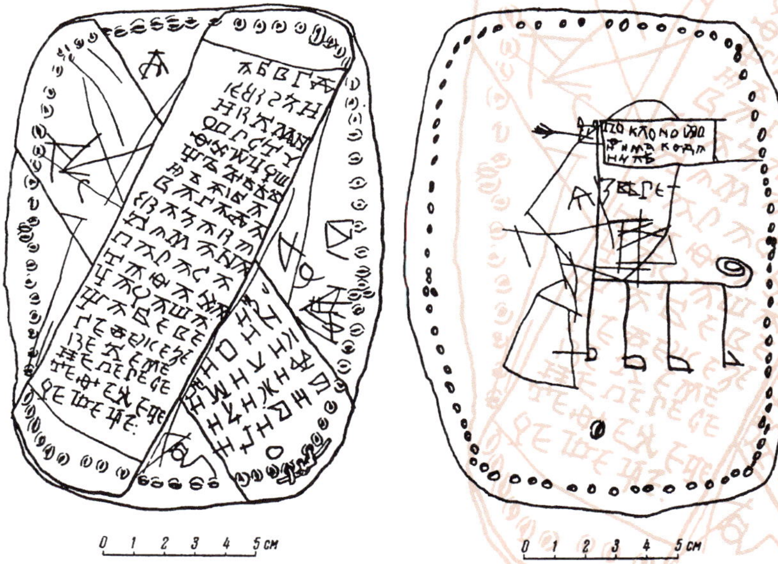

Schreibübung und Zeichnung des Jungen Onfim auf Birkenrinde, Novgorod, ca. 1250

Diese wenigen Schriftstücke erlauben einen seltenen Einblick in das Ausbildungswesen der mittelalterlichen Rus': Offensichtlich, so bezeugen es auch weitere Funde, hat es zumindest in Novgorod schon für Kinder Schreibunterricht gegeben. Möglicherweise gab es dies auch in anderen Städten, doch nirgendwo haben sich – begünstigt durch den feuchten Untergrund – so viele Schriftstücke aus Birkenrinde erhalten, wie in Novgorod. Birkenrinde wurde im Mittelalter vor der Erfindung des Papiers in der Rus' als kostengünstige und einfach verfügbare Alternative zum teuren Pergament genutzt. Da die Buchstaben geritzt werden mussten, ließen sich auf diese Weise nur kurze Texte verfassen – umso interessanter ist, wie viel diese kurzen Mitteilungen über das Alltagsleben in der mittelalterlichen Rus' verraten: Es geht darin um Ernten, Todesfälle, Geschäfte, Schulden, Steuern, Liebe und Krieg. Da die Verfasser aus allen Schichten der Gesellschaft stammen – vom Adeligen bis zum Bauern –, transportieren die Birkenrindenbriefe ein einzigartig facettenreiches Bild der Gesellschaft: Bauern reichten Bittschriften ein, Hausfrauen tauschten Kochrezepte aus, Grundherren erteilten ihren Verwaltern Weisungen.

Vom Moskauer Reich zum russländischen Imperium (1240–1612)

Der Mongolensturm

Bis heute gilt der Einfall der Mongolen im 13. Jahrhundert als einschneidender Bruch der russischen Geschichte. Häufig wurden dieses Ereignis und die daran anschließende, bis 1480 andauernde Mongolenherrschaft über die Rus' sogar dafür verantwortlich gemacht, dass sich in Russland »asiatische« Herrschaftsformen und eine Tendenz zu despotischer Machtausübung ausgebreitet hätten. Diese Interpretation wurzelt teilweise noch in der Wahrnehmung der Zeitgenossen, für die es schwer zu verkraften war, dass die christliche Rus' von einem »ungläubigen« Khan unterworfen worden war.

Tatsächlich hatte der Feldzug des mongolischen Heeres in der Rus' unglaubliche Verheerungen verursacht. Als 1236 eine gewaltige Streitmacht unter der Führung von Batu Khan (gest. 1255), einem Enkel Čingis Khans (1155–1227), nach Westen vorrückte, waren die Fürstentümer der Rus' weder vorbereitet, noch strukturell überhaupt fähig, diesem Angriff zu begegnen: An Schlagkraft, Schnelligkeit und Kriegslist konnte es damals keines der schwerfälligen, europäischen Ritterheere mit den Mongolen aufnehmen. 1237 fiel als erstes Rjzan, 1238 schon Vladimir, Suzdal' und

Schreibutensilien aus Novgorod, 12. Jh. n. Chr.

Moskau. 1240 wurde Kiev eingenommen und zerstört, und die Mongolen zogen weiter nach Mitteleuropa. Beim schlesischen Liegnitz schlugen sie 1241 ein polnisch-deutsches Ritterheer und wären wohl weiter bis zum Atlantik marschiert, wenn Batu Khan nicht im Jahr 1242 beschlossen hätte, wegen des Todes des Groß-Khans Ögödei mit seinen Einheiten an den Unterlauf der Wolga zurückzukehren, um bei der Nachfolgeregelung mitreden zu können. In Saraj schlug er seine Residenz auf, von hier aus wurde in den folgenden beiden Jahrhunderten die Goldene Horde regiert, die nun als eines der vier Teilreiche aus dem mongolischen Weltreich hervorging.

Die Herrschaft der Mongolen (1240-1485)

Die Feldzüge hatten vor allem im Süden der Rus' weite Landstriche veröden lassen. In Städten, die sich nicht ergaben, wurde oftmals die gesamte Bevölkerung umgebracht. Kunsthandwerk und technische Berufe büßten durch die Schwächung des Städtewesens an Niveau ein. Die Eingriffe der mongolischen Herrschaft in die politische, soziale und wirtschaftliche Struktur der Rus' waren jedoch keineswegs so gravierend, wie man zunächst annehmen könnte. Die Mongolen pflegten ihre Macht eher indirekt auszuüben: Sie forderten Tribute und Abgaben, ernannten den Großfürsten und schickten nur gelegentlich Truppen für blutige Strafexpeditionen aus, wenn es Aufstände gab oder die Zahlungen stockten. Aber allen Repressionen zum Trotz zwangen sie den beherrschten Slawen nicht ihre eigene Kultur auf, Kirche und Adel behielten ihre Funktionen. Auch der russische Fernhandel wurde von ihnen nicht beeinträchtigt.

Aleksandr Nevskij besiegt im Jahr 1242 den Deutschen Orden auf dem Peipus-See, Buchmalerei aus dem 16. Jh.

Zudem gab es innerhalb der Rus' eine Gruppe, die die Lage für sich ausnutzen konnte – zu ihnen gehörte Aleksandr, der Fürst von Novgorod (1218–1283), der wegen seines Sieges über die Schweden an der Neva im Jahr 1240 den Beinamen *Nevskij* erhalten hatte, später allerdings vor allem dafür berühmt wurde, dass er den Deutschen Orden 1242 auf dem Eis des Peipus-Sees geschlagen hatte. Aleksandr wechselte auf die Seite der Goldenen Horde, nachdem er seinen Bruder, der einen Aufstand gegen die Mongolen plante, bei Batu denunziert hatte. Aleksandr setzte zudem gegen den erbitterten Widerstand der Stadtbevölkerung durch, dass sich Novgorod freiwillig den Mongolen unterwarf. Im Gegenzug ließ er sich vom Khan 1252 zum Großfürsten von Vladimir-Suzdal' ernennen.

Diese Politik der Kooperation mit den Mongolen wurde im 14. Jahrhundert von den Fürsten von Moskau fortgesetzt; ihr Konflikt mit den Fürsten von Tver' um den Titel des Großfürsten wurde wesentlich am Hofe des Khans in Saraj ausgefochten. Es war daher nicht wachsender Widerstand innerhalb der Rus', der den Niedergang der Goldenen Horde seit der Mitte des 14. Jahrhunderts auslöste, zumal die militärischen Machtverhältnisse weiterhin ungleich verteilt waren: Einem ersten Sieg über die Mongolen 1380 folgte zwei Jahre später die völlige Verwüstung Moskaus. Es waren vielmehr vor allem innere Konflikte am Hofe in Saraj. Allerdings gelang es dem Moskauer Fürstentum erst nach 1475, die Mongolenherrschaft abzuschütteln. Das Reich der Goldenen Horde hatte sich in verschiedene Khanate aufgelöst, die kaum noch militärische Schlagkraft besaßen.

Der Aufstieg des Moskauer Reiches

Der Aufstieg Moskaus zum beherrschenden Machtzentrum der Rus' im 14. Jahrhundert vollzog sich im Schatten des Khans, doch hatte sich deren Schwerpunkt schon im 12. Jahrhundert – Jahrzehnte vor der Ankunft der Mongolen – aufgrund interner Fürstenfehden und der Bedrohung durch andere Reiternomaden nach Nordosten verlagert. Moskau selbst wird in den Quellen für das Jahr 1137 erstmals als Burg erwähnt, 1156 beschloss der Fürst von Suzdal', Jurij Dolgorukij (»Langhand«, um 1100–1157), dort auch eine Stadt zu errichten; erste Siedlungsfunde werden aber schon auf die Zeit um 1100 datiert. Die Lage inmitten eines Flusssystems bot günstige Verkehrsbedingungen, zugleich war der Ort durch ausgedehnte Sumpf- und Waldgebiete besser geschützt als die südlichen Gebiete der Rus'.

Als die Mongolen um 1300 beschlossen, die Tributzahlungen der verschiedenen Fürstentümer zentral durch den jeweiligen Großfürsten der

Rus' eintreiben zu lassen, erhielt diese Würde, die zuletzt eher eine repräsentative Funktion gehabt hatte, neue Macht. In einem jahrzehntelangen Kampf mit den Fürsten von Tver' rangen die Fürsten von Moskau um diese höchst einträgliche Stellung als alleiniger Großfürst »der ganzen Rus'« – der Konflikt war geprägt von Mordanschlägen und Rachefeldzügen, wechselnden Allianzen mit den Mongolen und zahlreichen Intrigen, bis schließlich Fürst Ivan I. von Moskau (gest. 1341) seinen Konkurrenten aus Tver' im Jahre 1339 endgültig besiegte. Ivans Beiname *Kalita* (Geldsack) weist darauf hin, dass er seinen Erfolg nicht allein durch Waffengewalt errungen hatte. Seine eher lautlosen Methoden schlagen sich in den zeitgenössischen Chroniken kaum nieder, doch gibt es indirekte Hinweise, dass er nicht nur die Mongolen durch finanzielle Zuwendungen auf seine Seite brachte – so werden beispielsweise die drei Fürstentümer Galič, Beloozero und Uglič, die Ivan unter Moskauer Oberhoheit brachte, im Testament seines Enkels Dmitrij Donskoj (1350–1389) jeweils als »Kauf meines Großvaters« bezeichnet. Auch die Unterstützung der orthodoxen Kirche sicherte sich Ivan Kalita durch Bestechung: Schon um 1300 zog der Metropolit aus dem verwüsteten Kiev nach Vladimir, 1328 warb ihn Ivan für Moskau ab, das zur religiösen Hauptstadt des Reiches wurde.

Der Kampf gegen Litauen und die »Sammlung der Länder«

Diese vorteilhafte Position ermöglichte es Ivans Nachfolgern, die Führung ihres Fürstentums abzusichern. Vom gestiegenen Machtbewusstsein der Moskauer zeugt der (allerdings fehlgeschlagene) Aufstand gegen die Goldene Horde unter Großfürst Dmitrij Donskoj im Jahr 1380. Größter Konkurrent im Westen war das Großfürstentum Litauen, das sich in diesem Jahr mit den Mongolen gegen Moskau verbündete und schon zuvor mit Tver' gegen Moskau koaliert hatte. Dmitrijs Sohn Vasilij I. (1371–1425), der 1389 die Regierung übernahm, konnte die litauische Expansion erst stoppen, als der litauische Großfürst Władysław Jagiełło (1348–1434) zum Katholizismus übergetreten war, um 1386 in Personalunion auch König von Polen zu werden. Da Władysław nun die katholische Kirche einseitig begünstigte, kam es zu Spannungen mit den orthodoxen Untertanen in jenen südlichen und östlichen Landesteilen, die Litauen seit dem Zerfall der Kiever Rus' gewonnen hatte. In einem Zeitalter, in dem die Religion meist ein wichtigeres Identitätsmerkmal war als die ethnische Zugehörigkeit, schwächte dies die litauische Position entscheidend: Litauen verlor für die Bevölkerung der Rus' an Attraktivität und viele Adelige flohen in den Moskauer Herrschaftsbereich.

Am 8.9.1380 siegte erstmals ein russisches Heer unter Großfürst Dmitrij Donskoj über die Tataren, Buchmalerei, Ende 16. Jh.

Trotz der relativen Schwächung seines schärfsten Konkurrenten blieb das Moskauer Fürstentum jedoch noch sehr klein. Dies lag nicht zuletzt daran, dass das Fürstentum nach dem Tod Vasilijs I. erneut für Jahrzehnte durch Nachfolgefehden erschüttert wurde, in deren Verlauf die beiden Hauptkonkurrenten um den Großfürstentitel von ihren Gegnern geblendet wurden. Nachdem Vasilij II. (1415–1462) den Kampf 1447 schließlich für sich entschieden hatte – er erhielt nun den Beinamen *Temnyj* (der Blinde) – setzte er die »Sammlung der Länder« fort, die schon in der zweiten Hälfte des 14. Jahrhunderts eingesetzt hatte. Erst unter Ivan III. (1440–1505) jedoch gelang es, das Moskauer Fürstentum mit der Annexion Novgorods 1478 zum territorial größten Staat Europas auszubauen. 1485 wurde auch der langjährige Konkurrent Tver' gewaltsam in das Moskauer Fürstentum eingegliedert. Um den Widerstand in Novgorod und Tver' zu brechen und einer Opposition gegen die neuen Herren den Boden zu entziehen, wurden aus den beiden Städten Adelige und Kaufleute zwangsweise nach Moskau umgesiedelt. 1492–1494 rang Ivan schließlich dem Großfürstentum Litauen Gebiete ab, die ehemals zur Rus' gehörten, und ließ sich vertraglich den Titel »Großfürst der ganzen Rus'« bestätigen, auf den der Großfürst von Litauen bislang ebenfalls Anspruch erhoben hatte. Bis 1514 dehnte sich der Moskauer Machtbereich auf Kosten Litauens immer weiter nach Westen aus. Nach der Einnahme von Smolensk im gleichen Jahr verlief die Grenze zwischen den beiden Großfürstentümern schließlich etwa dort, wo noch heute Weißrussland und Russland aufeinander stoßen.

Der Weg zum Imperium

Den Höhepunkt seiner Macht erlebte das Moskauer Reich in der Mitte des 16. Jahrhunderts unter Ivan IV. (1533–1584) – sichtbarster Ausdruck war die Tatsache, dass der junge Ivan 1547 zum Zaren (Kaiser) gekrönt wurde, womit dieser Titel zum ersten Mal in Russland bei einer Krönung verwendet wurde. In den ersten Jahren seiner Herrschaft verwirklichte er mehrere Reformvorhaben – insbesondere wurde schon 1550 ein neues Gesetzbuch

Die Uspenskij Sobor (Mariä-Entschlafens-Kathedrale), 1475–79 erbaut durch den Italiener Aristotele Fioravanti, Foto von 1883

(*sudebnik*) in Kraft gesetzt. Wie schon das erste *sudebnik* von 1497 zielte dieses Werk darauf ab, das Reich zu vereinheitlichen und separatistische Strömungen zu unterdrücken, die sich aus unterschiedlichen Rechtsansprüchen ergeben konnten.

Darüber hinaus ordnete er die schon von Ivan III. eingeführten Zentralverwaltungen neu. Sie erhielten nun klar voneinander abgegrenzte Zuständigkeitsbereiche. Da das Reich zu einer expansiven Außenpolitik übergegangen war und auch sonst sehr viel intensivere Kontakte zu den Mächten im Westen pflegte, als dies in den zwei Jahrhunderten der Mongolenherrschaft der Fall gewesen war, gehörte zu den neu geschaffenen *prikazy* (von russ. *prikaz* – Befehl) mit dem *posol'skij prikaz* erstmals auch eine ständige Verwaltung für die diplomatischen Geschäfte. Die alten Verwaltungsformen, bei denen der Fürst Untergebene persönlich mit konkreten Aufgaben betraut hatte, ließen sich angesichts der Ausdehnung des Reiches auf zwei Millionen Quadratkilometer und einer Bevölkerung von inzwischen ca. sechs bis acht Millionen Menschen nicht mehr aufrechterhalten.

Mit einer solchermaßen modernisierten Verwaltung und der gewonnenen Machtposition innerhalb der Rus' setzte Ivan IV. nun dazu an, sein Reich zu einem Imperium auszubauen. Nach zwei fehlgeschlagenen Feldzügen gelang es ihm, 1552 zunächst das Khanat von Kazan' an der Wolga zu erobern und vier Jahre später das an der Mündung der Wolga ins Kaspische Meer liegende Astrachan'. Zum Gedenken an diese Siege wurde auf dem Roten Platz vor dem Moskauer Kreml' die Basilius-Kathedrale errichtet; ihre exzentrischen Formen versinnbildlichen das Ausgreifen Moskaus auf die beiden mongolischen Khanate.

Motive der Expansion

Tatsächlich bedeuteten diese Eroberungszüge einen grundlegenden Wechsel in der Außenpolitik des Reiches, denn erstmals waren Länder besetzt worden, in denen niemals zuvor Slawen gelebt hatten. Mit diesem Schritt hatte sich das Moskauer Reich in ein Imperium verwandelt, in einen multiethnischen – und was für diese Zeit noch bedeutender war: in einen multireligiösen – Staat. Es folgte nun eine fast 300jährige Periode, in der sich das Moskauer Reich beständig ausdehnte; dem Sammeln der russischen Länder folgte nun das Sammeln der Länder der Goldenen Horde. Einige Historiker sehen in dieser Expansion eine Reaktion des Moskauer Reiches auf seine geografische Lage an den Schnittpunkten der Ost-West-Migration und seine ungeschützten Flanken. Es habe sich mangels natürlicher Grenzen wie eine »schwerfällige, ängstliche Amöbe« ausgedehnt. Tatsächlich beendete Ivan zunächst die Expansion in den Osten, als nach dem Sieg über die Khanate an der Wolga diese potentiell gefährlichsten Mächte an der Grenze nach Asien neutralisiert waren – er überließ es den Kosaken unter Ermak Timofeev, im Auftrage des Handelshauses Stroganov über den Ural hinaus nach Sibirien vorzustoßen. Diese Expedition war daher auch hauptsächlich wirtschaftlich motiviert: Es lockten die Rohstoffe der Region, zunächst vor allem die Pelze. Erst 1598 – also ein halbes Jahrhundert später – engagierte sich auch der Staat in diesem Unternehmen, als er Truppen aussandte, die das westsibirische Tatarenkhanat des Kučum Khan eroberten und in der Region Stützpunkte errichteten.

In den Jahrzehnten davor waren die militärischen und wirtschaftlichen Kapazitäten des Reiches vollständig auf den Kriegsschauplatz im nördlichen Baltikum konzentriert gewesen. Hier, im Machtbereich des Livländischen Ordens, hoffte Ivan IV. das schwache Glied in der Kette seiner westlichen Gegner gefunden zu haben. Tatsächlich gelang es den Moskauer Truppen zwischen 1558 und 1560 zunächst auch, schnelle Siege gegen den Ordensstaat zu erringen, der zu dieser Zeit in einer tiefen Krise steckte. Mit dem Kriegseintritt Schwedens sowie Polens und Litauens wendete sich das Kriegsglück aber rasch: Polen und Litauen schlossen sich in der Union von Lublin 1569 noch fester gegen Moskau zusammen. In den Friedensverträgen von 1582 und 1583 musste der Zar fast alle Eroberungen wieder abgeben.

Die Schreckensherrschaft der opričniki

Nur ein Jahr später starb Ivan IV. Er hinterließ ein wirtschaftlich und gesellschaftlich völlig zerrüttetes Reich. Dies war nicht nur eine Folge des Krieges gegen Polen, Litauen und Schweden, der die Kräfte Moskaus gnadenlos überfordert hatte. Der Niedergang resultierte vor allem aus dem innenpolitischen Kurs Ivans IV. Seine Reformpolitik hatte sich binnen weniger Jahre in eine Willkürherrschaft verwandelt, die ihm schließlich den Beinamen *Groznyj* (der Schreckliche) eintrug. Eine wesentliche Ursache für diesen Wandel lag in seiner Jugend, in der er den blutigen Machtkampf zwischen verschiedenen Adelscliquen nach dem Tod seiner Mutter Elena Glinskaja (gest. 1538) hautnah miterlebt hatte und die Ermordung einiger der Kontrahenten mit eigenen Augen ansehen musste. Derartig blutige Nachfolgekämpfe waren eher die Regel als die Ausnahme, in Ivan erweckten sie jedoch ein tief sitzendes Misstrauen gegen die in diese gewaltsamen Intrigen verstrickten und um den Ausbau ihrer Macht bemühten Bojaren. Sein Hass auf den Hochadel entlud sich 1564, nachdem ein enger Berater zu den Litauern übergelaufen war und ihn öffentlich als Tyrannen bezeichnete. Ivan reagierte, indem er im Jahr darauf ein riesiges Territorium im Norden und Nordosten von Moskau vom regulären Staat abteilte: In dieser *opričina* (Absonderung) wurden sämtliche Bojaren enteignet und verjagt oder ermordet, ihre Güter von Angehörigen des Dienstadels übernommen. Binnen kurzer Zeit entstand in dem Gebiet, das 1572 schließlich die Hälfte des russischen Territoriums nördlich von Moskau einnahm, eine Art Parallelstaat mit eigener Verwaltung, Armee – und einer Art Orden, den in schwarze Kutten gekleideten *opričniki*. Diese Ivan bedingungslos ergebenen Männer dienten dem Zaren als Terrorinstrument, so beispielsweise bei einer Strafaktion gegen Novgorod, dem heimliche Kontakte mit Litauen unterstellt wurden. Dem Feldzug gegen die einstige Stadtrepublik fielen mehrere tausend Menschen zum Opfer.

Ivan IV. Groznyj, lässt den Gubernator von Livland Johann Boy und seine Gesellen an Spießen braten, Holzschnitt von 1573

Nachdem sich die *opričniki* dann auch gegenseitig zu denunzieren begannen und nicht verhindern konnten, dass Moskau 1571 durch aufständische Mongolen verwüstet wurde (nur der steinerne Kreml' konnte nicht eingenommen werden), hob Ivan die *opričina* auf und rehabilitierte die überlebenden Bojaren. Seinen Wahn linderten diese Erfahrungen nicht, wie eine der letzten Tragödien seines Lebens zwei Jahre vor seinem Tod grell vor Augen führt: 1582 erschlug Ivan Groznyj seinen Sohn, den Thronfolger Ivan (1554–1582) mit einer Eisenstange, als dieser seiner Frau zur Hilfe kommen wollte, die Ivan Groznyj wegen nicht standesgemäßer Kleidung niedergeschlagen hatte.

Zeit der Wirren

Die Folgen der Herrschaft Ivans lasteten noch Jahrzehnte auf dem Land. Weite Gebiete im Zentrum des Reiches, wo die *opričniki* gewütet hatten, waren nahezu entvölkert. Dort hatte sich die Steuerlast während Ivans Regierungszeit fast verdreifacht, die allerdings hauptsächlich von den Bauern aufgebracht werden musste. Ein großer Teil der Landbevölkerung floh daher in die neu eroberten Gebiete im Süden und Südosten – in eine Region, die nicht nur bessere Böden und somit höhere Erträge versprach, sondern auch die Hoffnung auf größere Freiheit von der Herrschaft der Grundherren.

Die Flucht in diese Randgebiete verstärkte sich nach 1600, als im Moskauer Reich in der »Zeit der Wirren«, der *smuta*, für einige Jahre die staatlichen Strukturen völlig zusammenbrachen. 1598 war die Rjurikiden-Dynastie ausgestorben, und mit Boris Godunov (um 1552–1605) war ein ehemaliger *opričnik* zum Zaren gewählt worden. Er vermochte das Land zwar kurzzeitig zu stabilisieren, doch als er 1605 unerwartet starb, ergriffen die Bojaren gegen seinen Sohn und Nachfolger Fedor (1589–1605) Partei. Sie sahen die Möglichkeit, ihre unter Ivan IV. verlorenen Privilegien wiederzugewinnen, und verschworen sich zu diesem Zwecke mit polnischen Abenteurern, die einen jungen Mann auf den Zarenthron hoben, der von sich behauptete, Dmitrij von Uglič zu sein, der verstorbene jüngste Sohn Ivans IV. Der »falsche Dmitrij« enttäuschte die Bojaren jedoch bald – vor allem, weil er nicht von seinem katholischen Glauben lassen wollte – und fiel schon 1606 einer erneuten Intrige zum Opfer.

Dieser »falsche Dmitrij« war nur der erste einer ganzen Reihe von betrügerischen Thronanwärtern, die in den Wirren des 17. Jahrhunderts immer wieder auftauchten. Ihre teilweise große Popularität in der bäuerlichen Bevölkerung erklärt sich aus der Verunsicherung, die das Aussterben der Rjurikiden-Dynastie verursachte. Auch die Hungersnot der Jahre 1601-1603 erklärten sich viele Bauern damit, dass kein »echter Zar« auf dem Thron sitze. Diese andauernde Legitimitätskrise der neuen Moskauer Herrscher begünstigte immer neue Aufstände, deren Anführer zur Rechtfertigung ihres Handelns meist einen vermeintlichen Zaren mitführten. Dies trifft sowohl auf das Bauernheer unter Ivan Bolotnikov (gest. 1608) zu, der im Frühjahr 1606 auf Moskau vorrückte, große Teile des Landes besetzte, und die Hauptstadt belagerte, bevor er einige Monate später durch Truppen des Fürsten Vasilij Šujskij (1552–1612) geschlagen wurde, als auch auf das Kosakenheer, das nur zwei Jahre später mit einem zweiten falschen Dmitrij vor Moskau auftauchte und für fast zwei Jahre vor den Toren der Hauptstadt eine Parallelregierung installierte.

Ein polnischer Katholik auf dem Zarenthron?

Als der inzwischen als Vasilij IV. zum Zaren ausgerufene Fürst Vasilij Šujskij die Schweden im Jahr 1609 zu Hilfe rief, sah sich der polnische König Zygmunt III. berufen, seinerseits in den Kampf einzugreifen. 1610 eroberte sein Heer Moskau. Zygmunt handelte zunächst aus, seinen Sohn zum Zaren erheben zu lassen, entschied sich aber kurz vor der Krönung, selber den Thron zu besteigen. Damit hatte er den Bogen überspannt. Der Hass auf die Andersgläubigen (auch Zygmunt dachte nicht daran, zum orthodoxen Glauben zu konvertieren) einte die verschiedenen sozialen Gruppen. 1611 brachen in Moskau Unruhen aus und im Jahr darauf zog ein großes Heeresaufgebot, das von Bojaren, Dienstadel, Bauern und Kosaken gemeinsam gestellt worden war, zur russischen Hauptstadt. Am 15. Okto-

Der Aufruf Kuzma Minins zum Kampf gegen Schweden und Polen wurde im 19. Jh. zu einem zentralen Erinnerungsort des neuen russischen Nationalbewusstseins, Gemälde von 1876 von Il'ja Repin

ber 1612 ergab sich die polnische Garnison im Moskauer Kreml nach langer Belagerung den russischen Widerständlern. Im Februar 1613 trat ein neuer *zemskij sobor* zusammen – eine Reichsversammlung, in der etwa 50 Städte, die Bojaren, die Geistlichkeit, Dienstadelige und Kosaken vertreten waren und die einen führenden Repräsentanten des Dienstadels zum neuen Zaren wählte: Michail F. Romanov (1597–1645).

Kirche, Staat und Gesellschaft im Mittelalter

Die Kirche als Entwicklungsmotor

Kirche und Staat waren seit der Übernahme des Christentums durch Vladimir I. in der Kiever Rus' und auch im späteren Russland besonders eng miteinander verbunden – allerdings nicht in der oft spannungsreichen Form, wie dies im Heiligen Römischen Reich der Fall war; man folgte eher dem byzantinischen Konzept der *symphonia*, der harmonischen Zusammenarbeit geistlicher und weltlicher Gewalten. Dies war vor allem in der Frühzeit auch unabdingbar: Da die staatlichen Strukturen noch kaum ausgereift waren, musste die Kirche einen Teil der öffentlichen Verwaltung und der Rechtsprechung übernehmen. Ihre Hospitäler, Armenhäuser und Fremdenherbergen boten einen Teil der Infrastruktur, die nötig war, um ein so ausgedehntes Reich aufzubauen; zudem sicherte die Kirche den nötigen Rechtsfrieden, ohne den der Handel nicht aufblühen konnte – neben dem Ehe- und Familienrecht wachten die Priester anfangs auch über Maße und Gewichte der Märkte, die deshalb häufig rings um die Kirchen abgehalten wurden. Dort wurden – dank der festen Türen und Schlösser und ihres Schutzes als heilige Orte – auch wertvolle Waren und Geld aufbewahrt. Schon unter Vladimir erhielt die Kirche als Ausgleich für diese Aufgaben den zehnten Teil der Gerichtsgebühren, der Handelseinnahmen sowie der landwirtschaftlichen Erträge. Das erste Kirchengebäude, das Vladimir 989 in Kiev errichten ließ, wurde bezeichnenderweise bald allgemein »Zehntkirche« genannt.

Einen wichtigen Beitrag zur Entwicklung des Landes leistete vor allem die »schwarze Geistlichkeit« der Klöster, die im Gegensatz zur »weißen Geistlichkeit« der Gemeindepriester dem Zölibat unterworfen waren. Sie verfügten bald über einen gewaltigen Landbesitz – zunächst durch Schenkungen der Fürsten und des Adels, seit dem 14. und 15. Jahrhundert jedoch vor allem durch die wesentlich von den Klöstern betriebene Kolonisation im Norden und Nordosten des Landes. Der heilige Sergej von Rodonež (1314–1391) und das von ihm gegründete Troice-Sergiev-Kloster (Dreifal-

Palmsonntag-Prozession auf dem Roten Platz vor dem zum Kreml führenden Erlösertor, Kupferstich von 1647

tigkeitskloster) nördlich von Moskau spielten hierbei eine wichtige Rolle. Zum Zeitpunkt der Säkularisation des kirchlichen Landbesitzes 1764 verwaltete es 33 weitere landbesitzende Klöster und gebot über 104 000 Kirchenbauern. Charakteristisch für die Kolonisationsklöster ist ihre wehrhafte Architektur, da sie bis in das 17. Jahrhundert hinein als wichtige militärische Stützpunkte dienten. Dieser militärischen Funktion entspricht auch, dass die Kirche in den Zeiten der politischen Schwäche, während der Zeit der Teilfürstentümer vom 13. bis 15. Jahrhundert und der Wirren nach 1600, zum Symbol der Einigkeit wurde. Ihre Chronisten formten das Geschichtsdenken der Zeitgenossen und prägten deren Bewusstsein, trotz der territorialen Zersplitterung einer gemeinsamen Nation anzugehören.

Die Abkoppelung von der antiken Welt

Indem die Rjurikiden unter Vladimir I. das Christentum oströmischer Prägung annahmen, stellten sie außerdem eine entscheidende Weiche für die geistesgeschichtliche Entwicklung des Ostslawentums. Zwar wurde die Übernahme des Christentums durch diese Entscheidung erleichtert: Die »Slawenapostel« Kyrill und Method hatten in Mähren seit der Mitte des 9. Jahrhunderts eine eigene kirchenslawische Sprache entwickelt, die auch an Dnepr und Wolga verstanden werden konnte und die somit die Verbreitung christlicher Grundtexte erleichterte. Andererseits aber gelangten keine anderen Texte in die Kiever Rus', als diejenigen, die die orthodoxen Missionare ausgewählt hatten. Dies waren neben dem Neuen Testament, den Psalmen und Teilen des Alten Testaments vor allem Heiligenlegenden, kirchenrechtliche Texte und religiöse Schriften. Von der antiken griechischen Tradition hingegen wurden die Ostslawen völlig abgeschnitten, erst recht von den Überlieferungen lateinischer Autoren. Während sich der Westen immer wieder mit der Welt der Antike auseinandersetzte, was sich künstlerisch in den periodisch wiederkehrenden »Renaissancen« seit Karl dem Großen widerspiegelte, war das geistige Leben in Russland bis in das 18. Jahrhundert hinein von der Abwehr all dessen geprägt, was die orthodoxe Kirche als häretisch kennzeichnete.

Der praktische Einfluss der Kirche auf die Politik der Fürsten blieb allerdings lange begrenzt: Obwohl die Rjurikiden sich zunächst nach Byzanz orientierten, heirateten sie nach ihrem Aufstieg in die »Familie der Könige« im 11. und 12. Jahrhundert in nahezu alle bedeutenden Herrscherhäuser Europas ein; Einsprüche der Kirche hinderte einzelne Fürsten auch nicht daran, im Kampf untereinander Verbündete im Westen zu suchen, wie etwa den Piasten Bolesław II. oder den ungarischen König Gézas II. Allerdings war keine dieser Beziehungen dauerhaft, schon allein deshalb, weil die Herrschaften in der Kiever Rus' zu dieser Zeit nicht dauerhaft waren.

Die These vom »Dritten Rom«

Eine bedeutendere Rolle spielte die Kirche erneut seit der Mitte des 15. Jahrhunderts, vor allem nachdem Konstantinopel im Jahr 1453 von den Osmanen erobert wurde. Der Fall Ostroms wurde von der inzwischen von Kiev nach Moskau verlegten Metropole als gerechte Gottesstrafe für den 1439 gefassten Beschluss der griechisch-orthodoxen Kirche gesehen, sich wieder mit der lateinischen Kirche zu vereinigen. Dies gab den Ausschlag, die Unabhängigkeit (Autokephalie) der nun russisch-orthodoxen Kirche durchzusetzen, aus der sich schließlich die These von Moskau als dem »Dritten Rom« entwickelte. Diese wurde um 1500 vom Mönch Filofej aus Pskov formuliert, der an Ivan III. (1440–1505) schrieb, dass nun alle christlichen Zartümer (Kaiserreiche) vergangen und in das eine Reich des russischen Herrschers übergegangen seien, »denn zwei Rome sind gefallen und das dritte steht. Ein viertes aber wird es nicht geben.« Dies war von Filofej eigentlich nicht in erster Linie machtpolitisch gemeint, sondern als Aufforderung, sich nicht wie West- und Ostrom auf den Weg der

Andrej Rublev war der berühmteste Ikonenmaler des Mittelalters, im Bild die Ikone der heilige Dreifaltigkeit, um 1411.

Sünde zu begeben. Das Schlagwort vom »Dritten Rom« wurde von den Moskauer Herrschern aber genutzt, um ihren realen Machtzuwachs ideologisch zu überhöhen: Ivan III. verbreitete die Legende, die russische Krone sei 1055 vom byzantinischen Kaiser an Vladimir Monomach von Kiev übertragen worden (tatsächlich handelt es sich um eine ägyptische Arbeit des 14. Jahrhunderts) und der junge Ivan IV. (1530–1584) ließ sich 1547 zum Zaren krönen. Auf diese Weise verschmolzen kirchliche mit erfundenen oder neu eingeführten weltlichen Traditionen und verliehen dem Reich einen religiös-säkularen Doppelcharakter: Kirche und Staat wurden nun noch enger als zuvor aneinander gebunden. Was allerdings zunächst wie eine Rangerhöhung der russisch-orthodoxen Kirche anmutete (ihr Metropolit wurde nicht mehr vom Patriarchen in Konstantinopel bestimmt), erwies sich mittelfristig als eine Schwächung. Die Kirche war nun stärker vom Wohlwollen des weltlichen Herrschers abhängig, eine gleichberechtigte Partnerschaft war schon bald nicht mehr vorstellbar.

Volksversammlung

Im Laufe des Mittelalters veränderte sich die gesellschaftliche und rechtliche Stellung der verschiedenen Bevölkerungsschichten Russlands grundlegend. Eine wesentliche Konstante in diesem Wandlungsprozess bildet das Bemühen der Großfürsten und später der Zaren, ihren politischen Einfluss auszubauen und entsprechend den des Adels sowie der Volksversammlungen einzuschränken. Insbesondere in den *veče* zeigt sich zunächst eine bemerkenswerte Sonderentwicklung der Rus'. Ein erstes *veče* der »schwarzen«, also freien, aber auch lastenpflichtigen Einwohner, erwähnen die Chroniken schon für das Kiev des 10. Jahrhunderts. Für das 11. Jahrhundert sind sie gleich mehrfach bezeugt, so entschied 1069 ein *veče* in Kiev erstmals über die Besetzung des Großfürstenthrones. Allerdings scheint sich die Mitbestimmung der freien Stadtbewohner auf Zeiten der Unsicherheit beschränkt zu haben, wenn erstens Initiativen »von unten« gegen äußere Gefahren gefordert waren, und zweitens die geschwächte Macht des Fürsten ein solches Handeln überhaupt erst ermöglichte. Ein *veče* als mehr oder weniger dauerhafte Institution konnte sich nur in Novgorod (und in dem mit ihm verbündeten Pskov) etablieren; nur in diesen beiden Städten hatte das *veče* zudem die Vollmacht, selbst die höchsten Repräsentanten zu wählen. In den meisten anderen Städten trat das *veče* dagegen nur in Erscheinung, wenn sich der jeweilige Fürst durch eine nachträgliche »Wahl« zusätzlich legitimieren lassen wollte, oder aber in Notzeiten. So ist beispielsweise für Moskau ein *veče* für das Jahr 1382 bezeugt, als die Stadt ein weiteres Mal von den Mongolen eingenommen worden war. Als Ivan III. 1478 Novgorod unterwarf, zeigte er jedoch, dass er seine Macht forthin nicht mehr durch eine Volksversammlung einschränken lassen wollte: »Eine *veče*-Glocke darf es in unserem Vatererbe Novgorod nicht mehr geben, keinen Statthalter und die Herrschaft wollen wir selbst ausüben.« Demonstrativ wurde die Glocke nach Moskau abtransportiert.

Von 1540 an stellte Ivan Groznyj neue, mit Schusswaffen ausgerüstete Einheiten auf – die **Strelitzen** (Eindeutschung von *strel'cy*, Schützen). Ursprünglich als kaiserliche Leibwache und Elitetruppe gedacht, wurden die Verbände im Laufe des 17. Jahrhunderts zu Soldaten zweiter Klasse herabgestuft, als modernere »Truppen neuer Ordnung« aufgestellt wurden. Seit 1648 schlossen sich daher einzelne Strelitzen-Verbände immer wieder Rebellionen und Aufständen an.

Der Beginn der Autokratie

Die Autokratie (Selbstherrschaft) sahen die Großfürsten auch durch den Hochadel gefährdet, daher bemühte sich insbesondere Ivan Groznyj, ihren Einfluss zurückzudrängen und anstelle der Bojaren den Dienstadel zu stärken. Die Bojaren bildeten die Schicht des Erbadels, der im Laufe des Früh- und Hochmittelalters Land erhalten hatte, das sie als ihre *votčina* (Vatererbe) betrachteten und verschenken, tauschen oder verkaufen konnten. Die sozialen Barrieren innerhalb der Rus' waren anfangs allerdings nicht klar gezogen: Vererbbaren Besitz hielten auch kleinere Grundbesitzer und zunächst sogar freie Bauern. Eine stärkere soziale Gliederung bil-

WAS DER DOMOSTROJ ÜBER HAUSHALT, FRAUEN UND KÖRPERSTRAFEN ERZÄHLT

Zur Regierungszeit Ivan Groznyjs entstand der *domostroj*, ein Ratgeber für die Kunst der Haushaltung, der bis in das 19. Jahrhundert hinein sehr beliebt blieb und den Historikern wertvolle Hinweise über die Vorstellungswelten und Werte während des Moskauer Reiches vermittelt. In insgesamt 63 Kapiteln entfaltet der unbekannte Verfasser (man vermutet ihn im Kreis der hohen Geistlichkeit) in einer volkstümlichen Sprache ein Panorama dessen, was man sich zu dieser Zeit unter idealer Haushaltsführung und vorbildlichem Familienleben vorstellte. In der Erziehung war demnach Gewalt an der Tagesordnung: »Wenn du deinen Sohn liebst, so strafe ihn oft, und du wirst später Freude an ihm haben. Züchtige ihn von klein auf, und du wirst Wohlgefallen an ihm finden, wenn er zum Manne geworden ist.«

Auch für das rechte Verhalten des Gesindes hält das Buch Ratschläge bereit: Dienstboten, die zu »achtbaren Leuten« geschickt worden sind, sollen sich in der Diele die schmutzigen Füße abtreten und nicht in der Nase bohren, wenn sie schließlich in die Stube vorgelassen werden. Schließlich legt der *domostroj* detailliert die häuslichen Aufgaben der Haus- und Ehefrau fest: »Sie steht vor Tage auf und gibt Speise ihrem Hause und Arbeit ihren Dirnen. [...] Sie unterweist ihre Kinder und das Gesinde, und ihre Leuchte verlischt des Nachts nicht.« Eine tugendsame Frau, so heißt es ferner, sei »die Krone ihres Mannes.« Unmissverständlich wird damit formuliert, dass die Frauen zwar eigenverantwortlich handeln, ihren Ehemännern aber zugleich eindeutig untergeordnet sind. Dem entspricht auch das Recht des Mannes, nicht nur seine Kinder, sondern auch seine Frau zu züchtigen. Dies solle jedoch nur »unter vier Augen« geschehen und dabei weder auf das Ohr oder das Auge geschlagen, noch mit Füßen getreten oder Holzknüppel und Eisenstangen benutzt werden: »Mit der Knute züchtige behutsam und mit Vernunft, damit es schmerzt, Furcht einflößt und der Gesundheit nicht Abbruch tut.«

Was für heutige Ohren wie eine Folteranleitung klingt, war vermutlich eher der Versuch, die bisherigen Praktiken der Körperstrafen abzumildern – liest man den *domostroj* als eine Art Negativabdruck des Alltagslebens, gewinnt man einen Eindruck davon, was damals üblich war. Mit dem Ratgeber in der Hand sollte den russischen Familienoberhäuptern somit nicht nur genaue Anleitungen für eine sparsame Haushaltsführung an die Hand gegeben werden, sondern auch die bislang waltende Willkür eingeengt werden.

Rekonstruktionsversuch Adelshof bei Moskau, um 1525

dete sich erst seit dem 15. Jahrhundert heraus, als die Moskauer Großfürsten begannen, Dienstleute heranzuziehen, um ihre militärische Macht festigen und den sich ausdehnenden Staat zentral verwalten zu können. Als Lohn erhielten diese Dienstleute Land zur Nutzung übertragen – die Bevölkerung der jeweiligen Landstriche war nun verpflichtet, sie zu versorgen (der Ausdruck für diese Form der Besoldung *kormlen'e* bedeutet wörtlich »Durchfütterung«). Die Dienstleute erhielten ihr Land dementsprechend auch nicht als Eigentum, es konnte ihnen vielmehr jederzeit entzogen werden. Für den Fürsten bot dieses System somit einen wichtigen Vorteil, da es die Dienstleute vollständig von seiner Person abhängig machte.

Auch das sogenannte »Abzugsrecht« der Bojaren, also deren Recht, jederzeit ihren Dienstherren wechseln zu dürfen, erwies sich als zweischneidig – denn faktisch bedeutete der Abzug zu einem neuen Fürsten meist auch die Aufgabe des ererbten Besitzes. Anders als in Mittel- und Westeuropa konnte sich daher in der Rus' kein landsässiger Adel mit einer starken Hausmacht entwickeln – zumal die Tradition, den Besitz gleichmäßig auf die Söhne zu verteilen, den Landbesitz zunehmend zersplitterte. Tendenziell schloss sich dadurch aber die Kluft zwischen hohem Bojarenadel und niederem Dienstadel wieder. Ivan Groznyj forcierte die Entwicklung, indem er 1556 eine »Verordnung über den Dienst« erließ, in der er den Grundsatz »kein Land ohne Dienst« durchsetzte: Von nun an waren auch Bojaren zum Dienst verpflichtet, andernfalls konnte ihnen ihr Besitz entzogen werden. Schrittweise verloren sie nun auch ihr traditionelles Recht, ihre Fürsten zu verlassen – dies galt nun als Verrat.

Das Ende der »schwarzen Bauern«

Indirekt litten auch die Bauern unter diesem Wandel. Da schon bald kaum noch unfreies Land verfügbar war, das die Großfürsten und Zaren an ihre Dienstleute verteilen konnten, gaben die Großfürsten seit dem 15. Jahrhundert immer mehr Ländereien, auf denen eigentlich »schwarze«, d. h.

freie Bauern saßen, an Dienstleute aus. Die Vorfahren dieser Bauern waren zumeist als Siedler während des 14. Jahrhunderts in die noch vorwiegend mit dichtem Wald bedeckten Gebiete des Moskauer Reiches abseits der alten Siedlungsgebiete der Kiever Rus' gekommen und hatten im Gegenzug großzügige Privilegien erhalten. Die Unterstellung unter einen Grundherren konnte für die Bauern zwar auch Vorteile bringen – so begaben sich einige »schwarze« Bauern freiwillig in Abhängigkeit, weil sie auf diese Weise von den Steuern gegenüber dem Fürsten befreit wurden – langfristig aber überwogen die Nachteile. Einen entscheidenden Einschnitt bedeutete das Jahr 1497, als Ivan III. das Recht der Bauern, ihren Grundherren zu verlassen (Abzugsrecht), auf zwei Wochen im Jahr beschränkte; Ivan Groznyj hob es dann 1582 faktisch ganz auf. Auf diese Weise sollte der Dienstadel gestärkt werden, denn wenn die Bauern stärker als bisher an ihre Scholle gebunden waren, stieg erstens die Versorgungssicherheit und zweitens die Produktivität. Dass aber das Abzugsrecht überhaupt eingeschränkt werden musste, weist darauf hin, wie stark sich die Belastungen der Bauern erhöhten.

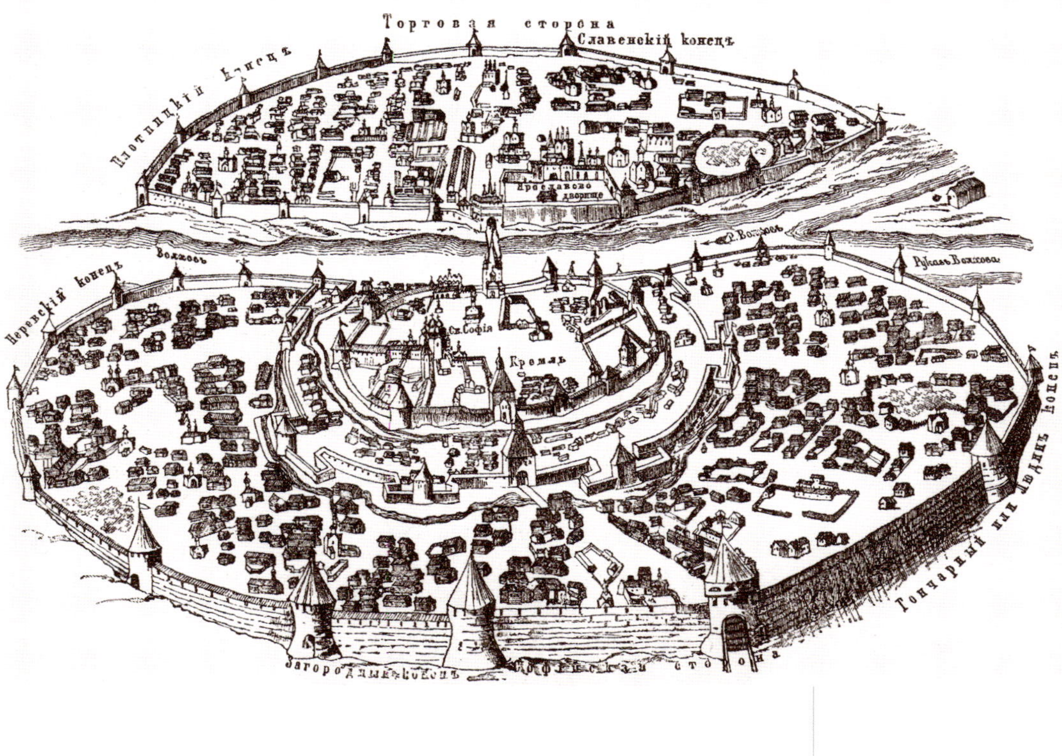

Stadtansicht von Novgorod, Holzschnitt aus dem 16. Jh.

Mit dem Blick nach Westen – Russland in der Neuzeit

Das Jahr 1613 markiert einen zentralen Wendepunkt in der russischen Geschichte. Unter der neuen Dynastie der Romanovs steigt das russländische Reich zur Großmacht auf. Die Konkurrenz mit den europäischen Mächten warf aber auch die Frage auf, wie stark sich das Imperium dem Westen anpassen musste.

Aufstieg zur Großmacht (1613–1800)

Ein Reich im Umbruch

Mit der Wahl Michail F. Romanovs zum neuen Zaren im Februar 1613 wurde eine Dynastie auf den Thron gebracht, die Russland drei Jahrhunderte lang beherrschen sollte. Zunächst aber sah es für eine kurze Zeit danach aus, als ob sich die Autokratie in ihrer bisherigen Form überlebt hatte: Michail war noch minderjährig; in dieser Situation übernahm der *zemskij sobor*, die Reichsversammlung, zwischen 1613 und 1619 wichtige Funktionen in der Regierung des Landes. Diese Reichsversammlung der Geistlichkeit, der Adeligen und der Vertreter der Provinzen (zum ersten und letzten Mal waren 1613 auch Bauern in diesem Gremium vertreten) stellte Urkunden aus und verfügte über die Steuern. Damit war der *zemskij sobor* zwar nicht zu einem gesetzgebenden Organ geworden, wie dies 1610 zwischen den Bojaren und dem polnischen König Zygmunt III. vereinbart worden war. Aber immerhin wurde der *zemskij sobor* nicht wie sonst üblich unmittelbar nach überstandener Gefahr aufgelöst. Dies änderte sich, als 1619 Michails Vater Filaret (1555–1633) aus polnischer Gefangenschaft zurückkehrte und bis 1633 die Regierungsgeschäfte übernahm. Nach 1622 wurde der *zemskij sobor* nur noch selten einberufen, bevor er dann in den Kriegsjahren 1648/49 kurzfristig wieder eine wichtigere Rolle spielte. Wirklich eigenständig konnte die Reichsversammlung jedoch nie agie-

Die **Bewohner eines russischen Straßendorfes** vor ihren Häusern, Foto von 1896

ren: Die Dienstadeligen und Kaufleute, die den *zemskij sobor* dominierten, waren zu stark vom Zaren abhängig, als dass sie diesem gegenüber eigene Interessen hätten vertreten können.

Handel im Osten, Krieg im Westen – Außenpolitik im 17. Jahrhundert

Die russische Außenpolitik war in der Regierungszeit Michails überwiegend defensiv angelegt, lediglich die vor allem wirtschaftlich motivierte Expansion nach Sibirien wurde wieder aufgenommen. Mitte des 17. Jahrhunderts drangen die ersten russischen Siedler bis an den Pazifik vor und gründeten dort Stützpunkte. Mit dieser Ausweitung in den Fernen Osten stieß Russland allerdings an die Peripherie Chinas. Keine der beiden Seiten war daran interessiert, in diesen weit entlegenen Regionen Krieg zu führen (für Russland wäre es auch völlig unmöglich gewesen), und so beschloss man 1689, die beiderseitigen Beziehungen auf freundschaftlichem Wege zu regeln: Der Vertrag von Nerčinsk war das erste Abkommen eines europäischen Staates mit dem Kaiser von China.

Bohdan Chmel'nyckyj, Hetman der saporogischen Kosaken, Zeichnung nach zeitgenössischem Gemälde

Sehr viel dramatischer entwickelte sich die Lage im Westen, wo das russische Reich ohne eigene Initiative in einen neuen Krieg mit Polen gezogen wurde. 1648 hatten sich die Kosaken, die in der Ostukraine »hinter den Stromschnellen« des Dnepr lebten (daher der Name *zaporože*), unter ihrem Hetman (Hauptmann) Bohdan Chmel'nyckyj (um 1595–1657) im Bunde mit den ukrainischen Bauern gegen den polnischen König und dessen Großgrundbesitzer erhoben. Ihr Vernichtungsfeldzug gegen das polnische Heer führte die Kosaken bis nach Lemberg tief in das polnische Reich und kostete auch zehntausenden Juden das Leben. Wechselndes Kriegsglück bewegte die Kosaken schließlich dazu, 1654 unter die Oberhoheit des neuen Zaren Aleksej (1629–1676) zu treten. Damit fiel auch fast die gesamte Ostukraine einschließlich Kievs an Moskau. Die »Sammlung der russischen Erde« war endgültig abgeschlossen. Fortan nannte sich der Moskauer Zar »Selbstherrscher von ganz Groß-, Klein- und Weißrussland«.

Solchermaßen gestärkt beschloss das Zarenreich nur ein Jahr später, gemeinsam mit den Kosaken gegen Polen vorzurücken. Auch Schweden

Die Ursprünge der meisten **jüdischen Gemeinden Ostmitteleuropas** reichen in das 14. Jahrhundert zurück, als viele Juden vor den Pogromen in den rheinischen Städten nach Osten geflohen waren. Den polnischen Königen waren die Juden aufgrund ihrer überdurchschnittlichen Bildung hochwillkommen, schrittweise wuchsen diese daher in die Rolle des Mittlers zwischen Stadt, Gutsbesitzern und bäuerlicher Bevölkerung hinein. Da die Juden den Bauern somit meist als Händler, Gutsverwalter oder Steuereintreiber gegenübertraten, galten sie bald als Werkzeuge der Obrigkeit. Diese Außenseiterposition, in der sich soziale, ethnische und religiöse Faktoren überlagerten und die im 19. Jahrhundert künstlich konserviert wurde, war eine der wesentlichen Wurzeln für den Antisemitismus in den ostpolnischen und ukrainischen Gebieten.

griff in die Kämpfe ein – es entwickelte sich ein langwieriger Krieg um die Vormachtstellung in Osteuropa, der erst 1667 mit einem Waffenstillstand beendet wurde, als die Türken vom Balkan aus versuchten, aus dem Konflikt Profit zu schlagen und nach Norden vorrückten.

Kirchenspaltung und Untergangsstimmung

Inzwischen wurde Russland durch einen Konflikt erschüttert, der sich aus einem theologischen Disput innerhalb der orthodoxen Kirche entwickelt hatte. Der 1652 gewählte Patriarch Nikon (1605–1681) setzte – unterstützt vom jungen Zaren Aleksej – dazu an, die Kirche zu reformieren: Er wollte die Liturgie und die geistlichen Schriften anhand der byzantinischen Quellen überprüfen und wieder auf ihre ursprüngliche Fassung zurückführen. Eine zweite Gruppe um den Erzpriester Avvakum (1621–1682) wollte den Glauben zwar auch reformieren, sie sah dabei aber nicht das griechische Original der »verräterischen« Byzantiner als Ziel. Vielmehr sollte die spezifische russische Frömmigkeit vertieft werden, deren Qualität aus Sicht der »Altgläubigen« ja gerade in ihrer Abgrenzung vom untergegangenen, dekadenten »Zweiten Rom« bestand. Aus einem eigentlich unbedeutenden Streit wurde somit eine grundsätzliche Auseinandersetzung. 1667 exkommunizierten sich die beiden Wortführer gegenseitig, damit war die Kirchenspaltung vollzogen.

Die Schärfe des Konfliktes und die Zähigkeit, mit der die Altgläubigen an ihrem überlieferten Ritus hingen, erklären sich aus den sozialen und gesellschaftlichen Umbrüchen jener Zeit. Nach Hungersnöten und Kriegen glaubten viele Menschen, der Weltuntergang sei nah – selbst das von den Reformern um Nikon neu eingeführte Kreuzzeichen mit drei Fingern wurde als Zeichen des Antichristen gewertet. Vor dem Hintergrund der Umbrüche vermengten sich zudem religiöse und weltliche Motive immer stärker: Weil der Zar die Reformer um Nikon demonstrativ unterstützte, brachte er die Altgläubigen in Opposition zum Staat. Ihre Bewegung wurde nun zum Sammelbecken für die Unzufriedenen und die Verlierer der Gesellschaft. Dies führte schließlich zu bürgerkriegsartigen Zuständen. Die »Altgläubigen« um Avvakum wurden verfolgt und zogen sich in unwirtliche Gegenden zurück. Das auf einer Insel im Weißen Meer gelegene Solovecki-Kloster hielt einer von 1668 bis 1676 dauernden Belagerung stand. Als das Kloster schließlich fiel, wurden viele Mönche hingerichtet; auch Avvakum starb 1682 auf dem Scheiterhaufen.

Die zweite Hälfte des 17. Jahrhunderts war in Russland durch eine eigentümliche Mischung aus Untergangsstimmung und Reformbemühungen geprägt. Bereits Fedor III. (1661–1682), der nach dem Tod des Zaren Aleksej im Januar 1676 die Herrschaft übernahm, begann während seiner Regierung wesentliche Reformprojekte: So wurden nun auch abhängige Bauern besteuert, ein stehendes Heer geschaffen und vor allem die »Rangplatzordnung« abgeschafft, die den Rang einer Person mit Hilfe einer komplizierten Arithmetik aus Herkunft und Dienstgrad seiner Vorfahren ermittelte. Seit Anfang 1682 galt grundsätzlich das Leistungsprinzip, wenngleich konservative Kräfte durchsetzten, dass es auch weiterhin möglich war, einen Posten allein aufgrund seiner Herkunft zu bekom-

Das Solovecki-Kloster wurde im 15. Jh. auf einer Insel im Weißen Meer gegründet, Foto 2006

men. Die Reformen wurden nach Fedors Tod von seiner Schwester Sof'ja (1657–1704) fortgesetzt, die nach Fedors Tod im Jahr 1682 als Regentin für ihren erst zehnjährigen Bruder, Zar Petr (Peter) I. (1672–1725) eingesetzt wurde, der die Regierungsgeschäfte erst 1689 übernahm.

Die verordnete Öffnung zum Westen

Schon ein Jahr nachdem er 17jährig die Regierungsgeschäfte übernommen hatte, schockierte der junge Petr seine Umgebung durch gezielte Tabubrüche: Im April 1690 hatte er erstmals demonstrativ und mit einem großen Gefolge die *nemeckaja sloboda* (deutsche Vorstadt) besucht, jenes Stadtviertel in Moskau, in dem die Ausländer abgeschirmt von der russländischen Bevölkerung leben mussten. Ihrer Dienste hatten sich zwar schon die Großfürsten des Mittelalters bedient, aber weil die Westler zugleich als Häretiker und als verschlagen galten, war der Kontakt mit ihnen unerwünscht. Petr hingegen traf sich nun öfter mit diesen übel beleumdeten Personen: Er wollte von den fremden Handwerkern, Händlern und Söldnern lernen. 1697 brach er zu einer Auslandsreise nach Westeuropa auf, die man gewissermaßen als eine Frühform der Industriespionage betrachten kann. Um sich ungestört vom höfischen Zeremoniell in das Artilleriewesen einweisen zu lassen, als Schiffszimmermann zu arbeiten, Fabriken, Observatorien und Münzstätten besichtigen zu können, reiste er »inkognito« als Unteroffizier Petr Michailov; nur bei feierlichen Anlässen trat er als Zar auf.

Nach seiner Rückkehr aus Westeuropa im Jahr 1698 ließ Petr I. den Bojaren die Bärte abschneiden, zeitgenössischer Holzschnitt

Als Petr I. im August 1698 von seiner eineinhalbjährigen Reise zurückkehrte, die ihn durch das Baltikum, Preußen, Holland und Frankreich bis nach England geführt hatte, ließ er die Bojaren und Dienstleute in den Moskauer Kreml' rufen, wo sie ihm zu huldigen hatten. Anschließend forderte er die versammelte Elite des Reiches auf, ihre Bärte abzuschneiden. Orthodoxe Russen konnten sich keine größere Demütigung vorstellen: Ein Bart war ein fester Bestandteil traditioneller Vorstellungen von Würde und Frömmigkeit; mancher glaubte sogar, Glattrasierte würden nicht in den Himmel kommen. Dementsprechend weigerten sich mehrere Bojaren, sich von ihrem Bart zu trennen.

Petr setzte sich über den Widerstand hinweg: Eigenhändig schnitt er einigen der Anwesenden ihre Gesichtsbehaarung ab.

Diese Episode ist in zweierlei Hinsicht aufschlussreich: Sie zeigt erstens, dass Petr bei seinen Bestrebungen, Russland auf gleiche Augenhöhe mit den Großmächten Europas zu bringen, von seinen Konkurrenten nicht nur technische Errungenschaften und Kenntnisse übernehmen wollte, sondern zugleich deren für die Bevölkerung Russlands völlig fremde Alltagskultur. Modernität war aus seiner Sicht nicht allein eine Frage der Technik, sondern auch der kulturellen Praktiken. Zweitens zeigt die Episode, dass Petr nicht lange fackelte, wenn seine Vorhaben auf Widerstand stießen. Überzeugungsarbeit zu leisten lag ihm nicht, er meinte auch, dafür sei keine Zeit vorhanden – er setzte seine Projekte als Revolution von oben per Dekret durch.

Eine Niederlage als Neubeginn

Den eigentlichen Startschuss für seine ehrgeizigen Reformen gab aber erst die Niederlage der zahlenmäßig überlegenen russischen Armee gegen die kleine schwedische Streitmacht im Kampf um die estnische Hafenstadt Narva im Jahr 1700. Auf demütigende Weise war die Unterlegenheit Russlands demonstriert worden. Binnen kurzer Zeit sollten deshalb nun all jene Entwicklungen nachgeholt werden, die im Westen teilweise schon im 16. Jahrhundert eingesetzt hatten. Im Vordergrund stand zunächst eine Militärreform, die die unter Aleksej begonnenen Ansätze fortführen sollte. Bis 1705 wurde die allgemeine Wehrpflicht eingeführt, nachdem schon die alten Strelitzen-Regimenter durch moderne Infanterie-, Kavallerie- und Artillerieeinheiten ersetzt worden waren. Diese sollten fortan nicht zu Beginn jedes Winters aufgelöst werden, sondern kaserniert bleiben. Weil sich nur wenige qualifizierte russische Offiziere fanden, mussten die neuen Regimenter von Ausländern ausgebildet und geführt werden. Bezeichnenderweise waren die meisten Rangbezeichnungen bald deutsche Lehnwörter. Die Kosten für die neue Armee (auch eine Flotte wurde gebaut) und ihre

Portrait von Petr I. im Jahr 1697, Radierung von Gottfried Kneller

moderne Ausrüstung ließen sich allerdings nicht aus dem bestehenden Staatsbudget bestreiten. Um die Einnahmen zu erhöhen, wurde das Steuersystem umgestellt. Die Bevölkerung wurde in zwei Gruppen eingeteilt: Die Gruppe des Adels, des Klerus und der Kaufleute diente dem Staat direkt und brauchte daher keine Steuern zu zahlen; zur zweiten Gruppe gehörten alle übrigen arbeitsfähigen Personen. Sie wurden nun mit einer Kopfsteuer belegt.

Um das eingenommene Geld rationaler auszugeben, wurde die Verwaltung reorganisiert und mit den »Kollegien« Vorformen von Fachministerien gegründet. Diese Kollegien verkörperten allerdings nicht nur den Willen des Monarchen, die Steuern mit mehr Fachverstand auszugeben, sondern zeigten auch sein tiefes Misstrauen gegenüber seinen eigenen Bediensteten: Die kollektive Führung dieser neuen Verwaltungsorgane war von Petr hauptsächlich deshalb eingesetzt worden, damit sich die leitenden Beamten gegenseitig kontrollierten. Vorsichtshalber wurden darüber hinaus sowohl in den Kollegien, als auch in den Steuerbehörden Aufseher installiert, die über Unregelmäßigkeiten und Machtmissbrauch berichten sollten. Da die Aufseher aber für jede Meldung belohnt wurden, war der Machtmissbrauch in dieser Praxis selbst angelegt.

Die Gesellschaft als »staatliche Veranstaltung«

Diese Zwiespältigkeit kennzeichnete fast alle Reformen des Zaren. Petr wollte seine Untertanen zu ihrem Glück zwingen und sah sie doch nur als Verfügungsmasse: Bezeichnend ist sein (schließlich aufgegebener) Plan, jungen Adeligen erst dann die Heirat zu gestatten, wenn sie Kenntnisse in Mathematik und Geometrie nachweisen konnten. Gerade in der Bildungspolitik blieben aber viele Projekte in ihren Anfängen stecken oder es mangelte ihnen an einem stabilen Fundament. So hatte Petr auf Anregung des Universalgelehrten Gottfried Wilhelm Leibniz (1646–1716) in St. Petersburg ein erstes Museum und eine Akademie der Wissenschaften gründen lassen. Da in Russland jedoch die entsprechend qualifizierten Wissenschaftler fehlten, waren sämtliche Gründungsmitglieder der Akademie Ausländer und dominierten diese Institution – sehr zum Missfallen patriotisch gesinnter russischer Kollegen – das gesamte 18. Jahrhundert hindurch.

Die Kehrseite des von oben verordneten Unternehmergeistes und Forscherdranges bestand somit darin, dass das aufgepfropfte Wissen häufig oberflächlich blieb und sich Heuchelei verbreitete. Rousseaus Auffassung, dass ein Herrscher manchmal keine andere Wahl habe, als »die

Menschen zu zwingen, frei zu sein«, hätte Petr sicherlich zugestimmt. Doch die Folge war, dass die Gesellschaft aufgeklärter Menschen, wie sie dem Zaren vorschwebte, eine »staatliche Veranstaltung« blieb. Zwar hatte Petr in der Oberschicht schließlich Erfolg, da man sich dort nach einiger Zeit doch für die neue Kultur begeisterte, umso größer aber wurde die Kluft zu den einfachen Menschen, die sich umso stärker an das Überlieferte klammerten. Damit zeigen sich aber zugleich die Grenzen, an die russische Autokraten stießen, deren Macht theoretisch unbegrenzt war. In der Praxis erwiesen sich ihre finanziellen und personellen Ressourcen nämlich als zu gering, um das immer größer werdende Reich effektiv durchdringen und überall ihren Willen durchsetzen zu können. Der Staat blieb häufig darauf angewiesen, dass der Adel und die Selbstverwaltungsorgane der Bauerngemeinden kooperierten – und diese beiden Gruppen waren jede auf ihre Art äußerst konservativ.

Konflikt mit den Westmächten

Im Gegensatz zum chinesischen »Reich der Mitte« konnte sich Russland nicht von seinen Nachbarn abwenden und in selbst gewählter Isolation verharren. Seine Grenzen blieben stets offen. Das galt auch für Invasoren. Bis in das 16. Jahrhundert hinein waren die Gefahren für die Rus' und dann das Moskauer Reich hauptsächlich aus dem Osten gekommen. Nachdem das Reich der Goldenen Horde zerfallen war und dessen Nachfolgereiche sich in inneren Konflikten aufrieben, hatte Russland aus der Steppe keine ernsthaften Bedrohungen mehr zu fürchten. Anders sah die Lage jedoch im Westen des Reiches aus, wo mit Polen-Litauen und Schweden gleich zwei große Rivalen um die Vorherrschaft in Osteuropa emporgewachsen waren. Die Einnahme Moskaus durch polnische Truppen und die nur knapp gescheiterte Inthronisierung eines polnischen Zaren im Jahr 1610 waren einer jener Scheidepunkte, an denen die osteuropäische Geschichte einen ganz anderen Verlauf hätte nehmen können. Binnen eines Jahrhunderts wandelte sich die Lage aber auch hier grundlegend: Nachdem der von 1654 bis 1667 dauernde »Zweite Nordische Krieg« zwischen Russland, Polen und Schweden dem Zaren die meisten der einst zur Kiever Rus' gehörenden Gebiete eingebracht hatte, setzte Petr I. im Jahr 1700 dazu an, seinem Reich endlich einen Zugang zur Ostsee und gegen Schweden eine beherrschende Stellung im Baltikum zu verschaffen. Dieser »Dritte Nordische Krieg« sollte mit wenigen Unterbrechungen bis 1721 dauern; Petr führte also fast während seiner gesamten Regierungszeit Krieg (er starb 1725).

Schon bald nach Beginn der Reformen, die ja zuvorderst das Ziel verfolgten, die Armee zu modernisieren und den Staat gegenüber den Nachbarstaaten zu stärken, konnte der Zar mit der Gründung der Festung Petersburg am Finnischen Meerbusen im Jahr 1703 und dem Sieg bei Poltava 1709 wichtige Siege gegen die Schweden erringen. Diese Erfolge wurden allerdings dadurch erleichtert, dass sich der schwedische König Karl XII. zunehmend darauf konzentrierte, den sächsisch-polnischen König August den Starken zu bekämpfen. Schweden verausgabte sich dabei schließlich so sehr, dass es auf den Status einer Regionalmacht herabsank. Stattdessen stieg nun Russland zu einer der fünf europäischen Großmächte auf und wurde zur beherrschenden Kraft in Osteuropa.

Ein Bündnis auf Kosten Polens

Nachdem Schweden 1709 niedergerungen worden war, richtete sich Petrs Aufmerksamkeit auf Polen. Petr I. nutzte die Konflikte zwischen August dem Starken, der das Land absolutistisch regieren wollte, und den polnischen Adeligen, die ihre verfassungsmäßig garantierten Rechte bewahren wollten, um sich bis 1717 zum faktischen Protektor Polens aufzuschwingen. Fortan mischte sich Moskau immer wieder in die polnische Innenpolitik ein und ließ in einem Fall sogar den *Sejm*, den polnischen Reichstag, stürmen und die Gegner der russischen Politik verhaften. Lange Zeit waren die Zaren mit dieser Art indirekter Herrschaft ganz zufrieden, 1772 aber stimmte die Zarin Ekaterina (Katharina) II. auf Drängen Preußens einer ersten Teilung Polens zu. Im verbliebenen polnischen Reststaat setzte daraufhin allerdings eine energische Reformpolitik ein, die im Mai 1791 in der Verabschiedung einer Verfassung gipfelte – der ersten in Europa überhaupt. Ekaterina sah damit nicht nur die russischen Einflussmöglichkeiten auf die polnische Innenpolitik schwinden, sondern fürchtete zudem, dass auf diese Weise die demokratischen Gedanken der Französischen Revolution nach Russland überspringen könnten. Die kurz darauf folgenden weiteren Teilungen Polens waren insofern eine direkte Reaktion auf diese Herausforderung. Nachdem die polnische Republik 1797 restlos von seinen größeren Nachbarn annektiert worden war, hörte Polen für über einhundert Jahre auf, als selbstständiger Staat zu bestehen.

Die Ausdehnung der russischen Einflusssphäre nach Westen und Süden (1783 wurde das letzte, unter osmanischer Hoheit noch bestehende Tataren-Khanat auf der Krim erobert) rückte Russland geografisch näher an zwei weitere Großmächte: das arrivierte habsburgische Österreich und

DAS FENSTER ZUM WESTEN – PETERSBURG ALS NEUE HAUPTSTADT UND SYMBOL

Die neue Hauptstadt St. Petersburg war als Gegenentwurf zur alten Hauptstadt Moskau gedacht. Moskau war von der Orthodoxie geprägt – bis zu Stalins antireligiöser Kampagne in den 1930er Jahren blieb ihr Stadtbild von hunderten Kirchen und Klöstern geprägt. Petersburg dagegen sollte der Prototyp für das neue Russland sein, das Petr aufzubauen gedachte – und zwar sowohl aufgrund seiner Lage, wie aufgrund seiner Architektur. Indem Petr am östlichsten Ende der Ostsee, in einem Gebiet, das er gerade erst von den Schweden erobert hatte, von 1703 an zunächst eine Festung und dann eine große Stadt errichten ließ, demonstrierte er Russlands Wendung zum Westen: als neue Seemacht auf der Ostsee und als Nation, die ihren Außenhandel nun in die eigenen Hände nahm. Architektonisch konnte der Bruch zum alten Russland kaum größer sein. Petr lud zahlreiche ausländische Architekten ein, die öffentliche Gebäude entwarfen und Standardentwürfe für Adelspalais und Bürgerhäuser fertigten. Zu den ersten Ausländern gehörte auch Andreas Schlüter, der zuvor die Erweiterung des Berliner Schlosses geplant hatte und nun das erste Zarenschloss der neuen Hauptstadt baute.

Die neue Stadt wurde inmitten des sumpfigen Neva-Deltas auf Inseln errichtet, die anfangs immer wieder überschwemmt wurden. Bei den Bauarbeiten kamen so viele Menschen um, dass der Historiker Nikolaj M. Karamzin (1766–1824), obwohl er ein Bewunderer Petrs I. war, später schrieb, Petersburg sei »auf Tränen und Leichen« erbaut. Es verwundert daher kaum, dass sich die Begeisterung in engen Grenzen hielt, als Petr 1713 mit dem Hof und den wichtigsten Institutionen in die neue Hauptstadt an der Ostsee zog. Kaufleute, die lieber auf ihre bewährten Handelsrouten vertrauten, wurden zwangsweise nach Petersburg umgesiedelt. Adelige, die am Hof eingeführt werden wollten, mussten in der neuen Residenz ein Palais an einem der Kanäle oder Prospekte bauen. Einwohner bekamen Segelboote geschenkt und wurden verpflichtet, sonntags auf der Neva zu segeln – wer dem nicht nachkam, musste Geldbußen zahlen.

Mit der neuen Architektur kam auch eine neue Lebenskultur auf. Ausländer wohnten nicht mehr abgesondert in speziellen Stadtvierteln, sondern inmitten der russischen Bevölkerung. Aus dem Ausland wurden neue Formen der Mode,

Der nicht realisierte Entwurf für eine Stadterweiterung von Petersburg aus dem Jahr 1725.

der Freizeitgestaltung und des gesellschaftlichen Lebens übernommen: Adeligen wurde per Dekret vorgeschrieben, regelmäßig an Soireen und Bällen teilzunehmen, bei denen nun auch Frauen ausdrücklich erwünscht waren. Europäische Mode ersetzte die russische Tracht; aus dieser Zeit stammt beispielsweise das aus dem Deutschen entlehnte russische Wort für Krawatte: *Halstuch*. Viele russische Literaten waren der Stadt später in einer eigentümlichen Hassliebe verbunden. Aleksandr Puškin fasste die Ambivalenz 1833 in dem berühmten Poem »Der eherne Reiter« in Worte, in dem ein Beamter, dessen Braut durch eine Überschwemmung umkam, dem berühmten Reiterstandbild Peters des Großen droht und es verflucht, worauf dieses lebendig wird und ihn durch die Stadt jagt.

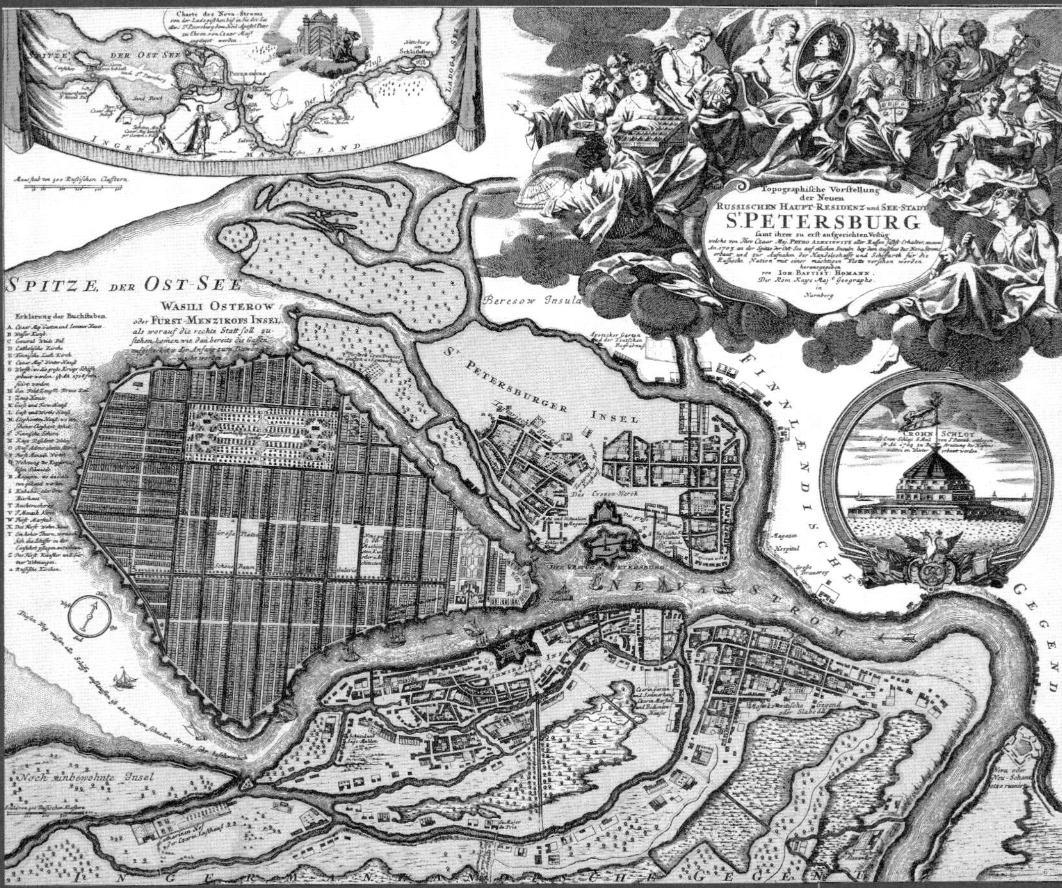

das aufstrebende Preußen. Zwar blieben diese Beziehungen nicht spannungsfrei; im Verlauf des Siebenjährigen Krieges (1756–1763) wurde Ostpreußen sogar für fünf Jahre vom Zarenreich annektiert und Immanuel Kant somit zeitweise zu einem russischen Staatsbürger. Doch die gemeinsamen Interessen (insbesondere das an einem schwachen Polen) führten am Ende des 18. Jahrhunderts schließlich zu einem Bündnis der »drei schwarzen Adler«. Dieses Bündnis zwischen Russland, Österreich und Preußen sollte bis weit in das 19. Jahrhundert hinein bestehen bleiben.

Ekaterina II. und das Projekt der Aufklärung

Mit Ekaterina II. kam 1762 eine Herrscherin auf den russischen Thron, die sich schon in den 17 Ehejahren, die sie in Petersburg vor ihrem Herrschaftsantritt verbracht hatte, ausführlich mit den Schriften der führenden französischen Aufklärer beschäftigt hatte. Es dauerte nach ihrer Thronbesteigung allerdings noch fünf Jahre, bevor sie begann, die angelesenen Ideen auch in die Tat umzusetzen. 1767 berief sie eine Kommission, die ein neues Gesetzbuch erarbeiten und somit die bislang stückweisen Einzelreformen systematisieren sollte. Da der Kommission Delegationen aus allen Ständen des Reiches angehörten, hatte sie fast den Charakter einer Landesversammlung: Von den 565 Abgeordneten gehörten 28 dem zentralen Staatsapparat an, 161 den Adelsverbänden, 208 kamen aus den Städten und immerhin 167 waren Vertreter der (freien) Landbevölkerung. Allerdings war die Kommission mit so vielen Mitgliedern nicht arbeitsfähig, zumal die jeweiligen Standesvertreter in erster Linie die Interessen der eigenen Gruppe vertraten und somit gar nicht an einem Konsens interessiert waren. Als die Kommission 1769 ihre Arbeit beendete, weil wegen des Krieges mit dem Osmanischen Reich viele Deputierte zum Kriegsdienst gerufen wurden, war lediglich ein Beschluss gefasst worden: Der Zarin war der Titel »Ekaterina die Große, weiseste Mutter des Vaterlandes« angetragen worden.

Ekaterina lehnte den Titel zwar in gespielter Bescheidenheit ab, im Grunde aber war diese Huldigung das eigentliche Ziel der Kommission gewesen: Ihre immer noch labile Herrschaftslegitimation sollte gestärkt werden. Zugleich hatte Ekaterina ein neues Selbstverständnis als Herrscherin demonstriert. Ihre Macht leitete sie nicht mehr aus dem Gottesgnadentum her, sondern begründete sie rational aus ihrer überlegenen Übersicht, die sie dazu befähigte, angesichts des weiten Raumes des Reiches für das Wohl ihrer Untertanen zu sorgen.

DIE DEUTSCHE AUF DEM ZARENTHRON – EKATERINA II.

Die vielen kleinen Fürstentümer, die im 18. Jahrhundert zwischen Elbe und Rhein bestanden, eingeklemmt zwischen den Großmächten Habsburg, Preußen und Frankreich, hatten zwar kaum militärischen Einfluss, konnten dafür aber auf beeindruckende Stammbäume verweisen. Dementsprechend waren die mitteldeutschen Adelssprösslinge als Heiratskandidaten in den europäischen Herrscherhäusern sehr begehrt. Auf diese Weise wurde auch die Prinzessin Sophie Auguste Friederike von Anhalt-Zerbst-Dornburg 1744 mit dem russischen Thronanwärter und späteren Zaren Petr III. (1728–1762) verheiratet; zu Ehren der Mutter der regierenden Zarin Elizaveta (Elizabeth) I. erhielt sie den Namen Ekaterina. Die früh arrangierte Ehe war offensichtlich unglücklich, in ihren Memoiren schildert Ekaterina ihren Gatten Petr als einen gehemmten, in seiner geistigen Entwicklung zurückgebliebenen Mann, der am liebsten mit preußischen Spielzeugsoldaten exerzierte, anstatt seine ehelichen Pflichten zu vollziehen. Diese diffamierende Darstellung sollte vermutlich aber eher ihre eigene Herrschaftslegitimation stärken – schließlich war sie nach nur sechsmonatiger Herrschaft Petrs durch eine Palastrevolte an die Macht gekommen. Als gebürtige Deutsche und Konvertitin wurde sie zudem verdächtigt, gar keine überzeugte Anhängerin der Orthodoxie zu sein.

Allerdings erwies sich Ekaterina als überaus gebildet. Im Gegensatz zu ihrem ebenfalls aus Deutschland stammenden Ehemann hatte sie schnell die russische Sprache gelernt und sich in das Leben am Petersburger Hof eingelebt. Sie führte eine umfangreiche Korrespondenz mit Voltaire (1694–1778) und Denis Diderot (1713–1784) und schrieb sogar Opernlibretti. Die Nachwelt beurteilte sie sehr unterschiedlich: Den einen blieb sie nicht zuletzt wegen ihres ausufernden Liebeslebens in Erinnerung – über ihre häufig wechselnden, insgesamt 20 Liebhaber machte sie in ihren Memoiren selbst keinen Hehl –, den anderen galt sie mit Voltaire als Philosophin auf dem Thron.

Die Krönung Ekaterinas II. in der Uspenskij-Kathedrale, 22. September 1762. Gemälde von 1777

Die unerwünschten Folgen der Bildung

In der Praxis nahmen sich die Erfolge der Reformbemühungen Ekaterinas II. letztlich allerdings meist sehr bescheiden aus. Zu den ambitioniertesten Zielen gehörte ihr Bildungsprogramm, das sie erstmals 1764 in ihrem »Erziehungsplan« formulierte. 1774 beauftragte sie den französischen Aufklärer Denis Diderot, eine Bildungsreform zu entwerfen. Dessen Pläne für ein dreistufiges Bildungsmodell mit Volksschule, Gymnasium und Universität wanderten allerdings sogleich in die Schublade – Ekaterina lehnte sie als »verfrüht« ab. Die schon 1770 beschlossenen Projekte für Volksschulen auf dem Land und in den Städten kamen dementsprechend über bescheidene Anfänge nicht hinaus. Als Ekaterina 1796 starb, hatten kaum 300 Schulen ihren Betrieb aufgenommen.

Die Bildungspolitik unter Ekaterina trug insofern eher auf indirektem Wege dazu bei, die Ideen der Aufklärung zu verbreiten. Bildung blieb zwar überwiegend eine Domäne der gehobenen Stände (selbst Kaufleute weigerten sich zuweilen, ihre Söhne auf Schulen zu schicken, wo sie ihrer Meinung nach doch nur Zeit verschwendeten) – doch innerhalb des noch sehr schmalen Bürgertums und unter den Adeligen, die in der staatlichen Verwaltung arbeiteten, entstanden nun erste Ansätze einer russischen Nationalkultur. So wurde im Laufe des 18. Jahrhunderts eine russische Hochsprache entwickelt, deren wissenschaftliche Grundlagen 1757 von dem Gelehrten Michail Lomonosov in seiner »Russischen Grammatik« festgelegt wurden. Mit der Sprache wurde auch das »Volk« als Kategorie entdeckt – und plötzlich bildeten sich neue Identifikationsmuster. Die Standessolidarität wurde aufgebrochen und das Elend der Bauern kam ins Blickfeld. Der junge Adelige Aleksandr N. Radiščev (1749–1802), der zum Studium nach Deutschland geschickt worden war und dort mit den Ideen des Naturrechts konfrontiert wurde, verarbeitete diese Ideen nach seiner Rückkehr 1790 in dem Roman »Reise von Petersburg nach Moskau«, in der er mit der Leibeigenschaft in Russland abrechnete. Ekaterina verurteilte ihn zunächst zum Tode (der Verfasser sei »erfüllt und vergiftet von dem französischen Irrwahn«), begnadigte ihn aber dann und verbannte ihn nach Sibirien.

Diese Reaktion auf Kritik an den herrschenden Zuständen im Reich mag erklären, warum auch die vielen anderen Reformversuche Ekaterinas überwiegend Stückwerk blieben: An einer Aufklärung, wie sie den französischen Philosophen vorschwebte, und zu der ein gewisses Maß an Gewaltenteilung und Meinungsfreiheit gehörte, hatte sie kein Interesse. Daher scheiterte auch der Versuch, analog zum Adel einen bürgerlichen Stand

Ulrich Schnabel
Die Vermessung des Glaubens
Forscher ergründen, wie der Glaube entsteht und warum er Berge versetzt
576 Seiten mit Abb.
€ 14,95 [D]
ISBN 978-3-570-55130-1

Nahezu unbemerkt von der Öffentlichkeit hat sich eine neue Forschungsrichtung etabliert: eine Glaubensforschung, die auf knallharten empirischen Daten gründet. In hoch spannenden Experimenten untersucht sie aus den unterschiedlichsten Blickwinkeln, was der Glauben bewirkt und was nicht.

»Woran auch immer der Leser glaubt – dieses Buch ist lesenswert.« *Gehirn & Geist*

Olivier Roy
Der falsche Krieg
Islamisten, Terroristen und die Irrtümer des Westens
192 Seiten
€ 12,95 [D]
ISBN 978-3-570-55115-8

»Diese Abhandlung besticht durch sachliche und kluge, von keiner Seite zu vereinnahmende Argumentation. Das macht Roys fulminantes Büchlein so lesenswert.« *Süddeutsche Zeitung*

»Es beschleicht einen das mulmige Gefühl, als habe Roy schon heute das wichtigste Buch für die Zeit nach dem nächsten Anschlag geschrieben.«
Frankfurter Allgemeine Zeitung

zu dekretieren. Die 1785 angeordneten städtischen »Selbstverwaltungs«-Organe blieben von einem Stadthauptmann abhängig, der der Zarin direkt unterstellt war.

Bauern, Kosaken und Tataren

Das schwere Los der Bauern

Für die Bauern in Russland war das Jahr 1649 ein tiefer Einschnitt, denn mit dem in diesem Jahr verabschiedeten neuen Gesetzbuch – dem *uloženie* – wurde faktisch die Leibeigenschaft eingeführt: Fortan war es abhängigen Bauern grundsätzlich verboten, ihre Scholle zu verlassen, Grundherren durften keine fremden Bauern mehr aufnehmen und im Gegensatz zu früher erlosch auch die Rückführungsfrist von Bauern nicht mehr nach fünf Jahren. Wer nun fortlief, musste also sein Leben lang damit rechnen, wieder eingefangen und zu seinem alten Herrn zurückgeschickt zu werden. Auf diese Maßnahmen hatte insbesondere der Dienstadel gedrungen, unterstützt von Teilen der Bojaren und der Kirche, um die Flucht der Bauern aus der Leibeigenschaft einzudämmen. Inzwischen fehlten nämlich in einigen Regionen Zentralrusslands so viele Arbeitskräfte, dass manche Grundherren dazu übergingen, sich Bauern aus anderen Gebieten zu rauben. Auch immer mehr »schwarze Bauern« gerieten im Verlauf des 17. Jahrhunderts in die Abhängigkeit von einem Grundherrn – häufig, weil sie nach einer schlechten Ernte ihre Schulden verpfändeten. Um 1680 waren etwa 83 Prozent der 9,6 Millionen Bauern des russischen Reiches Leibeigene und nur noch 17 Prozent Freie. Mit der Leibeigenschaft ging eine weitgehende Entrechtung der Bauern einher. Ihre Grundherren übten die Gerichtsbarkeit über sie aus und durften selbst Prügelstrafen verhängen oder sie verbannen; Beschwerden waren nur noch in schweren Fällen gestattet. Diese Vollmachten öffneten der Willkür Tür und Tor: Manche Bauern durften ihre eigenen Felder nur noch an wenigen Tagen in der Woche bestellen und mussten ansonsten auf den Äckern der Grundherren Frondienste leisten.

Russische Bauern in Bastschuhen, Zeichnung von 1647

Die Möglichkeiten, diesem Leben auf legale Weise zu entkommen, waren eng begrenzt. Der einfachste und am häufigsten genutzte Weg war, sich zum Militär zu melden, wo der Bedarf an Soldaten mindestens ebenso hoch war, wie der Bedarf der Grundherren an Bauern. Allerdings wehrten sich die Bauern immer wieder gegen den Druck und die Willkür, die gegen sie ausgeübt wurden: Die Vorstellung, dass der Boden, den sie bearbeiteten, eigentlich ihnen und nicht den Adeligen gehörte, blieb in der Bauernschaft bis zur Revolution von 1917 lebendig. Durch passiven Ungehorsam oder nachlässiges Arbeiten während der Frondienste versuchten sie, gegen ihre Grundherren Widerstand zu leisten. Immer wieder unternahmen sie auch weite Reisen nach Moskau, um dem Zaren Bittschriften zu überreichen, auf dass er ihr Leid lindere. Manchmal hatten solche Eingaben sogar Erfolg.

Von der Rebellion zum Volksaufstand

Je stärker jedoch die Repressionen gegen die Bauern wurden, desto öfter reagierten sie mit Gewalt. Staatliche Trupps, die im Auftrag des Adels nach »Läuflingen« suchten, wurden von Bauernbanden mit Dreschflegeln in die Flucht geschlagen, die zahlreichen bäuerlichen Räuberbanden überfielen vorzugsweise Amtsträger. Für den Staat konnten diese Widerstandsaktionen sehr gefährlich werden, wenn sich die Bauern mit anderen Unzufriedenen zusammenschlossen und sich unter der Leitung von Kosaken weitflächige Aufstandsbewegungen entwickelten. Der erste dieser Aufstände hatte in der Zeit der Wirren das schon erwähnte Bauernheer unter dem Kosaken Ivan Bolotnikov im Jahr 1606 bis vor die Tore Moskaus geführt. Der etwa 60 Jahre später vom Donkosaken Sten'ka Razin (um 1630–1671) geleitete nächste Aufstand war zunächst nur ein großer Raubzug, der sich gegen die persischen Territorien am Kaspischen Meer richtete. Von 1670 an aber wandten sich die Aktionen zunehmend gegen die Zentralregierung und ihre regionalen Repräsentanten. Razins Truppen, denen sich nach seiner Rückkehr an den Don immer mehr flüchtige Bauern angeschlossen hatten, nahmen Astrachan' ein und rückten auf Simbirsk vor. Seine Anziehungskraft ergab sich aus dem von ihm verkündeten Programm: Er wollte die Leibeigenschaft abschaffen, das kosakische Verwaltungssystem mit seinen demokratischen Versammlungen und gewählten Atamanen (Hauptmännern) einführen und das Eigentum der Reichen gleichmäßig verteilen. In Astrachan' gelang es ihm kurzzeitig, diese Vorhaben zu verwirklichen. Darüber hinaus gewann Razin großen Rückhalt bei den nichtrussischen Völkern an der unteren Wolga: den

Tataren (Mongolen), Mordwinen, Tschuwaschen und den Mari. Sie widersetzten sich dem nivellierenden Anspruch des russischen Staates, der sich immer stärker in ihr Leben einmischte. Erst im Frühjahr 1671 konnten die Aufständischen, deren Heer zwischenzeitlich auf bis zu 20 000 Mann angewachsen war, durch Truppen der Moskauer Regierung besiegt werden. Nachdem Razin durch den Zaren persönlich verhört worden war, wurde er am 6. Juni 1671 in Moskau hingerichtet.

Auffälligerweise berief sich Razin bei seinen Aktionen auf den (bereits verstorbenen) Thronfolger Aleksej Aleksejevič, als dessen Stellvertreter er sich ausgab – hier zeigt sich eine deutliche Verbindung zu dem Phänomen der »falschen Dmitrijs« zu Beginn des 17. Jahrhunderts. Wie Bolotnikov wollte auch Razin nicht vollständig mit der zaristischen Herrschaft brechen, sondern bezog sich auf den Zaren als Vater- und Führerfigur.

Ein letzter falscher Zar

Dieses Muster wiederholte sich auch beim letzten und zugleich größten der Aufstände, der über ein Jahrhundert später in den Jahren 1773 bis 1775 durch den Kosaken Emel'jan Pugacˇev (1742–1775) angeleitet wurde. Wieder entzündete sich die Bewegung an der Unzufriedenheit der Kosaken, die

Das Innere einer russischen Bauernhütte im Jahr 1768, Zeichnung von Jean-Baptiste Le Prince

ihre Autonomie zunehmend dadurch gefährdet sahen, dass sie schrittweise in die reguläre Armee eingegliedert wurden. Schnell weitete sich der zunächst begrenzte Aufstand einiger Kosakeneinheiten im Ural aus, als sich Pugacˇev als Petr III. (1728–1762) ausgab, der nach nur sechsmonatiger Regentschaft abgesetzt und ermordet worden war. Petr hatte sich einige Sympathien erworben, weil er die Verfolgung der Altgläubigen gemildert und den Status von Leibeigenen verbessert hatte. Seine Ehefrau und Nachfolgerin, die Zarin Ekaterina II. (1729–1796), hatte diese Erlasse nicht nur widerrufen, sondern die Lage der Leibeigenen sogar noch verschärft, indem sie ihnen zum Beispiel verbot, Bittschriften an den Zaren zu senden. Pugacˇev stieß in diese Lücke vor. Wie die »falschen Dmitrijs« zu Beginn des 17. Jahrhunderts weckte er bei vielen die Hoffnung, er wolle das Volk zum wahren Glauben führen und ihm seine traditionellen Freiheiten zurückgeben. Entscheidend für seinen Erfolg in der russischen Bevölkerung war sein Engagement gegen die Säkularisierung des Staates und den verwestlichten Adel: In seinem ersten Manifest, das er 1774 als Petr III. unterzeichnete, klagte er die Gutsbesitzer an, »fremdes Recht, beruhend auf deutschen Traditionen, und die gottlose Praxis des Bartscherens und andere Lästerungen gegen den christlichen Glauben eingeführt zu haben.« Erneut wurde dieser Kosaken- und Bauernaufstand aber auch durch nichtrussische Völker unterstützt, deren Lage sich seit den Reformen Petrs I. weiter verschlechtert hatte. Vor allem die muslimischen Baschkiren im Ural sahen sich bedrängt, als dort russische Bauern angesiedelt und neue Fabriken errichtet wurden und Moskau versuchte, die Nomaden zum Ackerbau und zum christlichen Glauben zu zwingen.

Der Führer des Volksaufstandes von 1774, Emel'jan Pugačev, wurde in einem eisernen Käfig nach Moskau gebracht, Kupferstich von 1780

Der Pugačev-Aufstand als bleibendes Menetekel

Der Rückhalt für Pugačev in der Bevölkerung in den östlichen Reichsteilen war schließlich so groß, dass allein schon das Gerücht, der vermeintliche Petr III. sei in der Nähe, ausreichte, um die Bauern zu Dreschflegel und Mistgabel

CHRISTUSNARREN – DAS TRAURIGE LACHEN DER BÄUERLICHEN GEGENKULTUR

Zu den Besonderheiten der russischen Kultur des Mittelalters und der frühen Neuzeit gehörten die sogenannten Christusnarren – Männer, zuweilen aber auch Frauen, die auf den ersten Blick als einzelgängerische Sonderlinge ein Leben parallel zur Gesellschaft führten. Lange Zeit sah die Forschung in ihnen geistig oder körperlich behinderte Menschen, die von ihrer Umgebung verstoßen worden waren und nun ein Leben als Außenseiter führten. Mittlerweile jedoch konnte belegt werden, dass diese Menschen ihren Platz außerhalb der Gesellschaft aus freien Stücken gewählt hatten. Dies belegen einige Selbstzeugnisse wie Briefe, aber auch Verhöre der von den Behörden aufgegriffenen Narren. In diesen Dokumenten erscheinen eigenwillige Menschen, die sich von der »trügerischen« und »lüsternen« Welt abkehrten, weil diese die Seele verderbe – so erläuterte Stefan Trofimovič Nečaev aus Galič in den 1660er Jahren in einem einzigartigen Brief an seine Mutter und seine Frau seine Motive: Er könne diese »vergängliche Welt« nicht lieben und müsse sich daher aus ihr zurückziehen.

Gänzlich abgeschieden lebten die Christusnarren jedoch in den seltensten Fällen. Meist blieben sie weiter unter Menschen, hielten diesen durch ihr scheinbar wahnsinniges Verhalten einen Spiegel vor: Die Christusnarren verhöhnten ihre Umwelt durch ihre »unanständige« Kleidung oder Nacktheit, schimpften und rissen Possen – gerade auch über die Kirche und hochgestellte Persönlichkeiten. Dieses Possenreißen war nach Ansicht einiger Wissenschaftler Teil einer spezifischen russischen »Lachkultur«, die als Gegenkultur den Zustand der Gesellschaft lächerlich machte – faktisch also häufig gar nicht »komisch« war, sondern unter dem Schutzmantel des vermeintlichen Wahnsinns ihre Verzweiflung ausdrückte. Viele Christusnarren bekannten sich zu den Altgläubigen als einer Oppositionsbewegung zu einer Kirche, die sich nach ihrer Auffassung immer stärker von den christlichen Idealen entfernte. Häufig waren in den Verhaltensweisen der Narren aber auch Restbestände der insbesondere in ländlichen, abgelegenen Regionen noch lange fortwirkenden vorchristlichen, magischen Praktiken wirksam.

Aus diesen Gründen wurden die Christusnarren von der Amtskirche und dem Staat als Herausforderung verstanden und teilweise verfolgt – doch weil sie häufig in weiten Schichten der Bevölkerung als heilig und unantastbar galten, konnte auch die Kirche oftmals nicht umhin, sich ihrer Verehrung anzuschließen.

greifen und das nächstgelegene Herrenhaus erstürmen zu lassen. Tausende Adelige, Gutsverwalter und Steuerbeamte verloren ihr Leben. Gegen die regulären Einheiten der zaristischen Armee hatten die Aufständischen jedoch keine Chance. Nach einer vernichtenden Niederlage im August 1774 wurde Pugačev gefangen genommen und Anfang 1775 hingerichtet; die Kosaken und die nichtrussischen Wolgavölker wurden noch stärker in den Staat integriert. Nachdem die Kosaken, die bislang bei fast allen Aufständen als Rädelsführer gedient hatten, gebändigt worden waren, gab es keine derartigen Bewegungen mehr – die nach ihrem Anführer als *pugačevščina* bezeichnete Rebellion aber dominierte das Denken der russischen Oberschicht bis zur Aufhebung der Leibeigenschaft. Nachdrücklich erinnerte dieser Aufstand daran, wie tief die Kluft zwischen dem einfachen Volk sowie den nichtrussischen Ethnien des Reiches und seinen Herrschern war.

Die Dorfgemeinschaft lauscht dem Gutsherren, Holzschnitt von 1799

Russland wird multiethnisch

Im Grunde genommen war Russland nie ethnisch homogen – zu den Konstanten der russischen Geschichte zählt die Migration, die vor allem in den südlichen Steppengebieten die ethnischen Verhältnisse immer wieder auf den Kopf stellte. Lediglich in den russischen Kerngebieten um Moskau entwickelte sich bis zum 14. Jahrhundert eine russische Dominanz. In diesen waldreichen Regionen hatten vor Beginn der slawischen

Expansion nach Nordosten lediglich kleinere nichtrussische Völker gelebt, die von der neuen bäuerlichen Bevölkerung entweder verdrängt oder assimiliert wurde. Mit der imperialen Expansion unter Ivan Groznyj seit der Mitte des 16. Jahrhunderts änderte sich das Bild. Durch die Annexion der Khanate an der Wolga gerieten erstmals größere nichtrussische Ethnien in den Herrschaftsbereich des Zaren. Die Dominanz der Russen wurde dadurch allerdings nicht gebrochen: Um 1600 stellten die Tataren sowie die anderen nichtrussischen Bevölkerungsteile an der Wolga und des von Novgorod eroberten Nordens lediglich zehn Prozent der Bevölkerung des Moskauer Reiches. Auch als sich das Zarenreich im 17. Jahrhundert nach Westen in die Ukraine und nach Weißrussland (Smolensk) und nach Osten in die Steppe und nach Sibirien ausdehnte, verschoben sich die Gewichte noch nicht wesentlich: Eine erste Volkszählung ergab 1719, dass von den knapp 16 Millionen Einwohnern des Reiches immer noch 70 Prozent zu den Russen gezählt wurden. Der entscheidende Umschwung ereignete sich erst durch die Ausdehnung in die dicht besiedelten Gebiete im Süden und Westen im Verlauf des 18. Jahrhunderts: 1795 stellten die Russen nur noch gut 53 Prozent der Bevölkerung von inzwischen 37 Millionen Reichsbewohnern. Knapp 22 Prozent der Bevölkerung waren Ukrainer, acht Prozent Weißrussen, die übrigen 17 Prozent gehörten zu den Ethnien der Steppe und Sibiriens sowie Ostmitteleuropas (vor allem Polen, Tataren, Balten und Juden).

Teilen, Herrschen und Integrieren

Nur auf die jeweiligen Bevölkerungsanteile zu blicken, würde allerdings schnell in die Irre führen und von den Besonderheiten der Nationalitätenpolitik im vormodernen Russland ablenken. Denn diese Politik zeichnete sich dadurch aus, dass bis weit in das 19. Jahrhundert hinein nur ein geringer Assimilationsdruck auf die unterworfenen Nationen ausgeübt wurde – faktisch wurde die pragmatische Steppenpolitik der Goldenen Horde übernommen, die ihre Macht vorrangig mit den Mitteln der indirekten Herrschaft ausübte. Ironischerweise fielen die Khanate von Kazan' und Astrachan' Mitte des 16. Jahrhunderts dann als erste nichtrussische Territorien an das Moskauer Reich. Ihre Eingliederung war das Modell für alle weiteren Expansionen bis zum Ende des 18. Jahrhunderts.

Bei der Eroberung der Territorien setzte Moskau zunächst darauf, sich die Gebiete durch eine Politik des Teilens und Herrschens zu unterwerfen: Es wurden interne Konflikte innerhalb der nichtrussischen Oberschichten ausgenutzt, um einen loyalen Machthaber einzusetzen und auf diese Weise ein Protektorat zu schaffen. Von den jeweiligen Bündnisgenossen wurde dies als zeitlich beschränkte Unterordnung gesehen, aus Sicht der Zaren begründete es hingegen ein Untertanenverhältnis. Als die Tataren in Kazan' ihre Marionetten-Khane immer wieder absetzten, sah Ivan Groznyj darin einen Verrat und nahm diesen zum Anlass, seinen Herrschaftsanspruch mit Gewalt und exemplarischer Härte durchzusetzen: Als das russische Heer Kazan' im Jahr 1554 eroberte, wurden sämtliche männlichen Einwohner umgebracht. Sofort danach begann die militärische Sicherung des Gebietes durch die Errichtung zahlreicher Festungen und Geiselnahmen. Widerstand wurde in grausamen Strafexpeditionen niedergeschlagen. Bis zu diesem Punkt unterschied sich die russische Vorgehensweise nicht wesentlich von der spanischen Politik in Südamerika. Im Unterschied zu Spanien setzte Russland nach der Eroberung neuer Gebiete jedoch auf eine flexible Politik: Wenn die Gefahr militärischer Auseinandersetzungen gebannt war, gingen die Moskauer Herrscher einen Schritt auf die Unterworfenen zu. Der soziale und gesellschaftliche Status quo wurde respektiert, Sitten, Gesetze und Glaube der neuen Untertanen möglichst nicht angetastet. Zwar stand nun ein Statthalter des Zaren in dem jeweiligen Territorium an der Spitze, die nichtrussischen Oberschichten aber behielten ihre Privilegien und wurden in den erblichen Adel des Reiches aufgenommen.

Eine Ausnahme bildete Sibirien, das regelrecht kolonisiert wurde und als eine Art »Wilder Osten« schwer unter russischen Abenteurern und Trappern zu leiden hatte. Da unter den Neusiedlern akuter Frauenmangel herrschte, wurden dort oftmals kurzerhand einheimische Frauen und Mädchen entführt und zwangsgetauft. Dies entsprach zwar nicht der offiziellen Moskauer Politik, doch der Zar konnte aufgrund der großen Entfernungen kaum etwas gegen diese Exzesse ausrichten.

Der geringe Einfluss der Kirche

Einen größeren Einfluss hatte der Staat gegenüber den Missionsbestrebungen der orthodoxen Kirche in den neu eroberten Gebieten. Angesichts mehrerer Aufstände wurde sich Ivan Groznyj bewusst, dass sich die Loyalität der Tataren eher durch Zurückhaltung in Glaubensfragen bewahren ließ als durch fundamentalistische Kreuzzugspropaganda. Paradoxerweise gewann die Idee der Zwangschristianisierung 200 Jahre später nochmals Rückhalt, ausgerechnet zu einer Zeit, als sich in Russland die Gedanken der Aufklärung verbreiteten: Nicht nur die traditionellen Gesellschaftsstrukturen mancher Ethnien schienen nun den Weg in die Moder-

Das Josephs-Kloster in Volokolamsk wurde im 17. Jh. errichtet.

ne zu behindern, auch die traditionelle religiöse Toleranz des russischen Reiches galt nun als Zeichen seiner »Rückständigkeit«. Als die Sonderstellung der nichtrussischen Oberschichten angetastet und Muslime gewaltsam zur Orthodoxie gezwungen wurden, um die russländische Gesellschaft zu homogenisieren, führte dies letztlich zu den beschriebenen Aufständen gegen Moskau. Ekaterina II. kehrte daher bald zur traditionellen Politik der Kooperation zurück.

Lokale Eliten im Herrschaftszentrum des Reiches

Eine ganz ähnliche Politik der Unterwerfung verfolgten die Moskauer Herrscher auch im Westen. Dort verlief der Angliederungsprozess insgesamt spannungsärmer als im Osten, weil im Baltikum, in Polen und der Ukraine überall adelige Oberschichten existierten, mit denen die russische Regierung kooperieren konnte, während im Osten teilweise noch archaische Gesellschaften bestanden. Besonders vorteilhaft entwickelte sich die Situation für den deutschbaltischen Adel, dessen Privilegien durch den Wechsel von der schwedischen zur russischen Krone sogar gestärkt wurden – die Fähigkeiten der baltischen Oberschicht sollten genutzt werden, um die Modernisierung Russlands voranzutreiben.

Die wichtige Rolle, die nichtrussische Oberschichten im Herrschaftsgefüge des vormodernen Russlands spielten, sagt viel über den Charakter

Eine Dampfbadeanstalt in Moskau, Aquarell von ca. 1790

dieses Vielvölkerreiches aus. Zwar nahmen Russen im »Russländischen Reich«, wie die korrekte Bezeichnung seit dem 16. Jahrhundert lautete, unbestreitbar eine Sonderrolle ein, und auch das russisch-orthodoxe Bekenntnis war in der Vormoderne ein wichtiger Identitätsfaktor. Entscheidend blieb aber die ständische Identität: Den Adeligen fiel es damals verhältnismäßig leicht, einen Herrscherwechsel zu akzeptieren, weil die russischen Zaren zu ihrem Stand gehörten. Ein polnischer Adeliger fühlte sich einem russischen Edelmann weit enger verbunden als einem polnischen Bauern, und umgekehrt konnte der russische Staat eher mit tatarischen Adeligen kooperieren als mit ostslawischen Bauern.

Diese Konstellation war vor 1800 keine russische Besonderheit, in Russland blieb die daraus folgende Heterogenität aber länger erhalten als in anderen europäischen Ländern und selbst im Habsburger Reich. Dazu trug eine Reihe von Faktoren bei: Erstens waren die eingegliederten Oberschichten dem russischen Adel in Bildungsfragen häufig überlegen, was sich beispielsweise in der Dominanz des baltendeutschen Adels in der russischen Armeeführung zeigte. Zweitens bestand in Russland eine Tradition der Toleranz gegenüber anderen Kulturen, während die orthodoxe

Kirche dem Staat stets untergeordnet blieb, der ihre Missionsversuche aus pragmatischen Gründen immer wieder unterband. Und drittens fehlten dem Staat die Ressourcen, um den teilweise heftigen Widerstand zu brechen, der seinen Versuchen entgegengesetzt wurde, die nichtrussischen Gesellschaften stärker der russischen anzugleichen.

Russland als »christliches Bollwerk« (1801–1855)

Die Tradition der Palastrevolten

Das 19. Jahrhundert begann in Russland mit einem für das Land keineswegs ungewöhnlichen Ereignis – einer Palastrevolte. Zar Pavel (Paul) I. (1754–1801) wurde nach nur fünfjähriger Herrschaft in der Nacht zum 23. März 1801 erwürgt, als er sich weigerte, seine Abdankungsurkunde zu unterzeichnen. Pavel hatte sich insbesondere im Adel schnell viele Feinde geschaffen, als er begonnen hatte, einige der Privilegien anzutasten, die seine 1796 verstorbene Mutter Ekaterina II. gewährt hatte. Auch dass er den Gutsbesitzern vorschrieb, Leibeigene dürften nur noch an drei Tagen der Woche Fronarbeit leisten, und dem Adel schließlich auch noch die beliebten Bildungsreisen nach Westeuropa verbot, wurde ihm übel genommen. Der Zar wusste, wie unbeliebt er sich gemacht hatte: Seine mitten in Petersburg gelegene Residenz ließ er als Wasserburg mit Zugbrücke errichten.

Manche von Pavels Maßnahmen waren wohl vorrangig durch seinen Hass auf Ekaterina motiviert – so erließ er ein neues Thronfolgegesetz, das Frauen faktisch von der Herrschaft ausschloss. Die Abneigung gegen Politik und Person des jeweiligen Vorgängers auf dem Thron war inzwischen gewissermaßen zur Tradition geworden. Auch der Sohn und Nachfolger Pavels I. unterschied sich darin nicht: Zar Aleksandr I. (1777–1825) hatte die Verschwörung gegen seinen Vater gebilligt (wenngleich nicht dessen Ermordung), und versprach, zur Politik Ekaterinas zurückzukehren. Er gab dem Adel seine Privilegien zurück.

Ein neuer Reformanlauf

Dennoch stimmte Aleksandrs Politik diejenigen, die Reformen und sozialen Ausgleich anstrebten, zunächst hoffnungsvoll. Der junge Zar war durch Frédéric César de La Harpe (1754–1838) im Geiste der Aufklärung erzogen worden; dieser hatte sich 1798 in seine Schweizer Heimat verabschiedet, um in der neuen helvetischen Republik die Ideen der Französischen Revolution zu verwirklichen. Noch 1801 holte Aleksandr seinen

NAPOLEON IN MOSKAU – DER »VATERLÄNDISCHE KRIEG« UND DIE BAUERN

Als Napoleon im September 1812 in das evakuierte Moskau einrückte, brach in der alten Hauptstadt ein Brand aus, den die Russen zwar nicht gelegt hatten, den sie aber bewusst nicht löschten. Drei Viertel der Stadt wurden vernichtet. Der französische Kaiser soll entsetzt ausgerufen haben: »Die eigenen Städte zu verbrennen! Diese Menschen sind ja vom Teufel besessen! Was für eine grauenhafte Entschlossenheit!« Der Brand von Moskau war der Höhe- und Wendepunkt eines Feldzuges, der bald darauf als der »Vaterländische Krieg« bezeichnet wurde. Der patriotischen Legende zufolge kämpften Bauern und Adelige in diesem Krieg Seite an Seite gegen den Aggressor und trieben ihn schließlich gemeinsam zurück. Tatsächlich aber hatte sich diese Einigkeit erst im Laufe des Feldzuges entwickelt: Als Napoleon mit seiner 380 000-Mann-Armee nach Russland einmarschierte, sahen ihn viele Bauern nämlich vielmehr als Befreier vom Joch der Leibeigenschaft. Wie während der Bauernaufstände des 17. und 18. Jahrhunderts wurden erneut Herrenhäuser geplündert und die Gutsbesitzer vertrie-

ben oder ermordet, in Smolensk erklärten sich die Bauern eines Kreises sogar zu französischen Bürgern. Napoleon war über diese Unterstützung allerdings wenig erfreut. Um den Feldzug nicht zu gefährden, setzte er auf politische Stabilität im Zarenreich, die er nicht durch eine soziale Revolution gefährden wollte. Zudem musste er auf seine Verbündeten im polnischen Adel Rücksicht nehmen und lehnte eine umfassende Bauernbefreiung schon aus diesem Grunde ab. Spätestens als Napoleon Strafexpeditionen entsandte, um Gutsbesitzern ihr Land zurückzugeben, erkannten die russischen Bauern, dass sie im französischen Kaiser keinen Verbündeten hatten. Als dann der Krieg länger dauerte als geplant und die »Grande Armée« sich auf Kosten der russischen Bevölkerung aus dem Land selbst ernähren musste, entbrannte schließlich ein regelrechter Volkskrieg gegen die Invasoren um die knappen Nahrungsvorräte. Der Krieg wurde zu einer Frage des nationalen Überlebens: Viele Bauern schlossen sich der Armee an oder gründeten Partisaneneinheiten. Welche Stimmung in der Bevölkerung herrschte, verdeutlicht der Aufruf eines Anführers bäuerlicher Partisanen an seine Gefolgsleute: »Ihr seid Menschen russischen Glaubens, ihr seid orthodoxe Bauern! Greift zu den Waffen für den Glauben, und sterbt für euren Zaren!« Wenn die Bauern ihre Dörfer gegen die Invasoren nicht verteidigen konnten, vernichteten sie diese und zogen sich in die Wälder zurück. Manche der Partisaneneinheiten wuchsen zu beträchtlichen Verbänden an – die berühmteste Abteilung wurde von einem ehemaligen Bauern namens Četvertakov angeführt, der 1804 noch aus der Armee desertiert und deshalb ausgepeitscht worden war. Nun befehligte er 4000 Mann und überfiel damit sogar kleinere Einheiten der französischen Armee.
Allerdings war auch die zaristische Obrigkeit von den bäuerlichen Waffenbrüdern wenig angetan. Zuweilen wurden Partisanengruppen entwaffnet, weil man fürchtete, sie könnten ihre Waffen später gegen die Gutsbesitzer wenden. In die neu aufgestellte Landwehr nahm die Armeeführung keine Leibeigenen, die sich freiwillig meldeten, auf – sie wurden stattdessen der Polizei übergeben. Obwohl die Bauern wesentlich zum Sieg über Napoleon beitrugen, warteten sie nach Kriegsende vergeblich auf die erhoffte Freiheit. Als Aleksandr seinen Untertanen für ihren Heldenmut dankte, verkündete er den Bauern lediglich, dass sie »ihren Lohn von Gott erhalten« würden.

Der Brand von Moskau 15. bis 20. September 1812, Zeichnung von 1813

Erzieher zurück und berief auch den wegen seiner Kritik an der Leibeigenschaft verbannten Radiščev aus Sibirien nach Petersburg in eine Kommission, die Vorschläge für eine Reform von Staat und Gesellschaft erarbeiten sollte. Zumindest teilweise war Aleksandrs Wunsch nach Reformen wohl durch die Last der Verantwortung motiviert, die er schwer auf seinen Schultern spürte: Zuweilen träumte er davon, dass auch in Russland eine Nationalversammlung eine Verfassung erarbeiten würde und er sich dann »an irgendeinen Ort zurückziehen« und dort »das Wohl meines Landes wahrnehmen und mich an ihm erfreuen« könne. In der Realität jedoch traute er sich nicht einmal, die Ideen seiner Reformkommission öffentlich diskutieren zu lassen. Zum einen fürchtete er, die Erwartungshaltung der Bauern könnte schnell zu Unruhen führen. Zum anderen aber stellten sich die konservativen Kreise am Hofe schon angesichts der ersten zaghaften Reformschritte quer. La Harpe kehrte daher schon im Mai 1802 wieder in die Schweiz zurück, Radiščev setzte seinem Leben wenige Monate später resigniert ein Ende.

Bezeichnenderweise gewann der Reformprozess erst wieder an Schwung, als Russland sich nach dem Frieden von Tilsit 1807 für einige Jahre mit dem Frankreich Napoleon Bonapartes verbündete. Im selben Jahr wurde Michail M. Speranskij (1772–1839) von Aleksandr beauftragt, ein radikales Verfassungsprojekt auszuarbeiten. Der Entwurf sah eine klare Gewaltenteilung in Legislative, Exekutive und Judikative vor. Die Macht des Autokraten sollte eingeschränkt und teilweise auf gewählte

Zu Beginn des 19. Jahrhunderts wurden die russischen Städte noch von Holzbauten dominiert, Radierung von 1804

Institutionen wie eine Staatsduma übergehen. Auch dieses Projekt wurde aber nur in wenigen Teilaspekten realisiert. Zwar wurde tatsächlich ein Staatsrat als beratende Gesetzgebungsinstanz geschaffen, aber die Pläne für gewählte Institutionen blieben in der Schublade. Lediglich im 1807 erworbenen und weitgehend autonomen Großfürstentum Finnland wurde 1809 eine Verfassung verabschiedet. Schon die Zeitgenossen sahen darin ein Experiment, mit dem der Zar die Wirkung eines solchen Schrittes erproben wollte. Als sich die Beziehungen zu Frankreich seit 1810 verschlechterten, war die Zeit für solche Experimente allerdings schon wieder vorbei. Konservative Kräfte drängten Aleksandr, sich von Speranskij zu trennen, und warnten den Zaren, der Staat könne zerfallen, wenn die »bewährten« Mechanismen der Macht angetastet würden. Drei Monate bevor Napoleons »Grande Armée« im Juni 1812 nach Russland einmarschierte, wurde Speranskij aus dem Staatsdienst entlassen und verbannt.

Michail M. Speranskij wurde als Sohn eines einfachen Popen geboren und hatte sich durch umfangreiche Bildung hochgearbeitet: 1797 trat er in den Staatsdienst ein, arbeitete seit 1802 im Innenministerium und wurde 1807 zum persönlichen Sekretär des Zaren ernannt. Seine Karriere verdeutlicht die erstaunlichen Aufstiegsmöglichkeiten im damaligen Russland.

Der Traum Aleksandrs I. von der »Heiligen Allianz«

Mit dem »Vaterländischen Krieg« gegen die französischen Invasoren wandelte sich die Politik Aleksandrs von Grund auf. »Der Brand von Moskau hat meine Seele erleuchtet«, erklärte der Zar später einmal. In den noch verbleibenden 13 Jahren an der Regierung wurde Aleksandr von der Vorstellung getrieben, Russland und vor allem er persönlich seien berufen, die legitime Ordnung des Kontinentes gegen Atheismus und Revolutionen zu verteidigen. Aleksandr wollte dieses Ziel durch eine Synthese der verschiedenen christlichen Bekenntnisse erreichen, die die Völker Europas miteinander versöhnen sollte. Während die neue Erweckungsrhetorik in Russland selbst den Nerv der Zeit traf – Reformhoffnungen und Untergangserwartungen infolge von Kriegen und Hungersnöten riefen zahlreiche Sekten auf den Plan –, hielt der österreichische Außenminister Fürst Metternich (1773–1859) den Geist des Zaren für getrübt. Er konnte nichts mit Aleksandrs Idee anfangen, eine »einzige christliche, brüderlich geeinte Nation« in Europa zu schaffen. Als sich die Monarchen von Österreich, Preußen und Russland nach Napoleons endgültiger Niederlage im September 1815 in Paris trafen, um eine »Heilige Allianz« zu gründen, strich Metternich alle Formulierungen über einen brüderlichen

Bund der Menschen aus dem Vertragstext – es blieb bei einem gewöhnlichen Bund der Monarchen.

In Russland selbst wich der Zar hingegen nicht von seinen neuen religiösen Überzeugungen ab. Schon Ende 1812 hatte er eine Bibelgesellschaft gegründet, die die Heilige Schrift ins moderne Russisch übersetzen sollte. Im Umkreis dieser überkonfessionellen Organisation wurden auch einige Reformen angestoßen, wie z. B. Verbesserungen im Strafvollzug. Doch gleich von zwei Seiten wurde auch diesen Bestrebungen zugesetzt: Einige orthodoxe Geistliche sahen die Bibel durch die moderne Sprache entweiht und störten sich am überkonfessionellen Charakter der Bibelgesellschaft, reaktionäre Kräfte am Hof flüsterten dem Zaren derweil ein, die Bibelgesellschaft sei (ebenso wie auch die Freimaurer, Jesuiten und alle Privatgesellschaften) ein Verschwörerbund, der es auf den Sturz der bestehenden Ordnung abgesehen hätte. Letztlich war die Verschwörungsphobie, die von 1820 an auch Aleksandr erfasste, eine Folge fehlender öffentlicher Debatten: Im Ungewissen darüber, welche Gedanken die Menschen tatsächlich bewegten, fiel es den Denunzianten leicht, ihre haltlosen Gerüchte zu streuen. Als Aleksandr im November 1825 überraschend starb, hatte er sich von fast allen seiner früheren Weggefährten getrennt, von seinen ehrgeizigen Reformprojekten war keines zu Ende geführt worden.

Aufstand der Dekabristen am 26.12.1825, Gemälde von 1853

Der totgeborene Aufstand

Der Regierungsantritt des Zaren Nikolaj (Nikolaus) I. (1796–1855) wurde durch den missglückten Aufstand einer Gruppe von Adeligen im Dezember 1825 überschattet. Die Tragik dieses Putschversuches liegt vor allem darin, dass sein Scheitern von Anfang an feststand. Die Verschwörer waren von dem plötzlichen Machtvakuum nach Aleksandrs Tod überrascht worden: Sie hatten sich erst 1826 erheben wollen und mussten nun improvisieren. Dies misslang gründlich. Als die Armee am 26. Dezember 1825 den Eid auf den neuen Zaren Nikolaj ablegen sollte, ließen die Aufständischen mehrere Regimenter auf dem Senatsplatz in Petersburg aufmarschieren und erklärten sich für Großfürst Konstantin (1779–1831) als Thronfolger. Danach aber warteten sie einfach ab, anstatt nun tatsächlich die Macht zu übernehmen – Nikolaj blieb somit genug Zeit, loyale Truppen zusammenzurufen und das Feuer auf die Rebellen eröffnen zu lassen.

Die vergebliche Suche nach einem nationalen Konzept

Vor allem aber waren sich die »Dekabristen«, wie die Aufständischen nach dem russischen Wort *dekabr'* für Dezember genannt wurden, völlig uneins, für welche Politik sie eigentlich selbst eintreten wollten. Ihr unkoordiniertes Vorgehen am 26. Dezember drückte somit letztlich nur aus, wie orientierungslos die Putschisten waren. Seit fast zehn Jahren hatten adelige Offiziere in Geheimzirkeln über Reformmaßnahmen debattiert, ohne sich auf ein gemeinsames Konzept einigen zu können. Der erste dieser Geheimzirkel, der »Rettungsbund«, war im Jahr 1816 gegründet worden, weil viele der jungen Offiziere über Aleksandrs Politik enttäuscht waren: Im Zuge der Freiheitskriege hatten sie die politische Landschaft Westeuropas kennengelernt und hofften nun, auch im Zarenreich sei die Zeit der Reformen gekommen. Dann aber erhielt nicht Russland, sondern ausgerechnet das unterworfene Königreich Polen im Jahr 1815 eine Verfassung. Das zunächst noch vage Programm des »Rettungsbundes« forderte daher nicht nur, die Leibeigenschaft abzuschaffen und die Autokratie in eine konstitutionelle Monarchie umzuwandeln, sondern war auch bewusst nationalistisch ausgerichtet.

Schon 1817 zerstritten sich die Mitglieder des »Rettungsbundes«. Im Süden des Reiches scharte sich eine radikalere Gruppe um den Obersten Pavel I. Pestel' (1793–1826), der eine zentralistische, demokratische Republik anstrebte, in der die Ethnien zu »einer einzigen Nation«, und zwar der russischen, verschmelzen sollten. Pestel' orientierte sich damit am jakobinischen Ideal eines homogenen Nationalstaates. Im Gegensatz zu den Franzosen sah er allerdings vor, die vermeintlich nicht assimilierungsfähigen zwei Millionen Juden des Reiches zwangsweise in den Nahen Osten abzuschieben. Etwas gemäßigter waren die Pläne des »Nordbundes« um Nikita M. Murav'ev (1796–1843), der einen föderativen Staat mit einem machtlosen Monarchen an der Spitze vorsah, sich aber sonst – abgesehen von der Judenvertreibung – wenig von Pestel's Vorhaben unterschied.

Auf eine einheitliche Linie konnten sich die Verschwörergruppen dennoch nie einigen. Auch fehlte es an Ideen, wie beispielsweise die vorgesehene Bauernbefreiung konkret ablaufen sollte: Wie viel Land durften die Bauern erhalten, und erhielten sie es kostenlos oder mussten sie eine Entschädigung an die Gutsbesitzer zahlen? Die Bauern selbst bekamen von den Debatten allerdings nichts mit. Die jungen Adeligen hatten zwar nach 1812 erkannt, dass sie mit den Leibeigenen eine Schicksalsgemeinschaft bildeten, gestatteten ihnen aber nicht den Eintritt in ihre Geheimbünde. Politik ließ sich in ihren Vorstellungen bis auf weiteres nur in Form der Palastrevolten des 18. Jahrhunderts gestalten.

Angst vor Veränderungen

Die Herrschaft von Nikolaj I. lässt sich, vereinfacht gesagt, als ein langer Epilog zum Dekabristen-Aufstand interpretieren. Der Zar ließ sich durchaus von der Analyse der Missstände in Russland, wie sie die Dekabristen formuliert hatten, beeindrucken. Er nahm sogar persönlich an ihren Verhören teil und las ihre Schriften. Praktische Schlussfolgerungen zog er aus diesen Analysen aber ebenso wenig, wie dies sein älterer Bruder und Vorgänger getan hatte: Zu sehr fürchtete er sich vor einer unkontrollierbaren Kettenreaktion, sollte er tatsächlich in das Staats- und Gesellschaftsgefüge eingreifen. Noch 1842 erklärte Nikolaj I.: »Es besteht kein Zweifel daran, dass die Leibeigenschaft in ihrer gegenwärtigen Form ein Übel ist, über das wir uns alle im Klaren sind; aber sie jetzt anzutasten, würde natürlich noch Schlimmeres bedeuten.« Die von ihm begründete Reformkommission plante daher zwar jahrelang verschiedene Projekte zur Abschaffung der Leibeigenschaft (auch der inzwischen aus der Verbannung zurückgekehrte Speranskij durfte mitarbeiten), aber bezeichnenderweise tagte man wieder als »geheimes Komitee« und produzierte hauptsächlich Vorlagen, die schließlich in der Schublade des Zaren verschwanden.

Von den großen Reformprojekten blieb schließlich einzig die Kodifizierung des geltenden Rechts übrig. 1830 wurden die ersten 45 Bände veröffentlicht, womit der Weg zum Rechtsstaat eingeschlagen wurde. Die Bauernbefreiung blieb dagegen in weiter Ferne. Man beschränkte sich vorerst darauf, die Lebensbedingungen der Staatsbauern zu verbessern. Freilich setzte der Staat selbst bei diesen begrenzten Reformen auf Druck anstatt auf Überzeugung – so wurden die verunsicherten Bauern beispielsweise dazu gezwungen, die ihnen völlig unbekannte Kartoffel anzubauen. Diesem aufgeklärten Spätabsolutismus widersetzte sich die Landbevölkerung teilweise mit Gewalt – erneut zeigte sich, welch tiefe Kluft zwischen der rationalistisch denkenden, an westlichen Maßstäben orientierten Oberschicht und der in vormodernen Denkkategorien verharrenden Bauernschaft bestand.

Die russische *intelligencija*

Das 19. Jahrhundert erlebte in Russland die Geburt der *intelligencija* – einer sehr heterogenen und daher schwer eingrenzbaren Gruppe, die sich zunächst dadurch auszeichnete, dass ihre Mitglieder zwischen allen Stühlen saßen. Diese Gruppe war entstanden, weil sich in Russland die sozialen Funktionen immer stärker vom sozialen Status lösten: Staats- und Verwaltungsausbau, Kultur und Bildung hatten de facto eine Art Bildungsbürgertum geschaffen, das als soziale Kategorie aber noch gar nicht existierte. Entsprechende Versuche, einen neuen »dritten Stand« zu schaffen, waren unter Ekaterina II. in den 1760er Jahren gescheitert. In der Regierungszeit Aleksandrs I. wurde dieses Problem zunehmend brisanter: Immer mehr Menschen – Professoren, Beamte, Publizisten, Rechtsanwälte – fielen aus der offiziellen Standesgliederung heraus. Sie hatten ihren neuen Platz in der Gesellschaft noch nicht gefunden und wurden offiziell etwas hilflos als *raznočincy* bezeichnet, als »Leute aus verschiedenen Rängen«. Insofern war die *intelligencija* ein Phänomen, das typisch war für die Umbruchszeit im Russland des 19. Jahrhunderts.

Die *intelligencija* kennzeichnete aber vor allem, dass sie in Opposition zum Regime stand, obwohl sie sich vorrangig aus den Schichten rekrutierte, die die gesellschaftliche Stütze des Staates bildeten. Die jungen Adeligen im Umkreis der Dekabristen, die die bürgerlichen Rechte schrittweise auf die unteren Schichten der Bevölkerung ausdehnen wollten, kann man somit in gewisser Weise als Vorläufer der *intelligencija* bezeichnen: Ursprünglich erzogen in der Gewissheit, dass sie Russland durch ihren Dienst am Staate verändern konnten, hatten sie sich von diesem Staat entfremdet und suchten neue Wege, um diese Veränderungen zu erreichen.

Zensur und Literatur

In der von Repression geprägten Zeit nach 1825 war es jedoch nicht mehr so ohne weiteres möglich, diese Themen zu diskutieren. Nikolaj I. hatte als Reaktion auf den Putschversuch eine neue Geheimpolizei gründen lassen: Die Agenten der »Dritten Abteilung« seiner persönlichen Kanzlei berichteten ihm nun detailliert über kritische Geister in den Salons und Offiziersmessen. Es ist somit kein Zufall, dass die russische Literatur ausgerechnet in dieser Zeit einen frühen Höhepunkt erreichte. Angesichts der strengen Zensur und Kontrolle und vor dem Hintergrund der politisch reaktionären Stimmung im Reich ermöglichte die Literatur, die bestehenden Verhältnisse zumindest indirekt zu kritisieren. Ivan A. Krylov (1768–1844) verfasste beispielsweise Fabeln, in denen die handelnden Schafe und Wölfe unschwer als Bauern und Adelige zu erkennen waren. Wenn Krylov den Adler lächerlich machte, wusste jeder, dass er eigentlich den Zaren verspottete. Für Zensoren war die Literatur ein heikles Terrain, denn sie konnten sich vor dem gebildeten Publikum schnell blamieren, wenn sie einem mehrdeutigen Text eine eindeutige Bedeutung zumaßen.

In der Regierungszeit Nikolajs I. wurde in der **Zensur** die eigentümliche Kategorie der »dicken Zeitschrift« eingeführt: Druckerzeugnisse, deren Umfang 160 Seiten überstieg, wurden nachlässiger zensiert, da man davon ausging, dass sie prinzipiell ein vergleichsweise kleines Publikum ansprachen. Eine der frühesten und wichtigsten dieser »dicken Zeitschriften« wurde der von Aleksandr Puškin (1799–1837) gegründete *Sovremennik* (Der Zeitgenosse).

Im Roman **»Die toten Seelen«** spielt Gogol' mit den Betrugsmöglichkeiten, die die Kopfsteuer bot: Ein Schwindler kauft Gutsherren die Namen ihrer seit der letzten Volkszählung verstorbenen Leibeigenen auf, um mit diesen »toten Seelen« ein gewaltiges Vermögen vorzuspiegeln, ein großes Darlehen zu ergaunern und sich dann aus dem Staub zu machen.

Zu den wichtigsten Schriftstellern dieser Zeit gehörten Nikolaj V. Gogol' (1809–1852), der in seinen Geschichten ein gespenstisches Bild des russischen Machtstaates, seiner Bürokratie und absurden Verwaltungshierarchie zeichnete, und Fedor M. Dostoevskij (1821–1881). Dostoevskij war 1849 wegen der Mitgliedschaft in einer harmlosen Verschwörergruppe, die lediglich konspirativ über Reformmodelle debattierte, zunächst zum Tode verurteilt und dann zu neun Jahren Gefängnis und Straflager begnadigt worden. Dort erhielt er einen bleibenden Eindruck vom Leben der unterprivilegierten Schichten der Bevölkerung und wandelte sich zum extremen Nationalisten. Er glaubte, in den »zerfurchten, gebrandmarkten Stirnen und Wangen« der bäuerlichen Mithäftlinge das wahre orthodoxe und volkstümliche Russland entdeckt zu haben. In seinen Romanen mischte sich die Sozialkritik bald mit der Überzeugung von der nationalen Mission dieses »heiligen Russlands«.

Illustration von 1905 zum 1831 entstandenen »Märchen vom Zaren Saltan« von Aleksandr Puškin

»Westler« und »Slawophile«

Dieses Spannungsfeld zwischen Sozialkritik und Sendungsbewusstsein sollte das Milieu der gesamten russischen *intelligencija* kennzeichnen – ein Milieu, das sich allerdings zunächst als tief gespalten erwies. Weil bislang alle Versuche fehlgeschlagen waren, die russische Gesellschaft grundlegend zu reformieren, forderten einige Intellektuelle in den 1830er Jahren, die westlichen Gesellschaftsmodelle vollständig auf Russland zu übertragen. Am radikalsten äußerte sich Petr Ja. Čaadaev (1794–1856), der Russland 1836 als einen leeren Raum bezeichnete: »Kein einziger nützlicher Gedanke erwuchs auf dem unfruchtbaren Boden unserer Heimat – keine große Wahrheit ging aus unserer Mitte hervor.« Literaten wie Aleksandr Puškin hingegen sahen gerade in der kritiklosen Übernahme westlicher Vorbilder ein Problem, da diese nicht bis zum einfachen Volk vordrangen. Bezeichnend ist seine Erzählung »Pique Dame«, in der ein junger Offizier mit dem deutschen Vornamen Hermann und ein französischer Graf, der behauptet, der Ewige Jude zu sein, die negativen Rollen besetzen. Früh wird in dieser Erzählung die Ansicht formuliert, durch westliche Einflüsse würden verderbliche Doktrinen nach Russland gelangen.

Die Auffassung, die russische Oberschicht habe sich zu lange von der strahlenden Zivilisation des Westens verführen lassen, prägte dann die Gedankenwelt der Slawophilen. Als Negativbeispiel dienten insbesondere die Deutschen, denen pauschal unterstellt wurde, zwar fleißig, ordentlich und intelligent, aber eben auch irgendwie kalt und oberflächlich zu sein. Die Russen dagegen waren nach Meinung der Slawophilen

Die Deutschen werden im Russischen als *nemcy* bezeichnet, was wörtlich übersetzt »die Stummen« bedeutet. Da die Deutschen lange die dominierende Ausländergruppe waren, galten sie immer als die **exemplarischen Fremden**.

zwar unerfahren, aber nicht vom Individualismus der Aufklärung zerfressen. Die *obščina* (Bauerngemeinde) galt ihnen als sittlich und geistig intakte Gemeinschaft, in der die Menschen bescheiden und solidarisch seien. (Ironischerweise wurde in Deutschland nach 1900 ein verblüffend ähnlicher Gegensatz zwischen der innerlichen, tiefgründigen deutschen »Kultur« und der bloß oberflächlichen und individualistischen »Zivilisation« englischer oder französischer Prägung entworfen.) Die Slawophilen sahen in der Wendung Russlands nach Westen unter Petr I. die Ursünde der neueren russischen Geschichte, die zu einer Entfremdung zwischen einem zunehmend despotischen Monarchen und seinen Untertanen geführt habe. Aus dieser Erkenntnis heraus entwickelte sich ein Messianismus, der Russland die historische Mission zuschrieb, die alte Welt zu zerstören und eine neue Welt zu schaffen.

Zwischen bäuerlicher Tradition und industrieller Moderne (1856–1914)

Die Niederlage im Krimkrieg

In der Mitte des 19. Jahrhunderts schien das zaristische Russland außenpolitisch auf dem Höhepunkt seiner Macht zu stehen: Mit den Großmächten Österreich-Ungarn und Preußen war es seit 1815 in der »Heiligen Allianz« verbunden und galt wegen seiner Intervention gegen die Revolten in Polen im Jahr 1831 und in Ungarn 1848/49 als »Gendarm Europas«. Auch innenpolitisch schien das Regime gefestigt. Basierend auf einigen Ideen der Slawophilen waren mit dem Panslawismus Ansätze einer neuen Staatsideologie entwickelt worden, die soziale Gegensätze überbrücken wollte.

Der **Panslawismus** propagierte die Gemeinschaft aller Slawen und fand sich teilweise schon bei den Dekabristen. Während die in Ostmitteleuropa verbreitete Variante dieser Ideologie von föderativen Gedanken geprägt war, entwickelte sie sich in Russland zum Panrussismus. Dem Moskauer Slawen-Kongress von 1867 blieben die polnischen Vertreter daher fern.

Sowohl die außen- wie auch die innenpolitische Lage erwiesen sich jedoch als weit weniger stabil als erwartet. Zum zentralen Konfliktpunkt wurde die »Orientalische Frage«, bei der es um die Vorherrschaft auf dem Balkan, die Zufahrt zum Mittelmeer durch die Dardanellen und den Schutz der Heiligen Stätten in Palästina ging. Gegner Russlands war jeweils in erster Linie das Osmanische Reich, doch der unverhohlene Machtanspruch des Zarenreiches rief Großbritannien und Frankreich auf den Plan. Erstmals wurde dieser Konflikt in der Öffentlichkeit als ideologisch motivierter Kampf dargestellt: Russland gab sich als Beschützer der (orthodoxen) Christen, während die Westmächte erklärten, sie wollten die Welt vor dem rückständigen, halbasiatischen Zarenreich schützen. 1853–1856 kam es schließlich zum Krieg, der sich hauptsächlich auf der Krim abspielte. Für Russland war der Waffengang eine Blamage: Obwohl der Zar über eine gewaltige Streitmacht von 1,8 Millionen Soldaten gebot, gelang es seiner Armee nicht, die auf der Krim gelandeten ausländischen Expeditionscorps zu schlagen.

Zar Aleksandr II., Atelieraufnahme von 1863

Bauernbefreiung

Der Krimkrieg hatte gezeigt, dass Russland unter strukturellen Schwächen litt, die seine Großmachtstellung massiv gefährdeten. Es waren aber nicht allein die Korruption im Versorgungswesen, die Führungsschwäche der Armee und die fehlenden Eisenbahnverbindungen, die das Zarenreich schwächten. Der neue Zar Aleksandr II. (1818-1881; sein Vater Nikolaj I. war mitten im Krieg verstorben) und seine Berater erkannten, dass die Leibeigenschaft der Bauern ein Kernproblem darstellte. Der Westler Boris Čičerin formulierte es 1856 bildhaft: »Jemand, der an Händen und Füßen gebunden ist, kann nicht mit jemandem wetteifern, der alle seine Gliedmaßen gebrauchen kann. Die Leibeigenschaft ist eine Fessel, die wir mit uns herumschleppen und die uns gerade dann hemmt, wenn andere Völker ungehindert nach vorne stürmen.« Aleksandr erklärte den Adeligen schon bald nach Kriegsende, dass es besser sei, die »Leibeigenschaft von oben her aufzuheben, als darauf zu warten, bis sie beginnt, sich selbst von unten her abzuschaffen.«

Es dauerte aber noch fünf Jahre, bevor Aleksandr im Februar 1861 gegen den Widerstand konservativer Gutsbesitzer das Gesetz über die Abschaffung der Leibeigenschaft verkünden konnte. Das Alltagsleben der Bauern änderte sich mit ihrer neuen Rechtsstellung allerdings kaum, vielen ging es bald sogar schlechter als zuvor. Denn erstens blieben die Bauern weiterhin zu Fronarbeiten und Abgaben gegenüber den Gutsbesitzern verpflichtet. Zweitens mussten die Bauern nun ihre Äcker vom Gutsbesitzer ablösen (also kaufen) – kostenlos erhielten sie lediglich den »Bettelanteil«, ein Viertel des bislang bestellten Landes. Und drittens blieben die Bauern schließlich an ihre Dorfgemeinde gebunden, solange sie ihren Acker nicht vollständig abbezahlt hatten. Bis dahin mussten sie weiterhin gemeinsam mit den anderen Bauern für die Steuerschulden des Dorfes haften. Auch in Rechtsfragen verbesserte sich ihre Lage kaum: Zwar war nun anstelle des Gutsherren ein Friedensrichter für Rechtsstreitigkeiten zuständig, doch schon 1874 – nachdem die Landübertragung an die Bauern weitgehend abgeschlossen war – wurde diese Institution aufgelöst und die Polizei nahm die Position des Mittlers zwischen Obrigkeit und Bauern ein.

Justizreform und ländliche Selbstverwaltung

Die Bauernbefreiung war nur ein Baustein einer ganzen Reihe von Reformprojekten, die im ersten Jahrzehnt der Regierung Aleksandrs II. angestoßen wurden. Zu den erfolgreichsten Projekten zählte die Justizreform, die den Richtern und Geschworenengerichten eine tatsächliche Unabhängigkeit bescherte. Außerdem wurden 1864 überörtliche Selbstverwaltungen gegründet – die *zemstva* –, deren Mitglieder gewählt wurden.

Bis in das 20. Jh. hinein wurde die russische Hauptstadt von zahlreichen mittelalterlichen Bauten geprägt. Im Bild das Iljinski-Tor in der Stadtmauer von Kitai-Gorod, Gemälde aus der ersten Hälfte des 19. Jh.

Zwar sicherte das Wahlsystem das Übergewicht des Adels und der wohlhabenden Stadtbewohner gegenüber den ebenfalls wahlberechtigten Bauern, entscheidend war aber, dass nun Institutionen geschaffen wurden, in denen verschiedene Gruppen ihre Interessen artikulieren konnten. »Die Bauerndeputierten, unsere früheren Leibeigenen, nahmen so einfach und unauffällig unter uns Platz, als ob sie ein Leben lang dort gesessen hätten«, berichtete ein Gutsherr über das 1865 erstmals zusammengetretene *zemstvo* des Kreises Rjazan'. Die Bilanz der neuen Selbstverwaltungen blieb zwiespältig. Einerseits konnte sich in den *zemstva* nun die praktisch orientierte, moderate Opposition am politischen Prozess beteiligen, sodass erstmals in Russland eine politische Öffentlichkeit entstand. Zudem waren die neuen Organe in der Sozialfürsorge und beim Ausbau der Infrastruktur recht erfolgreich. Andererseits blieben die Befugnisse dieser Selbstverwaltungen begrenzt. Nach Aleksandrs Tod im Jahr 1881 wurde den Provinzgouverneuren zudem ein aufschiebendes Veto gegen alle *zemstvo*-Beschlüsse eingeräumt. Ähnlich entwickelten sich die 1870 eingeführten städtischen Selbstverwaltungen – mit dem wesentlichen Unterschied, dass diese Stadt-Dumen von Anfang an nur von einer winzigen Schicht wohlhabender Bürger gewählt wurden. 1892 wurde das Wahlrecht wieder (bzw. noch weiter) eingeschränkt. Letztlich erweckten die gewählten Lokalverwaltungen somit die Hoffnung auf politische Teilhabe, ohne diese aber erfüllen zu können.

Das Leben im Dorf

Die alltäglichen Lebensbedingungen der Bauern veränderten sich im Laufe des 19. Jahrhunderts nur sehr langsam, vor allem die Wohnverhältnisse blieben überaus beengt. Weiterhin dominierte das hölzerne Blockhaus, dessen Wohnfläche durchschnittlich 30 Quadratmeter betrug und in eine ungeheizte Sommer- und eine heizbare Winterstube unterteilt war. Der große Ofen nahm häufig ein Viertel des Zimmers ein, er diente sowohl als Kochstelle, wie auch als Wärmespender im Winter und konnte zudem als Schlafstelle genutzt werden. Schrittweise wandelte man die »schwarzen« Stuben in »weiße« Stuben um, indem feste Kamine und Rauchabzüge eingebaut wurden. Damit verringerte sich zwar die Rußbelastung, dafür blieb es in den Räumen oft ständig feucht. Problematisch war auch, dass der Fußboden nie richtig warm wurde. Die Bewohner der Häuser standen somit vor der Wahl, entweder in Filzdecken eingewickelt auf dem kalten Boden zu schlafen, oder aber in den Hängepritschen unter der Decke. Dort oben war es zwar warm, aber auch überaus stickig, da der ganze Haushalt

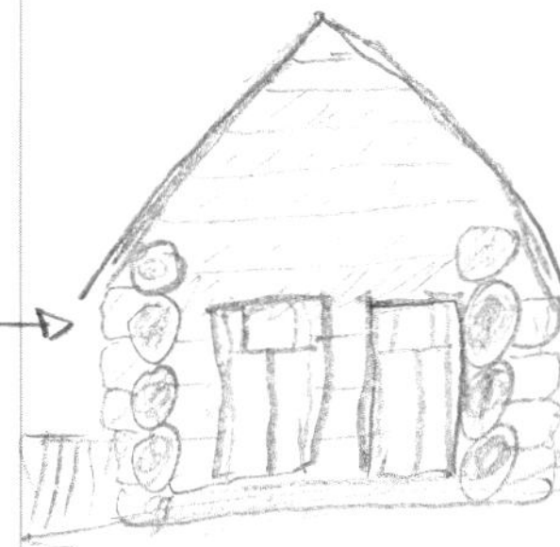

in einem Raum schlief, der kaum gelüftet wurde. Der Gesundheit war dies ebenso wenig förderlich wie die mangelnde Hygiene. Die Böden wurden nur selten geschrubbt, obwohl im Winter auch die Hühner und das Jungvieh in der Stube schliefen; bezeichnenderweise meinten die Hausfrauen, es bringe Unglück, schwarze Schaben zu töten.

Nach der Bauernbefreiung verbesserten sich die Wohnverhältnisse nur zögerlich, allerdings zeigten sich hier die positiven Effekte der Reformen: Um Steuern und Ablösesummen für Äcker zu bezahlen, waren Bauern stärker gezwungen, zu Bargeld zu kommen – was übrig blieb, konnte für Konsumgüter wie die neuen Kerosinlampen und andere Mittel zur Steigerung des Wohnkomforts ausgegeben werden. Zwar war die Kaufkraft des ländlichen Raumes selbst um 1900 noch sehr gering, doch manchen Bauern gelang es, zu wohlhabenden Unternehmern aufzusteigen, indem sie ihre vorindustriellen Nebengewerbe ausbauten. Der Wohlstand konzentrierte sich hauptsächlich auf die Dörfer im Einzugsgebiet großer Städte, in denen solche Bauernunternehmer eine größere Menge ihrer Produkte absetzen konnten. Vor allem in den Dörfern des Moskauer Gebiets ließ sich dieser Wohlstand an der steigenden Anzahl von Steinbauten ablesen, die die traditionellen Holzhäuser ersetzten.

Gesellschaft und Familie auf dem Land

Auch die gesellschaftliche Struktur des Dorfes wandelte sich nur langsam. Weiterhin blieben die Bauern fest in die Dorfgemeinschaft, die *obščina*, eingebunden, die gegenüber dem Gutsherrn oder dem Staat die Einhaltung von Pflichten verantwortete und sogar ein Mitspracherecht hatte, wenn Haushalte gegründet oder aufgelöst werden sollten. Diese Haushalte bildeten den sozialen und gesellschaftlichen Kern des russischen Dorfes. Sie waren meist weit größer als in Westeuropa und umfassten bis zu 20 Personen, meist aber um 10 Personen. In der Regel waren sie alle Angehörige einer Großfamilie, die aufgrund der niedrigen Lebenserwartung von deutlich unter 40 Jahren meist drei Generationen umfasste. Indem Verwandte einschließlich verwitweter Schwägerinnen in einen Haushalt integriert wurden, war es einfacher möglich, die anfallende Arbeit flexibel aufzuteilen. Knechte wurden daher nur ausnahmsweise angeworben. Bis zur Bauernbefreiung richtete sich die Arbeitszeit vorrangig nach den aktuellen Lebensbedürfnissen. Erst als sich die Geldwirtschaft ausbreitete, ergaben sich zusätzliche Verdienstanreize, und die Getreide- und Lebensmittellieferungen in die Städte nahmen deutlich zu. Noch am Vorabend des Ersten Weltkriegs wurden jedoch immer noch 87 Prozent der jeweiligen Ernte von den Bauern selbst verbraucht. Im Falle von Missernten kam es daher schnell zu Hungersnöten.

Die Beziehungen innerhalb der Familie blieben dadurch geprägt, wie deren Lebensunterhalt gesichert werden konnte. Liebesheiraten waren nicht ausgeschlossen, Vorrang hatten jedoch in jedem Fall materielle Erwägungen: Am wichtigsten war es, den verfügbaren Boden zu vermehren. Das Erbrecht berücksichtigte auch Frauen, sie waren aber den Männern untergeordnet. Besitz und der Posten des Haushaltsvorstandes wurden nach dem Senioratsprinzip vererbt – es erbte somit zuerst der nächstjüngere Bruder, dann die jeweiligen Ehefrauen und erst danach die Kinder.

Der Staat als Unternehmer

Um die Rückständigkeit Russlands zu beseitigen, wurde nach dem Krimkrieg zunächst die vormoderne Gesellschaftsstruktur des Reiches aufgebrochen. Zugleich stand aber fest, dass dies nur ein erster Schritt nach vorne sein konnte, der gewissermaßen das Fundament für die folgenden Maßnahmen bildete. Neben den gesellschaftlichen und rechtlichen Reformen beschloss Aleksandr II. daher, dass er Staat wesentlich aktiver als bisher in die Wirtschaft eingreifen

Die 945 Meter lange Eisenbahnbrücke über den Kama-Fluß bei Perm' im Ural war Teil der Transsibirischen Eisenbahn, Foto von 1910

musste. Ohne staatliches Engagement würde die Industrialisierung weiterhin auf niedrigem Niveau verharren. Den wichtigsten Hebel für einen Wirtschaftsaufschwung erblickte man im Bau von Eisenbahnen, mit dem die Bodenschätze und Agrarerzeugnisse des riesigen Landes besser genutzt werden sollten. Gleichzeitig behielt man aber auch die militärstrategische Lage im Blick: »Ohne Eisenbahnen und ohne eine Maschinenindustrie kann Russland nicht einmal in seinen eigenen Grenzen als sicher gelten«, erklärte der 1862 eingesetzte, für die Wirtschaftspolitik zuständige Finanzminister Michail Chr. von Reutern (1820–1890).

Um so teure Infrastrukturprojekte wie Eisenbahnstrecken mit Längen von hunderten Kilometern zu bauen, fehlte es Russland allerdings an ausreichendem Kapital. Der seit 1881 amtierende Finanzminister Nikolaj von Bunge (1823–1895) erhöhte daher schrittweise die Verbrauchssteuern auf Tabak und Alkohol, um die wirtschaftlich stärkeren Bauern vom Konsum dieser Produkte abzubringen und sie zu animieren, stattdessen zu investieren – Wirtschaftswachstum und Steueraufkommen sollten somit durch eine steigende private Nachfrage erhöht werden. Seine Nachfolger hielten nichts von dieser langfristig angelegten Politik. Finanzminister Sergej Ju. Vitte (1849–1915) setzte seit 1892 auf schnell verfügbares ausländisches Kapital. Dazu war es jedoch notwendig, den Rubel zu stabilisieren, was wiederum einen ausgeglichenen Staatshaushalt erforderte. Erneut wurden daher die Verbrauchssteuern angehoben, diesmal aber auch auf lebensnotwendige Waren. Um diese neuen Abgaben bezahlen zu können, waren die Bauern gezwungen, ihre Produktion zu steigern und vermehrt Getreide ins Ausland zu verkaufen. Da die Produktivität der Landwirtschaft immer noch sehr niedrig war, wurde häufig von »Hungerexport« gesprochen. Immerhin gelang es Vitte tatsächlich, große ausländische Investoren anzulocken: 1890 lag der Anteil ausländischen Kapitals an russischen Aktiengesellschaften noch bei 25 Prozent, 1914 hatte er 47 Prozent erreicht. Einige Branchen waren sogar fast vollständig in ausländischer Hand, wie die Erdöl- und die Chemieindustrie. Vittes Gegner beklagten wortreich den Ausverkauf Russlands, der Finanzminister spottete im Gegenzug über den »Kwass-Patriotismus« seiner Widersacher. Der Erfolg seiner Maßnahmen gab Vitte Recht: Seit 1890 lagen die Wachstums-

Die **Transsibirische Eisenbahn** war das größte Infrastrukturprojekt des Zarenreiches und ist mit 7500 km die längste Eisenbahnlinie der Welt. Der Bau der Linie dauerte von 1891 bis 1902. Sie verbindet die Hafenstadt Vladivostok (»Beherrsche den Osten«) mit dem europäischen Teil Russlands. Die ursprüngliche Hoffnung, mit der Bahnlinie Korea und China wirtschaftlich zu durchdringen, erfüllte sich jedoch nicht.

raten bei durchschnittlich 5 Prozent, kurz vor der Jahrhundertwende sogar bei 8 Prozent. Allein das Eisenbahnnetz dehnte sich zwischen 1880 und 1913 um mehr als das Dreifache auf über 70 000 km aus. Allerdings erwirtschaftete die Industrie um 1900 lediglich 21 Prozent des Bruttoinlandsprodukts, die Landwirtschaft dagegen noch immer 53 Prozent. Die ca. 1,6 Millionen Industriearbeiter, die 1900 gezählt wurden, stellten nur wenig mehr als ein Prozent der Gesamtbevölkerung des Reiches dar.

Immer mehr Einwohner der großen Städte waren von Sozialleistungen abhängig. Im Bild eine Armenküche in Petersburg im Jahr 1911.

Das Dorf wandert in die Stadt

Mit dem Industrialisierungsprozess begann auch die Urbanisierung Russlands. Vorerst beschränkte sie sich jedoch auf nur wenige Zentren. 1897 wohnten von den damals 12,1 Millionen Stadtbewohnern fast 20 Prozent in den beiden Hauptstädten Moskau und Petersburg, die fünf nächstgrößeren Städte (Riga, Kiev, Odessa, Tiflis und Charkov') lagen nicht im russischen Kerngebiet. Rings um die alten Zentren von Moskau und Petersburg, deren Einwohnerzahl sich bis 1913 auf insgesamt vier Millionen steigern sollte, entstanden binnen weniger Jahre ausgedehnte Industriesiedlungen, deren Infrastruktur erbärmlich war. Hier wirkte sich negativ aus, dass die städtischen Selbstverwaltungen 1892 einen großen Teil ihres politischen Spielraumes verloren hatten: Fortan waren nicht mehr die Bürger, sondern die Bürokraten in den Ministerien zuständig – und diese waren mit den sozialen Problemen vor Ort nur selten vertraut oder hielten diese für relevant.

Die neuen städtischen Moloche Russlands gewannen ihren eigentümlichen Charakter auch dadurch, dass ihre Einwohnerschaft weiterhin familiär, kulturell und sozial eng mit dem ländlichen Leben verbunden blieb. Viele Bauern-Arbeiter brachten nicht nur ihr Kleinvieh mit in die Stadt, sondern kehrten zur Ernte für einige Wochen in ihr Heimatdorf zurück und blieben dort erbberechtigt. Für manche mag dies als eine Art »Rückversicherung« gedient haben, und tatsächlich war die Fluktuation in den Jahrzehnten der Frühindustrialisierung sehr hoch. Dazu trugen sicherlich vor allem die meist grauenhaften Wohnbedingungen bei. Viele Arbeiter konnten nicht einmal eine Schlafstelle ihr Eigen nennen und lebten als »Schlafgänger« oder »Winkelmieter« in fremden Hütten.

Abkehr von der traditionellen Nationalitätenpolitik

1815 kam die Expansion des russischen Imperiums im Westen zum Stillstand, ein weiteres Vordringen hätte unweigerlich in einen Krieg mit den Verbündeten Preußen und Österreich-Ungarn gemündet. Im Kaukasus, in Mittelasien und im Fernen Osten dehnte sich das Zarenreich im 19. Jahrhundert jedoch immer weiter aus, bis schließlich sogar Alaska zu seinem Herrschaftsbereich gehörte. Insbesondere in Mittelasien war diese Expansion zunächst machtpolitisch motiviert: »Nur in Asien können wir den Kampf mit England mit gewissen Erfolgschancen aufnehmen«, erklärte ein russischer Diplomat 1857, ein Jahr nach der Niederlage im Krimkrieg. Die gedemütigten russischen Eliten sahen hier die Möglichkeit, den westlichen Kolonialmächten zu demonstrieren, dass das Zarenreich ihnen durchaus ebenbürtig war. Wirtschaftliche Faktoren spielten erst in der zweiten Hälfte des 19. Jahrhunderts eine Rolle, als die Steppen Kasachstans durch den Eisenbahnbau als Ackerland für russische Siedler attraktiv wurden und in Mittelasien begonnen wurde, großflächig Baumwolle anzubauen: In Turkestan beanspruchte die Produktion des »weißen Goldes« 1913 bereits bis zu 20 Prozent der landwirtschaftlichen Fläche.

Im Unterschied zu den Expansionen vom 16. bis 18. Jahrhundert gestaltete sich das Ausgreifen des Zarenreiches nach Osten und Süden im 19. Jahrhundert zunehmend in kolonialen Formen – während die Muslime und Nomaden bislang als ebenbürtig anerkannt worden waren und die Zaren die jeweilige Oberschicht zu integrieren versuchten, galten sie nun als Bürger zweiter Klasse. Hier machte sich die wachsende Distanz zwischen Russen und den neuen Untertanen bemerkbar. Deren auch formalrechtliche Diskriminierung wurde paradoxerweise mit dem Versuch festgeschrieben, die Nomaden des Reiches vor der Willkür der russischen

Beamten zu schützen: 1822 hatte der inzwischen als Generalgouverneur von Sibirien wirkende Reformer Speranskij den neuen Stand der *inorodcy* (Fremdstämmige) geschaffen; damit sollten die besonderen Lebensweisen der Jäger und Nomaden geschützt werden. Speranskij wollte die *inorodcy* in einem freiwilligen, »zivilisierenden« Prozess schrittweise integrieren. Die Realität sah freilich anders aus. Die neue rechtliche Kategorie der *inorodcy* wurde genutzt, um auf diese Druck auszuüben und in ihre Lebensweise einzugreifen. Hier zeigte sich die dunkle Seite der Aufklärung: Im europäischen Teil Russlands bedeutete Modernisierung der Gesellschaft, dass die Ideale der Freiheit und der politischen Teilhabe zumindest ansatzweise verwirklicht wurden, im asiatischen Teil des Imperiums dagegen ging sie mit dem Willen einher, die Gesellschaft zwangsweise zu vereinheitlichen. Die Sonderrechte, die den Minderheiten bislang gewährt worden waren, galten daher als Hindernis – insbesondere dann, wenn sie vermeintlich rückständige Lebensweisen konservierten. Schrittweise wurde der Begriff der *inorodcy* auf alle Nichtrussen im Osten ausgeweitet und bekam zunehmend eine rassistische Bedeutung, die einem europäischen Überlegenheitsgefühl entsprang. Auch die Zwangsmissionierung wurde mitunter wieder aufgenommen.

Gewaltsamer Widerstand im Osten

Die jeweils betroffenen Ethnien setzten sich gegen diese Wende in der russischen Nationalitätenpolitik zum Teil erbittert zur Wehr. Besonders blutig und lang anhaltend gestaltete sich der Kampf im Kaukasus, wo der Widerstand gegen die Russen seit Anfang des 19. Jahrhunderts von den mehrheitlich muslimischen Bergvölkern teilweise unter dem Banner des »Heiligen Krieges« geführt wurde. Nachdem Georgien und Armenien schon zwischen 1801 und 1828 unterworfen worden waren, dauerte es Jahrzehnte, um auch den Widerstand der Tschetschenen, Dagestaner, Osseten, Tscherkessen und der knapp 30 weiteren Ethnien des Kaukasus zu brechen. In den 1860er Jahren weitete sich der Konflikt zu einem Vernichtungskrieg aus, als russische Truppen ganze Dörfer ausradierten, um die Partisanen zu vernichten. Nachdem die an der östlichen Schwarzmeerküste siedelnden Tscherkessen 1864 unterworfen worden waren, wurden viele von ihnen umgebracht

> Der Aware **Schamil** (1797–1871) wurde als Anführer des Guerillakrieges gegen die Russen zur **Symbolfigur des muslimischen Widerstandes**. Er verband Losungen des Heiligen Krieges mit egalitären Zielsetzungen und konnte erst 1859, nach 25jährigem Kampf, gefangen genommen werden. Schamil lebte bis 1870 im ehrenvollen Exil in Kaluga und durfte dann nach Medina ausreisen, wo er starb.

ANTISEMITISMUS IM ZARENREICH

Opfer des antijüdischen Pogroms in Odessa von 1905

Von den Minderheiten im westlichen Teil des russischen Imperiums hatten die Juden am stärksten unter Repressionen zu leiden. Seitdem sie Ende des 18. Jahrhunderts durch die Teilungen Polens zu Untertanen des Zaren geworden waren, wurden sie zunehmend ausgegrenzt. Lediglich unter Aleksandr II. schien sich eine Wende zum Besseren anzubahnen. 1859 war das seit 1791 bestehende Dekret aufgehoben worden, das Juden die Ansiedlung in Zentralrussland verbot, und auch in den ländlichen Selbstverwaltungen, den *zemstva*, durften Juden nun uneingeschränkt mitarbeiten. Nach der Ermordung Aleksandrs II. 1881 jedoch zerstob die Hoffnung, die Emanzipation der Juden könnte dem westeuropäischen Vorbild folgen und ihnen die vollen Bürgerrechte bringen. Stattdessen wurden in den 1890er Jahren zehntausende jüdischer Handwerker aus Moskau ausgewiesen, die sich dort seit 1859 angesiedelt hatten.

Die Regierung nutzte den weit verbreiteten Antisemitismus als Ventil, um soziale Spannungen abzubauen. Die ersten neuzeitlichen Pogrome, die in der Ukraine auf die Ermordung Aleksandrs II. folgten, waren von städtischen Unterschichten getragen worden und richteten sich vor allem gegen Juden, aber auch gegen reiche nichtjüdische Gutsbesitzer und Händler. Hier zeichnete sich schon die fatale Verbindung von Antisemitismus und Antikapitalismus ab, die 1905 in der Publikation der »Protokolle der Weisen von Zion« gipfelte, einer Zusammenstellung mehrerer fiktiver Texte, die die Existenz einer jüdischen Weltverschwörung belegen sollten. Weder die Pogrome noch die berüchtigten »Protokolle« waren jedoch durch staatliche Stellen initiiert oder direkt gefördert worden.

Viele gebildete Juden wandten sich nach dem Scheitern der Emanzipation seit 1890 der revolutionären Bewegung zu. Der »Allgemeine jüdische Arbeiterbund in Litauen, Polen und Russland«, kurz »Bund«, war zeitweise sogar das Rückgrat der russischen Sozialdemokratie. Daneben bildete sich in Russland eine starke zionistische Bewegung heraus. Armut und Repressionen bewogen viele andere jedoch in den Westen zu emigrieren, vor allem in die USA. Zwischen 1880 und 1914 verließen etwa drei Millionen russische Juden ihre Heimat.

oder zur Emigration in das Osmanische Reich getrieben – ein Vorläufer der »ethnischen Säuberungen« des 20. Jahrhunderts.

Russifizierung im Westen

Auch im Westen des Imperiums änderte sich die traditionelle russische Nationalitätenpolitik. Während die asiatischen Minderheiten in den östlichen Randgebieten dauerhaft diskriminiert und ausgegrenzt wurden, sollten die europäischen Minderheiten russifiziert werden und in einer einheitlichen russischen Nation aufgehen. Am deutlichsten wurde dieses Ziel in der Sprachen- und Bildungspolitik formuliert. So wurde die Warschauer Universität nach dem polnischen Aufstand von 1863/64 zu einer russischen Einrichtung umgewandelt und in polnischen Schulen durfte nur noch auf Russisch unterrichtet werden. Zeitgleich verbot der russische Innenminister den Ukrainern, Texte in ukrainischer Sprache zu verfassen. Er bemerkte dazu: »Der Dialekt, den das gemeine Volk verwendet, ist russisch, verseucht durch polnischen Einfluss.« Finnland verlor 1899 seine Verfassung und auch die Privilegien der Deutschbalten wurden abgebaut. Die deutsche Universität von Dorpat wurde 1893 in eine russische Einrichtung umgewandelt. Was teilweise sicherheitspolitisch motiviert war (insbesondere die Polen galten nach ihren zwei Aufständen als Verräter, die alle Rechte auf Autonomie verspielt hatten), erwies sich langfristig als kontraproduktiv, da die staatlichen Repressionen den Nationalbewegungen immer breitere Bevölkerungskreise zutrieben.

Gewaltsame Utopien und der Aufstieg zur Weltmacht (1905–1964)

Die sozialen und gesellschaftlichen Spannungen Russlands entluden sich zu Beginn des 20. Jahrhunderts in mehreren Revolutionen und mündeten 1917 in der bolschewistischen Diktatur. Das neue Regime war entschlossen, die Gesellschaft des russischen Imperiums mit Gewalt in die Moderne zu katapultieren. Erst nach Stalins Tod wurde der offene Terror beendet.

Zeit der Kriege und der Revolutionen (1905–1918)

Enttäuschte Volkstümler und der politische Terror

Nach den Bauernrebellionen des 18. Jahrhunderts und den ethnischen Unruhen und Aufständen, die bis in die 1870er Jahre hinein andauerten, erscheint das letzte Viertel des 19. Jahrhunderts als eine Phase der Ruhe im russischen Imperium. Unter der Oberfläche staute sich jedoch die Gewalt, da sich für keines der gesellschaftlichen und sozialen Probleme eine Lösung abzeichnete. Die Reformen waren auf halbem Wege steckengeblieben, vor allem in den Dörfern blieb die Lage katastrophal. Den meisten Dorfbewohnern blieb völlig unverständlich, weshalb sie den Gutsbesitzern im Zuge der Bauernbefreiung ihr Land abkaufen sollten, wo die Äcker ihrer Vorstellung nach doch denen gehörten, die sie bestellten. Als 1903 die Bindung der Bauern an die *obščina* gelockert und dem Kapitalismus in der Landwirtschaft mehr Raum gelassen wurde, verunsicherte dies viele Dorfbewohner zusätzlich. Was die Regierung als Modernisierung begriff, stellte sich aus Sicht der Bauern als neue Etappe einer rücksichtslosen kulturellen Unterwerfung dar. Die Unruhe in den Dörfern wuchs, es häuften sich gewaltsame Übergriffe von Bauern, adelige Güter wurden in Brand gesetzt.

Diese Gewaltakte blieben allerdings lokal begrenzt, Versuche der *intelligencija*, die Bauern zum Aufstand zu bewegen, blieben erfolglos. Als

Die interethnischen Pogrome im aserbeidschanischen Baku erregten internationale Aufmerksamkeit, Illustration aus der Pariser Zeitschrift »Le Petit Journal« vom 24. September 1905

Gruppen der agrarsozialistischen *narodniki* (Volkstümler) im Sommer 1874 einen »Gang ins Volk« unternahmen, scheiterten sie auf ganzer Linie. Die Bauern ließen sie ins Leere laufen – sie konnten mit jenen fremden Studenten, Professoren und aufgeklärten Adeligen nichts anfangen, die zum Sturz des Zaren aufriefen und in ihren Manifesten das Dorfleben idealisierten, ohne es zu kennen.

Einige Oppositionsgruppen schlossen aus diesem Misserfolg, dass die Bauern vorerst nicht fähig seien, eine Revolution in Gang zu setzen – notwendig sei daher zunächst, durch einen Mordanschlag auf den Zaren den zentralen Herrschaftsmythos zu zerstören. Schon in der Zeit der Reformen hatten Teile der *intelligencija* die Gewalt angesichts der Repressionen des Staates als einzig wirksames Mittel der Politik propagiert: Da der zaristische Geheimdienst, die *ochrana*, jegliche oppositionelle Massenbewegung verfolgte, schien der Terrorismus die einzige Möglichkeit, die Befreiung zu erreichen. 1866 hatte es erste Attentatsversuche auf Aleksandr II. gegeben, im März 1881 gelang es Terroristen schließlich, ihn in die Luft zu sprengen. Dem Zarenmythos in der Bauernschaft tat das jedoch keinen Abbruch. Einen Höhepunkt erlebte der politische Terrorismus nach der Jahrhundertwende, als 1902 der Innenminister Dmitrij S. Sipjan (1853–1902) und 1904 sein besonders verhasster Nachfolger Vjčeslaw K. Pleve (1846–1904) ermordet wurden.

Ochrana (wörtlich: Schutz, Bewachung) war die inoffizielle Bezeichnung der 1880 neu formierten politischen Polizei in Russland. Um den revolutionären Untergrund zu bekämpfen, wurden zahlreiche Doppelagenten aufgeboten. Deren Einsatz geriet zuweilen außer Kontrolle: Der berühmteste Doppelagent Evno Azef (1869–1918) organisierte den Anschlag auf Innenminister Pleve.

Die Spaltung der russischen Arbeiterbewegung

Inzwischen hatte sich die Aufmerksamkeit eines Teils der *intelligencija* auf die wachsende Arbeiterschaft verlagert. 1872 war der erste Band des Hauptwerkes von Karl Marx' »Das Kapital« in russischer Übersetzung erschienen (es war die erste fremdsprachige Ausgabe überhaupt), seine Ideen gewannen in Russland schnell einen großen Einfluss. 1895 gründete sich in Petersburg der »Kampfbund zur Befreiung der Arbeiterklasse«, zu dessen Mitgliedern auch Vladimir I. Ul'janov (1870–1924) zählte, der bald den Kampfnamen Lenin annahm. Die Aktivitäten der russischen Marxisten, die 1898 die »Russische Sozialdemokratische Arbeiterpartei« (RSDRP) gründeten, wurden wie die der anderen Oppositionsgruppen durch ständige Verhaftungen und Verbannungen behindert. Lenin, der

Lenin gründete 1895 in Petersburg den »Kampfbund zur Befreiung der Arbeiterklasse«, eine Vorläuferorganisation der russischen Sozialdemokratie. Die Mitglieder wurden schon Ende 1895 von der Polizei verhaftet.

die Zeit vor der Revolution von 1917 daher vorwiegend im Exil verbrachte, folgerte daraus, dass sich die Revolution unter den besonderen Bedingungen des Zarenreiches nur von einer streng hierarchischen, disziplinierten Organisation von Berufsrevolutionären durchführen lasse. Über diese Frage kam es 1903 auf dem zweiten Parteitag der RSDRP in London zum Bruch. Da Lenin und seine Anhänger dort einige Abstimmungen gewannen, prägte er für seine Fraktion den Begriff *Bolschewiki* (Mehrheitler) und für seine Gegner die diffamierend gemeinte Bezeichnung *Menschewiki* (Minderheitler).

Ethnische Konflikte am Rande des Imperiums

Die erbitterten und langwierigen Streitigkeiten der exilierten Führer der russischen Sozialdemokratie, die in den Kaffeehäusern von Wien, Zürich und Genf ihre Intrigen ersannen, beeinflussten die politische Entwicklung in Russland zunächst jedoch kaum. Viel bedeutender war die Dynamik des sozialen Protestes in den Randgebieten des Imperiums. So fielen beispielsweise von den 59 Straßendemonstrationen, die in den Jahren 1895 bis 1900 gezählt wurden, nur drei auf die russischen Gebiete, allein 25 dagegen auf das ehemalige Königreich Polen. An der Peripherie wurden die sozialen Konflikte allerdings immer stärker von ethnischen Auseinandersetzungen überlagert. In Transkaukasien (Aserbaidschan, Georgien und Armenien) nutzte die Regierung die Spannungen zwischen der vorwiegend armenischen (christlichen) städtischen Oberschicht und den Muslimen sogar gezielt aus, um ihre eigene Position zu stärken. Im Februar 1905 kam es schließlich in Baku, einem Zentrum der Erdölindustrie, zu einem Pogrom, in dessen Verlauf muslimische Arbeiter im Stadtzentrum alle Armenier töteten, derer sie habhaft werden konnten. Der Flächenbrand dehnte sich schnell auf alle urbanen Zentren Transkaukasiens aus. Mehrere Tausend Menschen wurden umgebracht, bevor die Armee die Region im Frühjahr 1906 gewaltsam befriedete. Bürgerkriegsähnliche Zustände herrschten im Sommer 1905 auch in der Westukraine und in Odessa, wo im Juni die Meuterei auf dem Panzerkreuzer Potemkim einen Aufstand auslöste, dem tausend Menschen zum Opfer fielen. Im Baltikum erhoben sich lettische und estnische Bauern, brannten Gutshäuser nieder und ermordeten 82 baltendeutsche Adelige.

Krieg mit Japan

Diese dramatischen Ereignisse sind lange Zeit durch die Aufmerksamkeit verdeckt worden, die dem Petersburger »Blutsonntag« vom 9. Januar 1905 gewidmet wurde. Damals hatten überforderte Wachsoldaten auf eine Protestdemonstration mit 100 000 Teilnehmern gefeuert und dabei über hundert Menschen getötet. Es bedurfte aber der Destabilisierung an den Rändern des Reiches, damit sich die Unruhen im Herbst 1905 auch in den russischen Gebieten ausbreiten konnten. Zudem war das Ansehen der Regierung durch die Niederlage im Krieg gegen Japan auf einen neuen Tiefpunkt gesunken. Seit 1898 war Russland im Fernen Osten von der indirekten Kontrolle Chinas zur offenen Expansion übergegangen und hatte dabei die Einflusssphäre Japans verletzt. Die Konfrontation mit dem Konkurrenten um die chinesische Erbmasse kam den Konservativen in der russischen Regierung gelegen, um von den inneren Spannungen abzulenken: Man brauche »einen kleinen, siegreichen Krieg«, hatte Innenminister Pleve einmal erklärt. Der Krieg kam – aber er war nicht siegreich. Im Februar 1904 griff Japan den in Nordchina errichteten neuen russischen Pazifikhafen Port Arthur an, der Ende des Jahres kapitulieren musste, im Mai 1905 vernichtete Japan die herbeigeeilte russische Ostseeflotte. Im September musste Russland schließlich einen schmachvollen Friedensvertrag unterzeichnen.

Die Revolution von 1905

Bald nach Unterzeichnung des Friedensvertrages kam es in Moskau zu größeren Streiks; diese mündeten im Oktober 1905 in einen landeswei-

Die großen Industriebetriebe konzentrierten sich in wenigen Städten. Im Bild eine Munitionsfabrik in Petersburg um 1900

ten Generalstreik. In Moskau und Petersburg bildeten sich erste Arbeiterräte (*Sowjets*), die auch politische Forderungen stellten, und Fabrikkomitees. Diese Organisationsformen sollten für die Revolution von 1917 noch wichtig werden. Um den Druck zu vermindern, machte Zar Nikolaj II. (1868–1918) den Protestierenden Ende Oktober politische Zugeständnisse: Er versprach Versammlungs-, Rede- und Pressefreiheit, indirekt auch die Gleichstellung der Religionen und Nationalitäten und die Wahl einer Staatsduma mit gesetzgebenden Vollmachten.

Obwohl die Versprechen des Zaren sehr vage waren, gelang es der Regierung auf diese Weise, die Protestbewegung zu spalten. Während Teile der Liberalen ihre Forderungen weitgehend erfüllt sahen, versuchten die Bolschewiki im Dezember 1905 in Moskau den bewaffneten Aufstand. Allerdings fehlte den Arbeiterparteien die Unterstützung der Bauern, die immer noch 80 Prozent der Bevölkerung ausmachten – deren Proteste liefen parallel zu den Streiks in den Industriezentren. Wie tief die Kluft zwischen den Revolutionären und der ländlichen Bevölkerung war, hatte schon die fatale Demonstration vom Januar 1905 in Petersburg gezeigt: Viele der bäuerlichen Arbeiter hatten Ikonen und Zarenbilder mit sich getragen – sie erhofften sich Hilfe vom Herrscher, nicht von den als gottlos angesehenen Funktionären der Sozialdemokratie. Zarengläubigkeit und Frömmigkeit konnten den sozialen Protest daher auch antirevolutionär wenden. Dies bekamen im Spätherbst 1905 vor allem die Juden zu spüren, die, wie schon im Gefolge des Zarenmordes, mit den Revolutionären gleichgesetzt wurden. In Westrussland und der Ukraine kam es – teilweise im Anschluss an monarchistische Prozessionen – zu den schlimmsten Pogromen, die das Reich seit dem 17. Jahrhundert gesehen hatte. Mindestens tausend Menschen wurden ermordet.

Die entmachtete Duma

Nikolaj II. vermied es auch in Zeiten der höchsten Bedrängnis stets, eine Verfassung zu versprechen – die zugestandenen Reformen wurden im April 1906 daher mit dem bescheidenen Begriff »Grundgesetze« betitelt.

Die Mitglieder des liberal-konservativen »Verbandes des 17. Oktober« (benannt nach dem Tag der Verkündung des Oktobermanifestes durch Nikolaj II.) versammeln sich 1913 in der Duma in Petersburg.

Ansonsten legte sich der Zar keine große Zurückhaltung auf, nachdem die unmittelbare revolutionäre Gefahr überstanden war. Bei Strafexpeditionen gegen Aufständische brachte die Armee im Frühjahr 1906 allein im Baltikum 2000 Menschen um.

Auch der neuen Volksvertretung zeigte die Regierung schnell ihre Grenzen auf: Der Zar ließ die Kompetenzen der Duma beschneiden, noch bevor sie Ende April 1906 erstmals zusammentrat, binnen Jahresfrist wurde das Parlament zweimal aufgelöst, weil die Opposition es trotz eines diskriminierenden Wahlmännersystems dominierte, und auf Initiative des neuen, konservativen, Ministerpräsidenten Petr A. Stolypin (1862–1911) wurde das Wahlgesetz im Juni 1907 schließlich so geändert, dass den Konservativen und Rechtsparteien die Mehrheit sicher war. Stolypin erklärte bei dieser Gelegenheit zudem, die Duma müsse zukünftig »auch ihrem Geist nach russisch sein.« Einige Volksgruppen der Steppenregionen und Mittelasiens wurden fortan von den Wahlen ausgeschlossen, weil ihnen angeblich die »genügende staatsbürgerliche Entwicklung« fehlte. Im Zuge dieses Staatsstreiches wurden auch zahlreiche Zugeständnisse an die nichtrussischen Nationalitäten zurückgenommen, so z. B. die Sonderstellung des autonomen Großfürstentums Finnlands, die erst 1905 wiederhergestellt worden war; bei den Wahlen für den finnischen Landtag hatten Frauen Anfang 1907 – erstmals weltweit – das aktive und passive Wahlrecht ausüben dürfen.

Gesellschaft zwischen Aufbruchstimmung und Reaktion

Die Jahre zwischen der Revolution von 1905 und dem Ausbruch des Ersten Weltkrieges werden dementsprechend unterschiedlich bewertet. Einerseits war in manchen Bereichen der Gesellschaft eine Aufbruchstimmung zu verspüren: Nachdem sich die Lage beruhigt hatte, schossen überall Klubs, Vereine und Gesellschaften aus dem Boden; trotz der andauernden staatlichen Repressionen schien sich in Russland eine Zivilgesellschaft zu entwickeln. Auch das Rechtswesen wurde verbessert und der einzelne Bürger in höherem Maße vor staatlicher Willkür geschützt. Die Agrarreform von Ministerpräsident Stolypin zielte darauf ab, auf dem Land eine Art Mittelschicht zu schaffen. Die Bauern konnten nun aus der *obščina* austreten und ihr Land in Privateigentum überführen. Wenn die Bauern ihr Land nicht mehr bei der regelmäßigen Umverteilung der Äcker tauschen mussten, so die Überlegung, würden sie stärker in die Verbesserung des Bodens investieren. Auch die Alphabetisierung der Bevölkerung machte beachtliche Fortschritte.

Zu den spektakulärsten Attentaten im zaristischen Russland gehörte der Bombenanschlag auf das Landhaus des Innenministers Petr Stolypin am 12./25.8.1906. 27 Menschen starben, Stolypin selbst wurde nur leicht verletzt.

Wie die schon erwähnten Maßnahmen gegen die Duma und die nationalen Minderheiten zeigen, erlitt die Reformbewegung vor dem Ersten Weltkrieg aber ebenso viele Rückschläge. In der dritten und vierten Duma (1907–1912, 1912–1917) gaben unter den russischen Abgeordneten die nationalistischen Parteien den Ton an. Der Antisemitismus und Fremdenhass fand in protofaschistischen Organisationen wie den »Schwarzen Hundertschaften« eine feste politische Form. Der Zar umgab sich derweil mit einer reaktionären Hofkamarilla, die jegliche Reformen bekämpfte, und geriet von 1913 an sogar unter den Einfluss des obskuren Wanderpredigers Grigorij E. Rasputin (1871–1916), der seit 1907 mehrmals als Wunderheiler die Bluterkrankheit (Hämophilie) des Thronfolgers Aleksej (1904–1918) »behandelt« hatte. Eines der größten Probleme blieb jedoch der mangelhafte Arbeiterschutz. Die erst 1905 gegründeten Gewerkschaften wurden 1906 schon wieder verboten, und bald wurde auch die während der Revolution herabgesetzte Arbeitszeit wieder erhöht.

Der Erste Weltkrieg und der Machtzerfall des Zarentums

Der Erste Weltkrieg wurde zum Totengräber des Zarentums. Es waren jedoch nicht in erster Linie die militärischen Misserfolge, die dem alten

REVOLUTIONEN IN DER KUNST – MALEVIČ, DIE ABSTRAKTION UND DIE POLITIK

Die moderne Kunst Westeuropas fand schon vor 1900 in Russland begeisterte Anhänger und Sammler. Nach der Revolution von 1905 entwickelte sich dort eine Kunstszene, die binnen weniger Jahre an die Spitze der Avantgarde vorrückte. Am bedeutendsten war die 1910 gegründete Gruppe »Karo-Bube«, deren Name bereits die Absicht ihrer Mitglieder ausdrückte, aus den gewohnten Konventionen des herrschenden Kunstbetriebs auszubrechen. Zunächst beeinflusst von den französischen Fauvisten wie Henri Matisse, besannen sich die Künstler bald auf die Tradition der russischen Volkskunst und orientierten sich in ihrer Ästhetik an den traditionellen, derb-komischen Bilderbögen (*lubok*). 1912 spaltete sich die Gruppe »Eselsschwanz« (*Oslinnyj chvost*) ab, die zunehmend abstrahierende Kunstströmungen Westeuropas wie den Kubismus aufnahm und eigenständig weiterentwickelte. Das bedeutendste Mitglied dieser Gruppe war Kazimir Malevič (1878–1935). Er schuf 1915 mit dem Gemälde »Das schwarze Quadrat auf weißem Grund« das bis dahin radikalste abstrakte Bild – eine Ikone der Moderne im wörtlichen Sinne: Als es in Petrograd erstmals ausgestellt wurde, montierte man es bewusst übereck unter der Zimmerdecke, dort, wo im russischen Zimmer der Platz der Ikone war. Der Skandal war perfekt. Kritiker schmähten das Bild als das »personifizierte Nichts«.

Malevič zählte sich schon vor dem Ersten Weltkrieg zur künstlerischen Linken, nach 1917 erhielt er einen Posten im neuen Volkskommissariat für Aufklärung und arbeitete u.a. an der Festgestaltung für den ersten Jahrestag der Oktoberrevolution. Im Gegensatz zu Malevič lehnten seine Kollegen Vasilij Kandinskij (1866–1944) und Marc Chagall (1887–1985), die 1914 aus München nach Russland zurückkehrten und zeitweise ebenfalls hohe Positionen im sowjetischen Kulturleben einnahmen, die politische Instrumentalisierung der Kunst ab. Beide emigrierten noch zu Beginn der 1920er Jahre nach Westeuropa.

»Kopf eines Bauern«, Gemälde von Kazimir Malevič, 1928/29

Wegen des Krieges mit Deutschland wurde **»St. Peterburg«** (so die korrekte russische Schreibweise) 1915 in **Petrograd** umbenannt. Nach dem Tod Lenins erhielt die Stadt den Namen **Leningrad**. Erst nach dem Zusammenbruch der Sowjetunion bekam sie wieder ihren historischen Namen. Die umliegende Verwaltungsregion heißt allerdings weiterhin Leningrader Gebiet.

Regime zusetzten. Zwar erlitt die russische Armee nach großen Anfangserfolgen (im Herbst 1914 hatte sie weite Teile Ostpreußens und Galiziens besetzt) zur Jahreswende 1914/15 vernichtende Niederlagen, doch spätestens 1916 hatte sich die militärische Lage wieder stabilisiert. Ganz anders stand es hingegen um die Wirtschaft, wo sich wie schon im Krieg gegen Japan die enormen Strukturprobleme zeigten. Die Regierung versagte vollständig darin, die Kriegswirtschaft erfolgreich zu lenken, selbst die Rüstungsproduktion blieb anfangs hinter den Anforderungen zurück. Als hier die gröbsten Mängel beseitigt waren, entstanden in der zivilen Industrie Versorgungsengpässe. 1917 brach die Wirtschaft schließlich völlig zusammen, ebenso die Lebensmittelversorgung der Städte: Ende 1916 wollte die Regierung die Bauern verpflichten, ihre Ernte zu Festpreisen abzuliefern, um die Inflation einzudämmen, woraufhin diese ihr Getreide auf dem Schwarzmarkt verkauften. In den Städten kam es schon seit dem Herbst 1916 zu Streiks, die in Petrograd (dem 1915 umbenannten Petersburg) zu heftigen Straßenkämpfen führten. Die Staatsmacht konnte schon gegen diese ersten Ausbrüche der Gewalt nur noch wenig unternehmen, weil sich die meisten Truppen an der Front befanden.

Die Spaltung der Gesellschaft vertiefte sich derweil weiter. In der Staatsduma hatte sich Ende 1915 der »Progressive Block« gebildet, der demokratische Reformen forderte – doch mehrere Versuche, auch die Sozialisten einzubinden, scheiterten. Vor allem breitete sich während des Krieges die ethnisch motivierte Gewalt stark aus. Die zaristischen Offiziere betrieben in den frontnahen Gebieten an der Westfront seit 1915 eine Politik der »ethnischen Säuberung«, um Minderheiten zu vertreiben, die angeblich mit dem Feind kollaborierten. Allein aus dem Baltikum wurden 200 000 Juden als angebliche Kollaborateure ins Innere Russlands vertrieben, wo die Städte bald unter einer Flut von Flüchtlingen erstickten. Im Kaukasus flammten die Konflikte zwischen

Der Unternehmer **Aleksej I. Putilov** (1866–1924), der die gleichnamigen Werke in Petersburg leitete, blickte im Juni 1915 pessimistisch in die Zukunft: »Bei uns kann die Revolution nur destruktiv sein, weil die gebildete Klasse im Land lediglich eine winzige Minderheit darstellt, ohne Organisation und politische Erfahrung, ohne Kontakt zu den Massen. Das ist nach meiner Meinung das größte Verbrechen des Zarismus: Er wollte außerhalb seiner Bürokratie keinen Raum für das politische Leben zulassen. Und er hat solchen Erfolg gehabt, dass sich an dem Tag, an dem die Bürokraten verschwinden werden, der gesamte russische Staat auflösen wird.«

Armeniern und Muslimen wieder auf, bei Pogromen starben wieder Tausende.

Die Februarrevolution von 1917 und die Provisorische Regierung

Schon 1916 zeigte sich überdeutlich, dass das Gefüge des Zarenreiches immer mehr ins Schwanken geriet. Die Regierung jedoch schätzte die Vorbeben, die der politischen Eruption von 1917 vorausgingen, falsch ein. Als sich die Protestkundgebungen zum Jahrestag des »Petersburger Blutsonntages« im Februar 1917 zu Dauerdemonstrationen auswuchsen, fiel ihr nichts anderes ein, als die wenigen Arbeitervertreter zu verhaften, die man in das Kriegswirtschaftskomitee zugelassen hatte, und die Duma aufzulösen. Daraufhin wurde in Petrograd am 25. Februar (10. März nach westlichem, gregorianischen Kalender) der Generalstreik ausgerufen, tags darauf liefen Rekruten der Garnison zu den Streikenden über. Damit war die Revolution vollzogen. Ein letzter Versuch des Zaren, die Öffentlichkeit durch die Bildung einer dem Parlament verantwortlichen Regierung zu beruhigen, schlug fehl. Am 3. (16.) März dankte Nikolaj II. ab, am nächsten Tag erklärte auch sein Bruder den Thronverzicht.

Die Macht lag seit dem 26. Februar (9. März) gewissermaßen auf der Straße, die liberalen Oppositionsparteien aber zögerten, sie zu ergreifen. Erst nach der Abdankung des Zaren bildeten sie eine Provisorische Re-

Die Petrograder Garnison verbündet sich mit den Arbeitern und verbrennt die Zarenembleme vor dem Anitschkow-Palais in Petrograd, Foto vom 12.3./27.2.1917

gierung. Inzwischen hatte sich in Petrograd – wie schon 1905 – ein Sowjet der Arbeiter- und Soldatendeputierten gegründet, bei dem die eigentliche Macht in der Hauptstadt lag. Damit war die »Doppelherrschaft« geboren, die in den folgenden Monaten das politische Leben Russlands prägen sollte. Die zwei Organe repräsentierten zugleich die zwei gesellschaftlichen Sphären des Zarenreiches: Während sich die Regierung zunächst fast ausschließlich aus Angehörigen der liberalen *intelligencija* und gemäßigten Gutsbesitzern rekrutierte, sprach der Petrograder Sowjet für diejenigen, denen die soziale Apartheid des Zarismus die Stimme verwehrt hatte. Vorerst mischte sich der Sowjet jedoch nicht in die Geschäfte der Regierung ein, sondern beschränkte sich darauf, deren Tätigkeit zu überwachen.

Das westliche Modell scheitert

Fatalerweise erwies sich die Provisorische Regierung schnell als unfähig, die dringendsten Probleme zu lösen, die die Existenz der Unterschichten berührten. Zwar verwirklichte sie die vollständige politische Freiheit und beseitigte alle ständischen, religiösen und nationalen Diskriminierungen (erstmals galten Juden nun als vollwertige Bürger), Russland war endlich eine demokratische Republik. Doch weder unterstützte sie die Streiks der Arbeiterschaft, noch konnte sie sich entscheiden, wie das Land an die Bauern verteilt werden sollte. Sie schob die Probleme vor sich her und wollte eine noch zu wählende Nationalversammlung entscheiden lassen. Zudem führte die Regierung den Krieg gegen Deutschland an der Seite der Westalliierten fort – man wollte als neuer demokratischer Staat nicht die demokratischen Verbündeten im Stich lassen und startete sogar eine neue Offensive. Sie scheiterte schnell, Desertion und Meuterei in der Armee nahmen zu. Selbst nachdem eine neue Regierung unter Aleksandr F. Kerenskij (1881–1970) gebildet worden war, der nun auch Menschewiki und Sozialrevolutionäre angehörten, war kein Politikwechsel zu erkennen. Binnen kurzer Zeit hatten sich somit auch die gemäßigten linken Parteien in den Augen der Massen diskreditiert und als Angehörige der »gebildeten Gesellschaft« offenbart, die von den Nöten des »Volkes« nichts wusste.

Der Sieg einer extremistischen Sekte – die Oktoberrevolution

Im Herbst 1917 war schließlich die Stunde der Bolschewiki gekommen. Als einzige linke Partei war sie von der Dauerkrise und dem Vertrauensverlust unbelastet geblieben. Das war Lenin zu verdanken: Nach seiner

Rückkehr aus dem Schweizer Exil (die Reise war von der deutschen Regierung im April 1917 organisiert worden, um die Lage in Russland zu destabilisieren) hatte er seine »Aprilthesen« formuliert, mit denen er in Fundamentalopposition zur Provisorischen Regierung ging und kurzerhand die Forderungen »Frieden – Land – Brot« zum Parteiprogramm erklärte.

Insbesondere die Verteilung des Landes an die Bauern entsprach zwar nicht der marxistischen Theorie, dafür aber den Wünschen der Massen. Ohnehin sprang Lenin in der Landfrage, wie auch später in der Frage der »nationalen Selbstbestimmung«, auf einen fahrenden Zug auf: Die Auflösungserscheinungen der russischen Armee im Sommer 1917 resultierten aus der Furcht vieler Soldaten, bei der Landverteilung in ihren Heimatdörfern zu spät zu kommen. Zunehmend gewaltsam wurden Gutsbesitzer vertrieben, ohne dass die Regierung dagegen einschreiten konnte.

Der große Krieg hatte die bislang gewohnte Zivilisation zusammenbrechen lassen, nun stand das ganze bürgerliche Projekt in Frage. Der Umsturz vollzog sich vielfach als ein blutiger Karneval, bei dem die bisherigen Verhältnisse demonstrativ auf den Kopf gestellt wurden. In den Fabriken wurden unbeliebte Ingenieure und Vorarbeiter in Säcke gesteckt und in Karren auf Müllkippen gefahren, derweil drangen die Unterschichten aus den Gettos der Vorstädte in die Zentren vor, um der »Gesellschaft« ihre Lebensregeln aufzuzwingen. Die Mechanismen der Ausgrenzung der bürgerlichen Gesellschaft wurden nun gegen deren Träger gewandt. Die Arbeiter hielten nichts von einer pluralistischen Demokratie, die auf Prinzipien des Rechtsstaates beruhte – sie verstanden unter »Demokratie« allein die Herrschaft der »Werktätigen«. In den Sowjets manifestierte sich dieses Verständnis in den Forderungen nach der »Ausrufung der Diktatur der revolutionären Demokratie«.

Mit ihren radikalen Forderungen und ihrer von Gewalt geschwängerten Sprache erfüllten die Bolschewiki genau die Erwartungen der Massen. Schrittweise gewann diese extremistische Sekte in zahlreichen Sowjets die Mehrheit, vor allem im Petrograder Sowjet. In der Nacht zum 25. Oktober (7. November) besetzten sowjettreue Einheiten und bolschewistische Rote Garden schließlich weitgehend kampflos das Winterpalais, den Sitz der Provisorischen Regierung. Schon am nächsten Tag erließen die Bolschewiki Dekrete über den Frieden, über »Grund und Boden« (in dem die entschädigungslose Aufteilung des Landes legalisiert wurde) und über das Selbstbestimmungsrecht der Völker Russlands, das ihnen auch das Recht der Sezession zugestand. Binnen weniger Wochen wurde die Machtfrage zugunsten der Putschisten gelöst: Als sich abzeichnete, dass in der

Verfassungsgebenden Versammlung, die am 25. November (8. Dezember) 1917 gewählt worden war, die Gegner des Umsturzes die Mehrheit hatten, wurde sie von den Bolschewiki Anfang Januar kurzerhand aufgelöst. Wenige Tage später erklärte der Dritte Sowjetkongress die Sowjetordnung als Staatsform, der neue Staat erhielt die Bezeichnung »Russische Sozialistische Föderative Sowjetrepublik« (RSFSR).

Das Imperium zerbricht

Lenin hatte gehofft, die Revolution in Russland würde in Europa einen Dominoeffekt auslösen und auch andere Regime stürzen lassen. Dazu kam es aber nicht. Stattdessen konnten die Oberbefehlshaber des deutschen Ostheeres, Feldmarschall Hindenburg und General Ludendorff, die russische Schwäche für eine neue Offensive ausnutzen. Als die deutschen Truppen auf Petrograd vorrückten, sah sich die neue bolschewistische Führung gezwungen, am 3. März 1918 einen Separatfrieden mit dem wilhelminischen Kaiserreich zu schließen. Große Teile des Staatsgebietes im Westen und im Süden gingen verloren. Hier griffen Kriegsereignisse und nationale Strömungen ineinander. Schon eine Woche nach der Februarrevolution war in Kiev eine Art ukrainisches Vorparlament gegründet worden, das am 10. Juni die Autonomie der Ukraine erklärt hatte. Der Zerfall des Vielvölkerreiches wurde aber erst durch die Auflösung der Nationalversammlung durch die Bolschewiki ausgelöst. Im Februar 1918 erklärten Finnland, Estland, Litauen, die Ukraine und Bessarabien ihre Unabhängigkeit, im März folgte Weißrussland, und im April Transkaukasien. Russland hatte binnen eines halben Jahres ein Drittel seiner Bevölkerung verloren und war auf den russischen Kern des Imperiums zurückgeworfen worden.

Leben und Sterben in einem gescheiterten Staat (1918–1922)

Die Bolschewiki ließen keine Gelegenheit aus, ihr Regime binnen kurzer Zeit an den Rand des Abgrunds zu führen. Sie lösten die staatliche Ordnung auf und bliesen zur Hatz auf Repräsentanten des alten Systems, schufen sich zugleich aber selbst unter ihren Sympathisanten neue Feinde. Dies galt auch für ihre soziale Basis, die Arbeiterschaft. Die bolschewistische Wirtschaftspolitik wurde zunehmend repressiv; schon Anfang 1918 wurde die 1917 durch Arbeiterkomitees eingeführte Kontrolle der Fabriken faktisch abgeschafft. Zu kontrollieren gab es unter den Bedingungen des »Kriegskommunismus« sowieso nichts: Bereits 1918 brach die Industrie weitgehend zusammen. Auch die Versorgungslage in den Städten verschlechterte sich so weit, dass schließlich eine regelrechte Stadtflucht einsetzte. Im Laufe des Jahres 1918 halbierte sich allein die Einwohnerzahl Petrograds auf 850 000.

»Weißer« und »Roter« Terror – der Bürgerkrieg

Die unerträglichen Lebensbedingungen gaben der Gegenrevolution Auftrieb. Schon im Winter 1917/18 hatte sich im Süden des Landes aus Teilen des alten Heeres und Freiwilligen eine »weiße« Armee gegründet, die seit Sommer 1918 von britischen, französischen, japanischen und amerikanischen Einheiten unterstützt wurde, die in Nordrussland, dem Kaukasus und im Fernen Osten landeten. Obwohl die hastig aufgebaute Rote Armee den gegnerischen Truppen militärisch anfangs weit unterlegen war, konnten die Bolschewiki den Krieg bis November 1920 schließlich doch

Angehörige der »Bourgeoisie« werden bei der Zwangsarbeit durch Rotarmisten bewacht, Foto von 1918

für sich entscheiden. Allerdings hatten sie diesen Sieg nicht ihrer eigenen Stärke zu verdanken, sondern der Schwäche der »Weißen«. Diese blieben zu zerstritten, um sich auf eine einheitliche Politik zu einigen. Daher hatten sie den Bauern und Arbeitern nichts zu bieten, vielmehr erschienen die Bolschewiki oftmals als das kleinere Übel, weil in den Gebieten der Gegenrevolution die alten Eigentumsverhältnisse wiederhergestellt wurden. Zudem verübten die »weißen« Truppen zahlreiche Massaker. Besonders zu leiden hatten wieder die Juden: Für die Zeit des Bürgerkrieges sind später insgesamt 887 größere und 349 kleinere Pogrome gezählt worden,

In der Nacht zum 17. Juli 1918 wurde **Zar Nikolaj II.** zusammen mit seiner Frau, seinen Kindern und einigen Verwandten in Ekaterinburg von ihren bolschewistischen Bewachern ermordet, als die Stadt von Truppen des Generals Kolčak eingekesselt worden war. Die Zarenfamilie war bereits nach der Februarrevolution unter Hausarrest gestellt und im August 1917 von Kerenskij in den Ural verbannt worden.
Erst 1991 wurden die sterblichen Überreste der Familie, die in einem Wald verscharrt worden waren, geborgen und in der Petersburger Peter-Pauls-Kathedrale beigesetzt.

denen etwa 60 000 Menschen zum Opfer fielen und bei denen 200 000 verletzt wurden.

Der Terror der Bolschewiki übertraf den der »Weißen« aber schon bald. Im September 1918 richteten sie erste Straflager für Klassenfeinde ein (man nannte sie »Konzentrationslager«), in einigen Städten begann man, alle ehemaligen Polizisten und Beamten zu ermorden. Auf der Krim, wo sich im Frühsommer 1920 beim Rückzug der »weißen« Armeen 200 000 Flüchtlinge versammelt hatten, erschossen Rote Armee und Geheimdienst 50 000 der Zurückgebliebenen. Dieser Furor hinderte die Bolschewiki freilich nicht daran, wenigstens zeitweise auf die Spezialisten des verhassten alten Regimes zurückzugreifen: So wurden zaristische Offiziere für die Rote Armee zwangsrekrutiert und formten aus ihr eine professionelle Streitmacht, im Volkskommissariat für Finanzen behielten sogar 97 Prozent der Beamten zunächst ihre Posten.

Bolschewiki gegen Arbeiter

Mitten im Bürgerkrieg verschärften sich auch in Petrograd die Proteste gegen die Bolschewiki. Im März 1919 kam es in den Putilov-Werken zum Streik. Lenin versuchte zunächst, mit den Arbeitern zu sprechen, doch als er keinen Erfolg hatte, ließ er Panzerwagen einsetzen und 200 Streikende ohne Gerichtsverfahren erschießen. Nun zeigte sich, dass auch die bolschewistischen Führer in den Bauern und Arbeitern nur unzivilisierte Wilde sahen, denen Disziplin und Kultur fehlte, um das notwendige Klassenbewusstsein zu entwickeln. Lev Trockij (1879–1940) träumte 1919 sogar von militärisch organisierten Arbeiterkompanien, die fest an einen Betrieb gebunden sein sollten. Der Terror gegen die protestierenden Arbeiter wiederholte sich 1920 und auch im März 1921, als sich schließlich sogar die Matrosen auf der Festungsinsel Kronstadt vor Petrograd mit den Streikenden solidarisierten. Nachdem die Bolschewiki den Aufstand niedergeschlagen hatten, erschossen sie 2000 Matrosen.

Der Krieg gegen die Bauern

Auch das Verhältnis der Bolschewiki zu den Bauern hatte sich inzwischen deutlich verschlechtert. Weil den Bauern die Solidarität und die

Versorgung innerhalb der Landgemeinde wichtiger waren als die Erwirtschaftung von Gewinnen, stockten bald die Nahrungslieferungen in die Städte. Daraufhin ordneten die Bolschewiki im Mai 1918 an, Getreide aus »Überschussgebieten« zwangsweise abzuliefern. Im Gegenzug sollten die Bauern Industriegüter erhalten. Diese zentralistische Verteilungsdiktatur scheiterte allerdings schon daran, dass die Industrie mittlerweile zusammengebrochen war und den Bauern kaum etwas zum Tauschen angeboten werden konnte. Als sich die Dorfbevölkerung daher weigerte, ihr Getreide herauszugeben, schickte die Regierung Beschaffungsbrigaden aufs Land. Lenin sah im Widerstand der Bauern böswillige Sabotage, mit der die proletarische Macht ausgehungert werden sollte – und ersann drakonische Gegenmaßnahmen. So empfahl er dem Parteikomitee von Penza im August 1918, es müssten »nicht weniger als hundert offenkundige Kulaken, Reiche, Blutsauger aufgehängt werden«, um die Bauern das Fürchten zu lehren. In deren Augen erwiesen sich die Bolschewiki nun als ebenso feindliche und räuberische Instanz, wie es die Staatsmacht schon unter dem Zaren und der Provisorischen Regierung gewesen war – und erneut wehrten sich die Bauern schließlich mit Gewalt. Zwischen 1918 und 1920 ermordeten aufgebrachte Bauern tausende Kommunisten der Beschaffungsbrigaden. Die Bolschewiki setzten schließlich Einheiten der Roten Armee in Marsch – parallel zum Bürgerkrieg zwischen »Weißen« und »Roten« entflammten nun mehrere Bauernkriege.

Zeitweise war der Widerstand der Bauern erfolgreich. Anfang 1921 brachen im zentralen Schwarzerdegebiet Russlands, in der Westukraine, Westsibirien, in Mittelasien und im Wolgagebiet die staatlichen Strukturen vollständig zusammen. Da sich die Bauern aber nur für ihren engen Lebensraum interessierten, blieb ihr Handeln regional begrenzt. Waren die Vertreter des Staates (gleich welcher politischen Ausrichtung) verschwunden, schien das Ziel erreicht. Darin lag eine wesentliche Ursache für das Scheitern des bäuerlichen Widerstands. Im Sommer 1921 kehrte die Rote Armee in die herrschaftsfreien Räume zurück und wies allein in der Region Tambov 50 000 Bauern in Straflager ein. Die letzten Widerstandsnester wurden mit Kampfflugzeugen und Giftgas bekämpft.

Zusammenbruch der Zivilisation

Die Bilanz der Bürgerkriegsjahre war erschütternd. Russland hatte in diesen Jahren einen zivilisatorischen Zusammenbruch erlitten, der das Land auf Jahrzehnte prägen sollte. Die Kriminalität war drastisch angestiegen, allein die Zahl der Raubüberfälle auf Eisenbahnzüge lag 1920 150mal hö-

FELIKS DZERŽINSKIJ UND DER SOWJETISCHE GEHEIMDIENST »TSCHEKA«

Zum wichtigsten innenpolitischen Kampfmittel der Bolschewiki und Symbol des Terrors wurde binnen kurzer Zeit die am 25. November (8. Dezember) 1917 gegründete »Allrussische Außerordentliche Kommission zum Kampf gegen Konterrevolution und Sabotage«, besser bekannt unter ihrer russischen Abkürzung »Tscheka« (*ČK*). Im Verlaufe des Bürgerkrieges wurden die Befugnisse dieses neuen Geheimdienstes beständig erweitert, seine Mitarbeiter durften schließlich Todesurteile ohne ordentliche Gerichtsverhandlung vollstrecken. Die persönliche Schuld eines Beschuldigten spielte in diesem Zusammenhang kaum eine Rolle. In der Zeitschrift mit dem bemerkenswerten Titel *Krasnyj terror* (Roter Terror) hieß es im November 1918 ganz offen: »Während der Untersuchung suchen wir nicht nach Beweisen, dass der Beschuldigte in Wort und Taten gegen die Sowjetmacht gehandelt hat. Die ersten Fragen, die gestellt werden müssen, lauten: Zu welcher Klasse gehört er? Was ist seine Herkunft? Was ist seine Bildung und sein Beruf? Und es sind diese Fragen, die das Schicksal des Beschuldigten bestimmen sollten. Darin liegen die Bedeutung und das Wesen des Roten Terrors.«

Erster Vorsitzender der Tscheka wurde Feliks E. Dzeržinskij (1877–1926, poln. Dzierżyński). Er war schon als Schüler zur Sozialdemokratie gestoßen, vor der Revolution befand er sich insgesamt elf Jahre in Haft, Verbannung und Exil. Dem »eisernen Feliks« wurden kultiviertes Benehmen und gelegentliche Gewissensbisse nachgesagt, das hinderte ihn jedoch nicht daran, die Machtbefugnisse der Tscheka auch nach Ende des Bürgerkrieges auszudehnen. Die engeren Mitarbeiter Dzeržinskijs waren wie die gesamte erste Führungsriege der Bolschewiki sozial und ethnisch sehr heterogen. Dzeržinskij selbst stammte aus dem polnischen Adel Litauens, und scharte neben Russen unter anderem Armenier, Georgier, Letten und Juden um sich. Der vergleichsweise hohe jüdische Anteil unter den Tscheka-Kadern veranlasste Antisemiten, das Bild von einer »jüdischen« Geheimpolizei zu prägen – dabei stellten dort ausgerechnet die Letten die größte Bevölkerungsgruppe. Zudem fielen die meisten jüdischen Tschekisten, ebenso wie viele andere Geheimdienstler, die aus nationalen Minderheiten stammten oder Abkömmlinge der sozial gehobenen Schichten waren, später dem stalinistischen Terror zum Opfer.

Feliks Dzeržinskij und ein unbekannter »Tschekist«

Hungersnot im Wolgagebiet, Foto von 1921/22

her als 1914. In dem Krieg Aller gegen Alle waren zwischen 1917 und 1921 Hunderttausende erschossen, erschlagen, verbrannt, gekreuzigt und vergast worden. Am schlimmsten waren aber die indirekten Folgen des Bürgerkrieges. Als das geschwächte Land 1921 von einer Dürre heimgesucht wurde, führten die Ernteausfälle zu einer Hungersnot, in deren Verlauf bis zum Frühjahr 1922 mindestens vier Millionen Menschen starben.

Waisenkinder und »Hooligans« – die Verlierer einer zerrütteten Gesellschaft

Das Bild der russischen Städte war weit bis in die 1920er Jahre hinein von den *besprizornye* geprägt, den »Unbeaufsichtigten« – Bürgerkrieg und Hungersnot hatten ein unvorstellbar großes Heer von sieben Millionen Waisenkindern und Jugendlichen, die aus ihren Dörfern geflohen waren, zurückgelassen. Viele dieser Kinder lebten in Wäldern und ernährten sich teilweise sogar von Gras; die meisten aber machten sich in die Städte auf und hausten dort in Erdhütten, Ruinen, am Rande der Müllkippen oder in Kellern. Ende 1923 stellten diese Bürgerkriegswaisen allein in Moskau 70 Prozent der Straßenkinder. Die meisten dieser Kinder waren traumatisiert und lebten in einer eigenen, gewalttätigen Subkultur. Sie organisierten sich in Banden, die zuweilen mehrere hundert Personen umfassten, und hielten sich vielfach durch Diebstähle über Wasser. Die Kriminalitätszahlen der Kinder und Jugendlichen lassen die Tiefe des Zivilisationsbruchs in Russland erkennen – von den 118 jugendlichen Mördern, die in Moskau im Jahr 1924 registriert wurden, waren 42 jünger als zwölf Jahre. Fast alle Straßenkinder rauchten, viele betranken sich, einige nahmen sogar Kokain. Geheimdienstberichte belegen, dass Kinderprostitution in den Städten weit verbreitet war.

Jugendfürsorge und Repression

Die sowjetischen Behörden erkannten, dass die Straßenkinder in erster Linie Opfer der Verhältnisse und keine kriminellen Täter waren. Allerdings lag die Leitung des Kampfes gegen die Obdachlosigkeit Jugendlicher seit 1921 bezeichnenderweise bei der Geheimpolizei. Vorerst überwogen die Hilfsangebote für Kinder und Jugendliche, die Einrichtung von Kinderheimen und Suppenküchen. Insbesondere die Kinderheime, die von Anton S. Makarenko (1888–1939) geleitet wurden, waren jedoch von der bolschewistischen Utopie geprägt, den Neuen Menschen zu erschaffen. Die Individuen sollten durch strengen Drill und eine kollektivistische Erziehung zur Unterordnung unter die Gemeinschaft erzogen werden. Diese Herangehensweise an das Problem dominierte seit dem Ende der zwanziger Jahre die Politik gegenüber den Straßenkindern. Denn obwohl sich deren Lage im Laufe des Jahrzehnts besserte und viele von ihnen in ein geregeltes Leben zurückfanden, konnten die sowjetischen Behörden dieses Problem nie vollständig lösen – zumal die Bolschewiki mit der Kollektivierung der Landwirtschaft und der Hungerkatastrophe von 1932/33 schon wieder neue Waisen hervorbrachten. In der Phase des Hochstalinismus änderte sich zudem die Einstellung zur »Jugendfrage« allgemein. Abweichendes Verhalten wurde von der Partei zunehmend als kriminelles Delikt gewertet. In diesen Zusammenhang gehört auch die Stigmatisierung der »Hooligans«. So wurden Jugendliche bezeichnet, die durch provokative Kleidung, Randale gegen Klubs und Arbeiterheime, sowie Provokationen bei Demonstrationen auffielen – oder sich einfach auf irgendeine andere Weise unangepasst verhielten. Die Versuche, diese Jugendlichen, deren Protest auf die Desorientierung der Gesellschaft verwies, zu integrieren, wurden immer hilfloser. »Hooligans« galten der Partei bald als bewusste Saboteure der sozialistischen Ordnung, die als solche in Straflager eingewiesen werden mussten. Das Gleiche galt für Kinder. 1935 setzte die Partei die Strafmündigkeit auf zwölf Jahre herab und ließ somit zu, dass in den folgenden Jahren mehrere zehntausend Kinder in Straflager kamen.

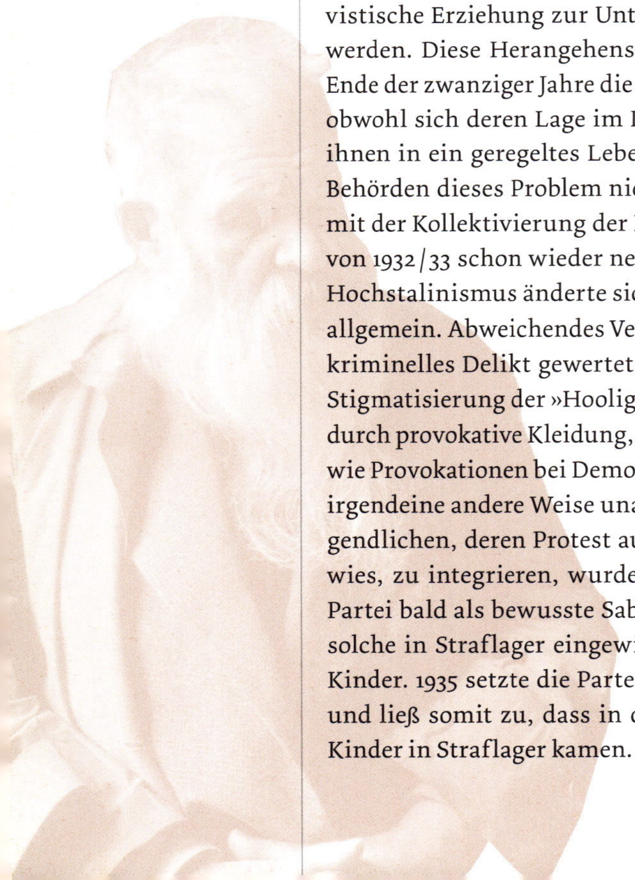

DAS »ANDERE RUSSLAND« – DIE EMIGRATION NACH WESTEUROPA

Unmittelbar nach dem bolschewistischen Umsturz im Oktober 1917 und während des Bürgerkrieges von 1918-1921 verließ über eine Million Menschen das Land.

Nach 1921 ging die Flüchtlingswelle deutlich zurück, doch aufgrund der periodischen Verfolgungswellen ebbte sie nie vollständig ab. Aus diesem Grunde gehörte auch nur ein Teil der Emigranten der sogenannten »Weißen Bewegung« an, das politische Spektrum erstreckte sich von Monarchisten und Nationalisten über die liberale *intelligencija* und Angehörigen der Kadetten-Partei bis hin zu Sozialrevolutionären und Menschewiki. Zudem mieden die Emigranten den Begriff »Weiße« überhaupt, weil er von den Bolschewiki als Schimpfwort geprägt wurde.

Greiser Exilrusse in Paris, undatiertes Foto aus einer Serie über Exilrussen in Frankreich

Die wesentlichen Zentren der Emigration bildeten sich in der Zwischenkriegszeit in Mitteleuropa – vor allem in Warschau, Prag und Berlin –, aber auch in Paris, in London und in den USA und China entstanden russische Gemeinden.

Allein in Berlin lebten in den zwanziger Jahren ca. 360 000 russische Emigranten. In der deutschen Hauptstadt entwickelte sich schnell eine besonders lebendige russische Szene, die auch Schriftsteller wie Vladimir Nabokov (1899–1977) anzog. Seine Lebensbedingungen in Berlin sind typisch für die vieler Emigranten. Jahrelang musste er sich als Privatlehrer, Übersetzer und Gelegenheitsschauspieler durchschlagen, bevor er 1925 seine ersten Bücher veröffentlichen konnte.

Die Versuche verschiedener Emigrantengruppen, das bolschewistische Regime von außen zu stürzen, blieben schon deshalb erfolglos, weil die Szene in sich zerstritten war.

Seit 1923 bildeten sich teilweise rechtsradikale Bewegungen wie die *mladorossy* (Jungrussen, eine Bezeichnung, die inspiriert war von den »Jungtürken«, die das Osmanische Reich am Ende des Ersten Weltkriegs in einen türkischen Nationalstaat verwandeln wollten), die aber nie über den Status von Splittergruppen herauskamen.

Zeit der Utopien und der Unterdrückung (1921–1939)

Das Ende des Bürgerkrieges markiert einerseits den Beginn einer Ära, in der der neue sozialistische Staat in eine Phase des Aufbaus eintrat: Als Ort der Moderne schlechthin gewann das Land insbesondere in West- und Mitteleuropa die Aura eines nach den USA zweiten Landes der unbegrenzten Möglichkeiten. Andererseits aber waren die Modernisierungserfolge nicht nur von Anfang an mit hohen sozialen und wirtschaftlichen Kosten verbunden – sie waren vor allem nicht ohne die fortgesetzte und perfektionierte Unterdrückung durch die bolschewistische Partei denkbar.

Zwei Schritte vor, einer zurück – die »Neue Ökonomische Politik«

Erst im Februar 1921 erkannte die bolschewistische Führung, dass sich die Versorgungslage der Bevölkerung durch die Zwangsabgabe von Getreide nicht verbesserte, sondern sogar verschlechterte, und ersetzte sie durch eine weit niedriger angesetzte Naturalsteuer. Im März 1921 erhielten die Bauern das Recht, die verbliebenen Überschüsse auf den lokalen Märkten frei zu verkaufen. Obwohl dies eigentlich nur als eine begrenzte wirtschaftliche Notmaßnahme gedacht war, war damit ein Damm gebrochen. Der Privatmarkt, so konstatierte Lenin im Oktober 1921, »hat sich als stärker erwiesen als wir.« Schnell griffen die neuen Prinzipien auch auf andere Wirtschaftszweige über – die »Neue Ökonomische Politik« (NÖP) war geboren. Im Laufe des Jahres 1921 wurden Schritt für Schritt viele Maßnahmen des Kriegskommunismus zurückgenommen. Seit dem Frühjahr durften auch Handwerker und Kleinproduzenten ihre Produkte frei verkaufen, private Firmengründungen waren wieder möglich, und zum Jahresende konnten sogar Staatsbetriebe an Einzelpersonen verpachtet werden. Die sowjetische Regierung versuchte, ausländisches Kapital anzulocken, indem Konzessionen vergeben und die Rechtssicherheit erhöht wurde. Parallel dazu wurde die »kommerzielle Rechnungsführung« in den Betrieben eingeführt, unrentable Unternehmen konnten nun geschlossen werden. Auch die Löhne richteten sich nun wieder nach der Leistung.

Das erste elektrische Licht im Dorf, von den Bauern nach Lenins Vatersnamen »Iljitsch-Lämpchen« genannt, Foto ca. 1924.

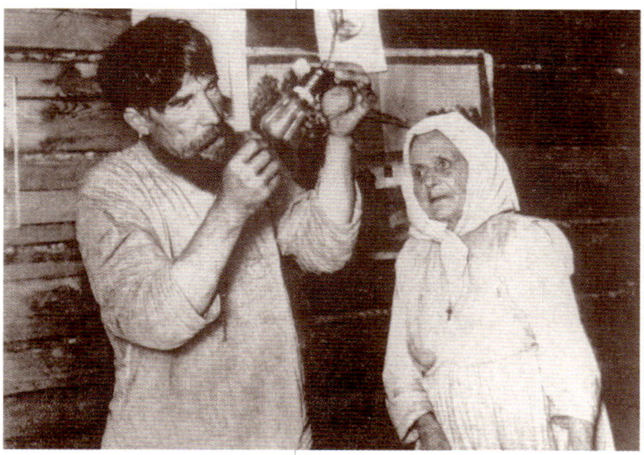

Die Hungersnot von 1921/22 konnte die neue Politik zwar nicht verhindern, doch seit dem Herbst 1922 erholte sich die Wirtschaft deutlich. 1926/27 hatte auch die Industrie wieder das Produktionsniveau des letzten Vorkriegsjahres erreicht. In den Städten zeichnete sich ein bescheidener Wohlstand ab. Allerdings verschleuderten viele Fabriken zunächst ihre Lagerbestände weit unter Wert, um an Geld zu kommen, während gleichzeitig die Anlagen auf Verschleiß gefahren wurden. Zugleich stieß die neue Wirtschaftspolitik auf beträchtliche Widerstände, denn das Rationalisierungsprogramm brachte den einfachen Arbeitern kaum Vorteile, wieder kam es zu Streikwellen. Der »NÖP-Mann« wurde zum Sinnbild des »Spekulanten« – in diesem Stereotyp bündelten sich die Ressentiments gegen Neureiche, privilegierte Spezialisten und die angeworbenen ausländischen Fachleute, die nun in komfortablen Häusern wohnten und im Café des Moskauer Hotels Metropol Foxtrott tanzten.

Jagd auf »Abweichler«

Eine Abkehr vom Sozialismus war die NÖP jedoch nicht, zumal in der Innenpolitik gleichzeitig die Zügel umso fester angezogen wurden: 1920 waren die letzten sozialistischen Oppositionsparteien aufgelöst worden, im Frühjahr 1921 erließ die bolschewistische Führung innerhalb der Kommunistischen Partei ein »Fraktionsverbot«. Die Restbestände innerparteilicher Demokratie (von den Führern bald verächtlich als »sozialdemokratische Traditionsreste« bezeichnet) wurden dem Fetisch der Parteieinheit geopfert. Andere Meinungen wurden fortan als »Abweichungen« von der Parteilinie verfolgt, Medien, Hochschulen und Regierungsbehörden gleichgeschaltet.

Auf diese Weise isolierten sich die Bolschewiki jedoch immer mehr. Auf dem Land blieb ihre Macht nach dem Ende des Bürgerkrieges zudem häufig nur Wunschdenken – wo die Einheiten von Armee und Tscheka abgezogen waren, blieben die Menschen wieder weitgehend sich selbst überlassen. Es war das Bewusstsein dieser Isolation, das in der Partei eine Belagerungsmentalität schuf und ihren Herrschaftsstil prägte. Die NÖP wurde somit auch zur Inkubationszeit des Stalinismus.

Hoffnung auf die Weltrevolution

Die Bolschewiki wähnten sich in einer Welt von Feinden, und Frieden war für sie nichts anderes als die Zeit zwischen zwei Kriegen. Dieses Verständnis schlug sich auch in der Weise nieder, wie sie ihre Außenpolitik betrieben. Unmittelbar nach der Oktoberrevolution hatten Lenin und seine

STALINS MACHT

Das Bild des Georgiers Josif Vissorionovič Džugašvili, besser bekannt unter seinem 1912 angenommenen Kampfnamen Stalin (»der Stählerne«), ist im Westen lange Zeit durch seinen schärfsten innerparteilichen Konkurrenten Lev Trockij geprägt worden. Dieser war 1925 von Stalin aus der Parteiführung gedrängt worden und beschimpfte den Diktator später von seinem Exil in Mexiko aus als einen mediokren Vollstrecker der antirevolutionären Interessen einer büro-

In der Kunst wurde Stalin als »Vater des Volkes« gefeiert. Auf diesem Relief ist er von Vertretern der sozialistischen Ordnung umgeben.

kratischen Kaste. Mit der Realität hatte diese Sichtweise wenig zu tun. Weder war Stalin so ungebildet wie der Gutsbesitzersohn Trockij meinte (als Zögling eines Priesterseminars in Tiflis hatte der junge Džugašvili eine beachtliche Bildung erworben und arbeitete seit 1912 als Redakteur der Parteizeitung *Pravda*), noch hatte er Ende der zwanziger Jahre die sozialistische Revolution zugunsten eines großrussischen Imperialismus »verraten«. Stalins Korrespondenz, die nach 1991 schrittweise zugänglich wurde, zeigt vielmehr einen dogmatischen Ideologen, der die Welt durch eine marxistische Brille betrachtete und weiterhin an die Weltrevolution glaubte – wenngleich er ihren Termin etwas später ansetzte als Trockij.

Freilich war Stalin, der 1922 als Generalsekretär Nachfolger des todkranken Lenin an der Spitze der Partei wurde, ganz anders sozialisiert worden als die meisten der intellektuellen Bolschewiki der ersten Generation. Stolz präsentierte sich Stalin in der Öffentlichkeit als harter Untergrundkämpfer, der sich in der Zarenzeit nicht gescheut hatte, die Finanzen der Partei mit Banküberfällen aufzubessern. Seinen Konkurrenten warf er dagegen vor, die Zeit vor der Oktoberrevolution hauptsächlich in den warmen Kaffeehäusern von Berlin, Wien und Zürich vertrödelt zu haben. Bei einem großen Teil der Parteibasis kam dieses betont harte und männliche Auftreten gut an.

Mindestens ebenso wichtig für den Machterwerb war jedoch das auf persönlicher Loyalität basierende Gefolgschaftswesen Stalins, mit dem er die offiziellen Parteigremien unterwanderte. Indem er sich auf treue Gefährten aus der Zeit der Verbannung und des Bürgerkrieges stützte, die zudem wie er aus der von ethnischer Gewalt geprägten Peripherie des Imperiums stammten, konnte er in der Parteiführung Allianzen schmieden und seine Gegner schrittweise entmachten. Den Höhepunkt seiner Macht erreichte Stalin, als wichtige Entscheidungen nicht mehr im Politbüro getroffen wurden, sondern bei informellen Zusammenkünften in seinem Arbeitszimmer. Stalins Stellung wurde bald so unangreifbar, dass er sich von 1929 an als *vožd* (Führer) bezeichnen ließ. Die Kehrseite dieses Paternalismus war eine konsequente Negativauslese der Gefolgsleute Stalins – sie fühlten sich oftmals von der Verantwortung überfordert, die ihnen übertragen worden war. »Wir waren wie Teenager,« erinnerte sich Molotov Jahrzehnte später. Nachdem sich der Terror auch gegen die eigene Partei gewandt hatte, wuchs allerdings auch die Furcht vor dem »Vater des Volkes«: Als Stalin am Morgen des 2. März 1953 nicht aus seinem Schlafzimmer auftauchte, traute sich daher stundenlang niemand nach ihm zu sehen – derweil lag der Diktator nach einem Schlaganfall hilflos auf dem Boden seiner Privatgemächer.

Anhänger noch erwartet, dass die Zeit der klassischen Diplomatie vorbei sei – sie gingen davon aus, dass der bolschewistische Umsturz das Signal für die Weltrevolution geben würde. Lev Trockij, der 1917 zum ersten Volkskommissar für Auswärtige Angelegenheiten (NKID) bestimmt wurde, erklärte nach seiner Amtsübernahme: »Ich werde einige revolutionäre Proklamationen an die Völker erlassen und dann die Bude schließen.«

Die Bolschewiki wurden schnell eines Besseren belehrt. Obwohl sie im März 1919 in Moskau die Kommunistische Internationale (Komintern) gründeten, um die ausländischen kommunistischen Parteien beim Entfachen sozialer Revolutionen zu unterstützen, finanzierten sie mit über die Grenzen geschmuggelten Diamanten lediglich einige zwar sehr blutige, aber dennoch stets erfolglose Aufstände. Am häufigsten setzte die Komintern in Deutschland an: Hier, im Mutterland des Marxismus, bestand mit der Kommunistischen Partei Deutschlands (KPD) nicht nur die nach der sowjetischen »Kommunistischen Allunionspartei« (Bolschewiki) (VKP(b)) zweitgrößte »Sektion« der Komintern – Deutschland war nach kommunistischer Sicht als hochindustrialisiertes Land auch »reif« für eine sozialistische Revolution. Als die KPD jedoch 1923 trotz intensiver Hilfestellung aus Moskau zum dritten Mal damit scheiterte, ein Sowjetdeutschland zu schaffen (schon 1919 und 1921 hatten deutsche Kommunisten erste Aufstandsversuche gewagt), stellte die bolschewistische Führung den Revolutionsexport weitgehend ein. Zwar unterstützte die Komintern weiterhin die revolutionären Parteien im Ausland, wichtiger wurden aber die traditionellen Mittel der Diplomatie – in Moskau hatte man endgültig erkannt, dass die Sowjetunion auf absehbare Zeit der einzige sozialistische Staat auf Erden bleiben würde. Schon 1922 hatte die sowjetische Führung durch den Rapallovertrag mit Deutschland erstmals nach 1917 wieder mit einem ausländischen Staat diplomatische Beziehungen aufgenommen.

Diese realpolitische Wende bedeutete allerdings nicht, dass die Bolschewiki ihre revolutionäre Seele aufgegeben hätten. Stalin und seine Gefolgsleute trieben die sowjetischen Diplomaten immer wieder zur Verzweiflung, weil sie die Komintern weiterhin unterstützten und dies auch lautstark verkündeten. Der langjährige Volkskommissar des Äußeren, Georgij Čičerin (1872–1936), stellte dem Politbüro 1930 in einem Memorandum einmal die rhetorische Frage, ob es sich denn lohne, die Beziehungen mit Deutschland dauerhaft zu belasten, nur um dem KPD-Vorsitzenden Ernst Thälmann »etwas mehr Agitationsmaterial zu liefern«. Er fürchtete

u. a. um die geheime militärische Zusammenarbeit mit Deutschland: Offiziere von Roter Armee und Reichswehr übten in der sowjetischen Steppe schon seit Jahren den Umgang mit Giftgas und Bombenflugzeugen.

Stalin warf den sowjetischen Diplomaten angesichts solcher Interventionen immer wieder vor, die revolutionäre Seite der Außenpolitik zu ignorieren. Es dürfte nicht überraschen, dass das NKID von allen Volkskommissariaten schließlich den höchsten Opferanteil des stalinistischen Terrors aufwies – die Diplomaten hatten eine »zu bourgeoise« Einstellung bewiesen. Čičerins Nachfolger Maksim Litvinov (1876–1951), so berichtete Molotov einige Jahrzehnte später, sei innerlich »verfault« gewesen und habe die Säuberungen eigentlich nur »durch Zufall« überlebt.

»Wolkenbügel« – Architektur und Utopie

Der Sozialismus war ein Projekt der Moderne und der Zwangsbeglückung. Wie bereits die zaristischen Eliten strebten die Bolschewiki danach, die Menschen nach ihrem Bilde umzuformen. Am deutlichsten lässt sich dieser Anspruch ausgerechnet in einem Bereich ablesen, der im Westen gewissermaßen mit dem »goldenen Zeitalter« der Sowjetunion verbunden wird – der modernen Architektur der Jahre zwischen Bürgerkrieg und stalinistischem Terror. Im engen Austausch mit westlichen Architekten

Die Frau am Steuer eines Autos war für Juri Pimenov das Sinnbild für die Modernität des neuen Moskaus, Gemälde von 1937

entwickelte sich in der Sowjetunion zwischen 1923 und 1933 ein eigenständiger Stil, der sogenannte Konstruktivismus. Die funktionale Gliederung der neuen Bauten sollte schon von außen ablesbar sein.

Zu den bekanntesten Projekten der sowjetischen Konstruktivisten zählen die 1928 von El' Lisickij (geb. als Lazar' Markovič, 1890–1941) geplanten »Wolkenbügel« – Hochhäuser, die als Bügelbauten die Straße überspannen sollten. Wichtiger als derartig poetisch-utopische Entwürfe waren den Bolschewiki aber jene Bauten, in denen die Arbeiter zu sozialistischen Menschen geformt wurden. Es ist daher kein Zufall, dass die meisten erhaltenen Bauten der 1920er Jahre Schulen oder Arbeiterklubs sind. Einige von ihnen, insbesondere die Bauten von Konstantin St. Mel'nikov (1890–1974), sind zu Ikonen der modernen Architektur geworden. Mojsej Ja. Gincburg (1892–1946) plante in den zwanziger Jahren Wohnhäuser, in denen sich besonders deutlich der Anspruch der Bolschewiki ablesen lässt, auch in die familiären Beziehungen ihrer Untertanen einzugreifen. So sollten die Bewohner des 1928 errichteten Wohnhauses für die Angestellten des Volkskommissariates für Finanzen u. a. durch Gemeinschaftsküchen zu einem kollektiven »sozialistischen« Lebensstil erzogen werden. Diese Idee stieß schon deswegen auf wenig Begeisterung, weil die meisten Menschen seit 1917 zwangsweise in sogenannten *kommunal'ki* lebten – Wohnungen, die nach der Revolution zimmerweise auf einzelne Familien aufgeteilt worden waren.

Die sozialistische Stadt als Barackenlager

Einen quantitativen Durchbruch hin zu einer neuen Architektur sollte der Beginn der forcierten Industrialisierung im Jahr 1929 bringen. Architekten sollten nun nicht mehr nur einzelne Häuser planen, sondern ganze Industriestädte aus dem Boden stampfen. Für eines dieser Projekte – die Stadt Magnitogorsk im Ural – wurde 1930 Ernst May angeworben, er war zuvor Stadtbaurat von Frankfurt am Main. May entwickelte hochfliegende Pläne für eine moderne »Bandstadt« mit luftigen Zeilenbauten; er hoffte, in der Sowjetunion jene Ideen verwirklichen zu können, die in Deutschland aufgrund der Weltwirtschaftkrise gescheitert waren. Die Realität sah anders aus, da schließlich fast sämtliche Ressourcen in das gleichzeitig dort entstehende Stahlwerk gesteckt wurden. Der Wohnungsbau stand stets hintenan. May konnte nur wenige Neubaublöcke fertig stellen, bevor er die Sowjetunion 1932 frustriert verließ. Magnitogorsk blieb eine gewaltige Barackensiedlung – und dies in einigen Stadtteilen bis in die Jahre nach dem Zweiten Weltkrieg. Viele Arbeiter hausten sogar in Lehmhütten und Erdhäusern, oder auch in Zelten, die sie den Nomaden abgekauft hatten. Die Verhältnisse in Magnitogorsk waren typisch für die Wohnungssituation in den sowjetischen Städten. Seit dem Ende der 1920er Jahre wurden sie von Heerscharen entwurzelter Menschen überschwemmt, die sich an ihren Rändern niederließen und auf Äckern ausgedehnte Slums errichteten. Erst nach dem Tod Stalins 1953 begann die sowjetische Führung umzudenken und vermehrt Geld in den sozialen Wohnungsbau zu investieren.

Sozialistisches »Nationbuilding«

Dass das russische Imperium ein Vielvölkerreich war, wurde den Bolschewiki erst während des Bürgerkrieges voll bewusst, als sie ihre Revolution aus den Städten des europäischen Russlands bis an die asiatische Peripherie des Imperiums trugen: Die Muslime des Kaukasus, die Nomaden Mittelasiens und die kleinen Völker Sibiriens waren ihnen völlig fremd. Mit ihren sozialistischen Identitätsangeboten kamen die Bolschewiki an der Peripherie des Imperiums nicht weit – es gab dort einfach kein Proletariat, das als Adressat in Frage gekommen wäre. Wenn man den kulturellen, religiösen und sprachlichen Bedürfnissen dieser Menschen keine Konzessionen mache, so war Lenin deshalb überzeugt, werde man sie nicht für den Sowjetstaat gewinnen können.

Aus dieser Erkenntnis entwickelte sich die spezifische sowjetische Nationalitätenpolitik, für die zwischen 1917 und 1923 Josif Stalin als Volkskommissar für Nationalitätenfragen verantwortlich war. Auf den ersten Blick schien die neue Nationalitätenpolitik die pragmatische Minderheitenpolitik der Zarenzeit fortzusetzen. Kernprinzip war die Aufgliederung der Sowjetunion in nationale Republiken, bzw. autonome Territorien, in denen einheimische Eliten über Einheimische herrschen, richten und sie unterrichten sollten. Auf den zweiten Blick offenbart sich jedoch ein wichtiger Unterschied: Die Bolschewiki waren geradezu davon besessen, die verschiedenen Nationalitäten in ihrer Entwicklung zu *fördern*, damit sie sich zu »vollwertigen« Nationen wandelten. Lenin und Sta-

Verschleierte Usbekinnen auf dem Basar in Samarakand, Foto von 1932

Nur die lateinische Schrift galt als modern: Erwachsene beim Mathematikunterricht, Foto von 1932 (Die Losungen in Usbekisch und Tadschikisch rufen zum Aufbau des Sozialismus auf)

lin waren davon überzeugt, dass die Nation ein notwendiges Durchgangsstadium auf dem Weg in die Moderne war. Im Verlaufe dieser als *korenizacija* (Einwurzelung) bezeichneten Politik schufen die Bolschewiki nicht nur die erwähnten nationalen Einheiten und bildeten neue, einheimische Eliten aus, sondern gingen sogar so weit, zuweilen völlig neue Schriftsprachen schaffen zu lassen, wenn solche zuvor nicht existiert hatten. Die Sowjetunion ist in der amerikanischen Forschung daher jüngst als ein *affirmative action empire*, ein Imperium der positiven Diskriminierung bezeichnet worden. Freilich bewegte sich diese Nationalitätenpolitik weiterhin im Rahmen der zivilisatorischen Mission der Bolschewiki. Denn nichts stand ihnen ferner als der »bürgerliche« Nationalismus. Die sowjetischen Nationalkulturen durften nämlich nur »ihrer Form nach« national sein, wie es Stalin im Jahre 1925 formulierte, diese »Form« aber sollte einen »proletarischen Inhalt« umkleiden.

Feindnationen

Letztlich aber brachte die *korenizacija* den Nationalismus, den sie überwinden sollte, an manchen Orten überhaupt erst hervor. Vor allem aber schufen die Bolschewiki, indem sie die Menschen nach Nationalitäten sortierten, neue Feindkategorien: Die Bolschewiki waren davon überzeugt, dass Menschen ihre nationale Zugehörigkeit ebenso wenig verändern konnten, wie ihre soziale Herkunft, und dass jede Volksgruppe unveränderliche Eigenschaften besitze. Daraus erwuchs ein tief wurzelndes Misstrauen gegenüber nationalen Minderheiten, das sich verstärkte, als sich die eben erst ausgebildeten nationalen Eliten nicht mehr allein mit kultureller Autonomie abspeisen lassen wollten, sondern auch stärkere politische Teilhabe forderten. Moskau geriet schließlich in Panik. Der Kampf gegen »nationale Abweichungen« führte schon 1933 zur Ablösung der gesamten ukrainischen Parteiführung (die meisten ihrer Mitglieder wurden in den folgenden Jahren ermordet), steigerte sich zu einer Kampagne gegen »rückständige Nationen« (in Zentralasien wurden Moscheen demonstrativ in Weinlager umgewandelt) und gipfelte 1937 im flächendeckenden Terror gegen sogenannte Feindnationen: In der »deutschen Operation« vom Juli 1937 und der »polnischen Operation« vom August des gleichen Jahres wurden zehntausende Menschen erschossen oder in Straflager deportiert. Während des Zweiten Weltkriegs wuchs diese Politik zu einer breit angelegten »ethnischen Säuberung« an: Nach dem deutschen Überfall auf die Sowjetunion am 22. Juni 1941 wurden zunächst die Russlanddeutschen aus der Wolgarepublik nach Kasachstan deportiert, während der Rückeroberung der besetzten Gebiete durch die Rote Armee traf es dann Nationalitäten, denen Kollaboration mit dem Feind vorgeworfen wurde – auffälligerweise waren es ausschließlich Muslime: Krimtataren, Tschetschenen und Inguschen. Sie mussten binnen weniger Stunden ihre Häuser verlassen und wurden mit Viehwaggons nach Kasachstan und Sibirien deportiert. Zehntausende starben schon auf dem Transport. Vom Kainsmal des Verrats konnten sie sich selbst nach dem Krieg nicht befreien: Obwohl sie nach Ende der Stalin-Ära die Lager verlassen durften, sollte ihnen die Rückkehr in die alte Heimat »auf ewig« verwehrt bleiben.

Terror

Die Kampagne gegen die »Kulaken«

Die Bolschewiki hatten sich 1921 nur zähneknirschend damit abgefunden, dass das sozialistische Projekt auf dem Dorf vorerst gescheitert war und sie den Bauern Freiräume gewähren mussten, sollte nicht der ganze Staat verhungern. Die Spannung zwischen Partei und Bauern blieb aber auch während der Jahre der NÖP latent bestehen, zumal die Bauern den staatlichen Ankaufsstellen kaum Überschüsse ablieferten. Die Bauern richteten ihre Produktion vorwiegend am Eigenbedarf aus, weil ihnen die staatlichen Abnahmepreise zu gering erschienen und sie zudem jeden Anschein von Wohlstand vermeiden mussten. Andernfalls wären sie als »Kulaken«

abgestempelt und mit Strafsteuern belegt worden. Die Parteiführung um Stalin sah darin gezielte Sabotage, um die für die Industrialisierung notwendige Devisenerwirtschaftung durch Getreideexporte zu torpedieren. Anfang 1928 beschloss man in Moskau daher, mit Gewalt gegen den vermeintlichen »Lieferboykott« vorzugehen: Stalin reiste persönlich im Februar nach Sibirien, um dort »außerordentliche Maßnahmen« bei der Getreidebeschaffung zu überwachen. Faktisch handelte es sich dabei wieder um die schon aus der Zeit des Bürgerkrieges bekannten bewaffneten Raubzüge staatlicher Organe, die sich vorgeblich gegen die wohlhabenden »Kulaken« richteten, tatsächlich aber das gesamte Dorf trafen. Gegen die Beschwörungen der Wirtschaftsfachleute beschlossen Stalin und seine Gefolgsleute, diese radikalen Maßnahmen fortzusetzen. Folgerichtig wurde 1929 auch der private Markt völlig aufgehoben.

Propagandatraum vom besseren Leben: Feiertag in der Kolchose, Gemälde von Sergej Gerassiomov aus dem Jahr 1937

Kollektivierung und Hungersnot

Der Krieg gegen die Bauern trat dann im November 1929 in seine entscheidende Phase, als das Politbüro die »durchgängige Kollektivierung« der Landwirtschaft proklamierte und kurz darauf die »Vernichtung des Kulakentums als Klasse« beschloss. Die »rückständigen« Bauern sollten nun notfalls mit Zwang in die Kolchosen (Kollektivhöfe) eingegliedert werden, in denen sie zugleich besser kontrolliert und indoktriniert werden konnten. Stalin und seine Gefolgsleute trieben die regionalen Parteiführer offen dazu an, den Widerstand gegen die Kollektivierung mit Gewalt zu brechen. Vjačeslav Molotov (1890–1986) erklärte im Februar 1930 auf einer Parteiversammlung, man solle widerspenstige Bauern wie Katzen in den Flüssen ersäufen. Die Partei schickte Tausende von Arbeitern und Kommunisten aufs Land, um die Geheimdiensttruppen in diesem Krieg gegen das eigene Volk zu unterstützen. Die Bauern leisteten Widerstand – allein für das Jahr 1930 registrierte die Geheimpolizei 14 000 terroristische Akte und 400 bewaffnete Aufstände. Schließlich siegte die staatliche Gewalt. Mehr als zwei Millionen Bauern wurden zwischen 1929 und 1933 nach Sibirien und Mittelasien deportiert, über 30 000 zum Tode verurteilt und erschossen. Die Folgen dieser Politik waren grauenhaft. Jahrhundertealte Arbeitsweisen wurden binnen weniger Wochen zerstört, während die Kolchosen längst nicht in der Lage waren, den Produktionsrückgang auszugleichen. Viele Bauern wie auch die zeitgleich zur Sesshaftigkeit gezwungenen Nomaden im asiatischen Teil der Sowjetunion hatten zudem vor dem Eintritt in die Kolchose ihr Vieh geschlachtet; zwischen 1928 und 1932 sank der sowjetische Viehbestand um die Hälfte. Als es 1932 zu einer Missernte kam, der Staat den Bauern aber sogar das Saatgetreide abjagte, brachen in der Ukraine, in Kasachstan und Teilen Russlands Hungersnöte aus, denen erneut etwa vier Millionen Menschen zum Opfer fielen.

Am 7. August 1932 verfasste Stalin persönlich den Erlass über den »Diebstahl sozialistischen Eigentums«: Bauern, die versuchten, einen Teil der Ernte für sich abzuzweigen, wurden mit der Todesstrafe oder zehn Jahren Arbeitslager belegt. Weil die meisten Verurteilungen wegen sehr geringer Mengen erfolgten, wurde der Erlass als **»Fünf-Ähren-Gesetz«** berüchtigt.

Der brutale Traum von einer gesäuberten Gesellschaft

Als sei die Katastrophe auf dem Land nicht schon genug, beschloss die Parteiführung im Februar 1933, die sowjetischen Städte von »sozial fremden Elementen« zu »säubern«. Die Bolschewiki gingen damit ein »Problem« an, das sie selbst geschaffen hatten: In den Städten wimmelte es zu Beginn der dreißiger Jahre infolge der Kollektivierung von Stigmatisierten, Vertriebenen und Hungerflüchtlingen. Ohne es zu wollen, wurden diese Menschen zu Kriminellen, hielten sie sich doch ohne gültige Aufenthaltsgenehmigung in den Städten auf, den einzigen Orten, an denen sie noch ein Auskommen finden konnten. Nun sollten zwei Millionen dieser Menschen nach Sibirien deportiert und dort angesiedelt werden. Von Beginn an mündete die Aktion jedoch im Chaos: Die häufig willkürlich Verhafteten (zuweilen umstellte die Polizei einfach einen Basar und verhaftete sämtliche Anwesenden, die sich nicht ausweisen konnten) wur-

ИЗВЕСТИЯ
ПЕЧАТЬ
ДОЛЖНА
СЛУЖИТЬ
ОРУДИЕМ
1932
АПТЕКА

den nach Westsibirien deportiert, wo sich die sonst keineswegs zimperliche regionale Parteiführung überfordert sah, dieses teure Unternehmen zu organisieren und angesichts der Hungersnot in weiten Teilen des Landes Lebensmittel für die Deportierten zu beschaffen.

Ohne Rücksicht auf diese Einwände wurden die Häftlinge an Orte gebracht, die möglichst tief in der Taiga lagen: Hunderte Kilometer von der nächsten Eisenbahn entfernt, kaum erreichbar für Versorgungstransporte. Bald kam es zu entsetzlichen Ausbrüchen von Gewalt, wenn die ausgehungerten Deportierten zu fliehen versuchten und den Dorfbewohnern Lebensmittel stahlen. Durch die Ereignisse in der sibirischen Taiga wurde deutlich, wie stark die Gesellschaft von Gewalt geradezu durchtränkt war – vor allem an der Peripherie des Imperiums, wo Banden aus geflohenen »Kulaken« und anderen Deportierten das staatliche Gewaltmonopol beständig in Frage stellten, und die Sowjetmacht meinte, sich nur mit bürgerkriegsähnlichen Strafexpeditionen von Sondertruppen des Geheimdienstes durchsetzen zu können.

Massenmord nach Planvorgabe

Am 31. Juli 1937 erließ das Politbüro den geheimen Operativbefehl 00447 »Über die Operation zur Repression ehemaliger Kulaken, Krimineller und anderer antisowjetischer Elemente«. Aufgabe der Sicherheitsorgane sei es, so hieß es in der Präambel des Befehls, »diese ganze Bande antisowjetischer Elemente ohne die geringste Schonung zu zerschlagen.« Binnen eines Monats sollten genau 75 950 Personen der besonders gefährlichen »1. Kategorie« von »Volksfeinden« erschossen werden, weitere 193 000 Personen der »2. Kategorie« waren in Lagern und Gefängnissen zu internieren. Dieser Massenmord nach Planvorgabe war ein Produkt der blanken Panik: Die Bolschewiki hatten jahrelang einen Krieg gegen das eigene Volk geführt und die Gesellschaft ins Chaos gestürzt – nun fürchteten sie, dass die Verlierer Rache nehmen würden. Der neue Volkskommissar des Innern, Nikolaj Ežov, hatte in einem Bericht an Stalin im April 1937 gewarnt, dass derzeit pro Monat 60 000 ehemalige Kulaken nach Ablauf ihrer Strafe aus den Lagern und der Verbannung heimkehren würden; für viele gebe es keine Arbeitsplätze, weshalb sie zwangsläufig »einen kriminellen Weg einschlagen werden.« Aus Sicht der stalinistischen Führung gab es für dieses Problem nur eine Lösung: »Schlagt, vernichtet ohne Unterschied«, appellierte Ežov an seine Untergebenen. Schnell steigerte sich das Regime in einen Blutrausch hinein. Die regionalen Führer des Geheimdienstes (dieser war 1934 in das Volkskommissariat des Inneren

Der wichtigste sowjetische Protagonist des »Neuen Sehens«, Aleksandr M. Rodčenko (1891–1956), fotografierte im Mai 1932 den Puškin-Platz in Moskau in dynamischer Schrägsicht. Das mit bolschewistischen Losungen verhüllte Kloster wurde bald danach abgerissen.

SERGEJ EISENSTEIN UND DER SOWJETISCHE FILM

Mit dem 1925 uraufgeführten Stummfilm »Panzerkreuzer Potemkin« drehte der Regisseur Sergej Ejzenštejn (Eisenstein, 1898-1948) den bis heute bekanntesten sowjetischen Film. Wegen der bahnbrechenden neuen Ästhetik des Films, dessen eigenwillig komponierte Massenchoreografie und Schnitttechnik großes Aufsehen erregten, wurde Ejzenštejn, trotz seiner Herkunft aus einem großbürgerlichen Elternhaus, zum wichtigsten Regisseur der Stalinzeit. Er geriet dabei allerdings immer wieder in Konflikt mit dem Diktator. Von seiner dreiteiligen Filmbiografie Ivan Groznyjs durfte zu Lebzeiten Stalins nur der erste Teil gezeigt werden, die übrigen zwei Teile empfand er als indirekte Kritik an seiner Person. Ejzenštejns Film über Aleksandr Nevskij, der den Deutschen Orden im Jahr 1242 bei der Schlacht auf dem Peipussee vernichtend geschlagen hatte, war zwar ein Auftragswerk, durfte nach seiner Fertigstellung 1939 jedoch nicht gezeigt werden, da Stalin inzwischen mit Hitler den Nichtangriffspakt unterzeichnet hatte. Die Kopien wurden erst nach dem deutschen Überfall auf die Sowjetunion wieder hervorgeholt und dann auch an der Front vorgeführt.

Während die Avantgarde-Produktionen von Ejzenštejn nur ein kleines Publikum fanden, lockten die in den dreißiger Jahren entstandenen Musikkomödien seines vormaligen Assistenten Grigorij Aleksandrov Massen in die Kinos. Aleksandrov machte gar keinen Hehl daraus, dass seine Filme nach amerikanischen Vorbildern gedreht wurden: Im Vorspann des ersten und zugleich bekanntesten Films, »Lustige Burschen« von 1934, folgten auf die Portraits von Charlie Chaplin und Buster Keaton die animierten Portraits der Schauspieler, »die in diesem Film mitspielen«. »Lustige Burschen« wurde als eine Art Nummernrevue inszeniert, dessen Handlung vor allem dazu diente, der Jazzmusik von Leonid Utesov (1895–1982) einen passenden Rahmen zu bieten. Dass dieser Film 1934 in die Kinos kam, war kein Zufall: Nach den Verheerungen der Kollektivierung und der Hungersnot setzte Mitte der dreißiger Jahre eine kurze Phase ein, die Stalin unter das Motto »Das Leben ist fröhlicher geworden, Genossen, heiterer!« gestellt hatte. Die Kunst sollte die Bürger von den Repressionen ablenken und ruhig stellen. Der Kerngedanke des zeitgleich verordneten »sozialistischen Realismus« in der Kunst, nämlich »frohe Entspannung« und »Freude am Schönen« zu schaffen, war mit dem Unterhaltungsauftrag dieser Filme vollständig kompatibel.

»Wolga Wolga«, Musikkomödie von Grigori Alexandrov (1938): Eine Gruppe von Amateurmusikern fährt auf einem Dampfer über die Wolga zu einem Talentwettbewerb nach Moskau

Stalin mit seinem Gefolgsmann Kliment J. Vorošilov auf der Kremlmauer, Gemälde, 1938, von Aleksandr M. Gerasimov (1881–1963). Stalin war tatsächlich kleiner als Vorošilov

(NKVD) eingegliedert worden und dominierte binnen kurzer Zeit den gesamten Polizeiapparat) beantragten Monat für Monat höhere Opferkontingente. Bis zum November 1938 wurden in der gesamten Sowjetunion schließlich über 440 000 Menschen erschossen und Hunderttausende in Lager deportiert.

Die Furcht vor der allgegenwärtigen Verschwörung

Der Befehl 00447 vom Juli 1937 war nicht der Auftakt, sondern der Höhepunkt des stalinistischen Terrors. Der Kampf gegen vermeintliche Saboteure und Spione hatte schon Ende der zwanziger Jahre begonnen, als Techniker, Ingenieure und Kolchosdirektoren für Unfälle oder die Nichterfüllung der Pläne verantwortlich gemacht und zu Hunderten in Straflager eingewiesen oder zum Tode verurteilt wurden. Seit 1934 aber wandte sich der Terror auch gegen die Partei. Denn Stalin sah die Feinde nicht nur unter den »Ehemaligen« und bürgerlichen Spezialisten, sondern fürchtete, dass sie auch in das Innerste der Macht vordrangen. In drei Schauprozessen (August 1936, Januar 1937 und März 1938) wurden die meisten bolschewistischen Führer der ersten Stunde wegen angeblicher Anschlagspläne gegen Stalin und vermeintlicher Kontakte zu ausländischen Geheimdiensten zum Tode verurteilt und hingerichtet. Im Frühjahr 1937 weitete sich der Terror in konzentrischen Kreisen auf das ganze Land aus und erfasste die gesamte Partei, das Offizierskorps der Roten Armee und schließlich sogar den Geheimdienst selbst. Die Menge der Verdächtigen wurde so groß, dass sich Stalin seit Juni 1937 Listen mit bis zu 1200 Namen vorlegen ließ, die er nur noch abzuzeichnen brauchte. Damit waren die Betreffenden allesamt zum Tode verurteilt. Insgesamt schickte der Diktator auf diese Weise bis Oktober 1938 38 955 Personen in den Tod. Zweifel überkamen weder ihn noch seine Paladine. Wenn auch nur fünf Prozent der Getöteten wirkliche Feinde seien, so erklärte Stalin im Juni 1937, dann sei das Ziel erreicht.

Motive des Terrors

Die selbstzerstörerische Dynamik des Terrors erscheint bis heute rätselhaft. Sie resultierte wesentlich aus der Überzeugung Stalins, von verborgenen Feinden umgeben zu sein, und seinem Misstrauen gegenüber den regionalen Parteiführern und den ihnen untergebenen Sicherheitsorganen. Ihnen warf der Diktator vor, in neofeudalen Seilschaften miteinander verbunden zu sein. Im Grunde entsprach dieses Gefolgschaftswesen exakt der von ihm selbst bevorzugt angewandten Herrschaftstechnik: Stalins Aufstieg an die Spitze der Partei ist ohne die von ihm praktizierte Klientelwirtschaft überhaupt nicht zu verstehen. Zudem hätte sich Russland nach Revolution und Bürgerkrieg anders als ein Personenverbandsstaat überhaupt nicht zusammenhalten lassen. Moskau konnte nur dann sicher sein, dass die Befehle des Politbüros auch an der sowjetischen Peripherie befolgt wurden, wenn die dortigen Führer Stalin persönlich verbunden waren. Doch die Parteisäuberungen seit 1933 hatten Stalin überzeugt, dass sich dieses Herrschaftssystem gegen ihn zu wenden begann: Vielfach hatten sich Karrieristen und kaukasische Clanchefs der Partei bemächtigt; wen die Säuberungskommission heute aus der Partei warf, der erhielt schon morgen von seinem Patron ein neues Parteibuch. So beschloss Stalin, die sich von Moskau abschottenden, regionalen Parteiführungen physisch zu vernichten. Nicht die alten Methoden »klärender Diskussionen« seien nun angebracht, warnte er im Februar 1937 auf dem Plenum des Zentralkomitees (ZK), sondern »ganz neue Methoden – Methoden zur Ausrottung und Vernichtung.« Loyalität gegenüber Stalin und der Partei ließ sich nur noch dadurch belegen, dass man möglichst viele »Volksfeinde« entlarvte und auch nicht zögerte, eigene Verwandte ans Messer zu liefern.

Dem Terror gegen die vermeintlichen Feinde in Partei, Armee und Bevölkerung fielen in den Jahren 1937 und 1938 schließlich 760 000 Personen zum Opfer, darunter starben allein 350 000 im Rahmen der »nationalen Operationen« gegen Polen, Deutsche, Koreaner und andere Ethnien, die der Kollaboration mit äußeren Feinden verdächtig waren. Weitere 800 000 Menschen wurden in Lager eingesperrt. Wieso Stalin im Oktober 1938 plötzlich beschloss, den Terror zu beenden, ist bis heute nicht ganz geklärt. Vermutlich hatte er selbst erkannt, welche selbstzerstörerischen Tendenzen der Vernichtungsorgie innewohnten. Das abrupte Ende des Mordens zeigt aber deutlich, welche zentrale Rolle der Diktator in diesem Massenverbrechen einnahm – das apokalyptische Theater des Schreckens war vom Zentrum organisiert worden, Stalin und seine Gefolgsleute hatten es in Gang gesetzt und konnten es nun ohne weiteres auch wieder stoppen.

Tödliche Bedrohung – die Sowjetunion und der Zweite Weltkrieg

Stalins Angst vor einer zweiten alliierten Intervention

Die Machtübergabe an Adolf Hitler im Januar 1933 beendete die privilegierten deutsch-sowjetischen Beziehungen, die seit 1922 zwischen den beiden einstigen Paria-Staaten Europas bestanden hatten. Schon seit Ende der zwanziger Jahre hatte sich die sowjetische Führung allerdings bemüht, die Sicherheit der Sowjetunion zu stärken, indem sie das Land in das System der kollektiven europäischen Sicherheitsverträge integrierte: 1929 hatte die Sowjetunion den Briand-Kellogg-Pakt unterzeichnet, der Krieg als Mittel der Politik ächtete, und trat 1934 dem Völkerbund bei. Zugleich wandelte sich die Komintern nun tatsächlich zu einem Instrument der sowjetischen Außenpolitik (bis zum Beginn der dreißiger Jahre hatte diese Organisation noch revolutionäre Ziele verfolgt). Der neue Generalsekretär der Komintern, Georgi Dimitrov, wurde regelmäßig von Stalin persönlich instruiert, welche Schritte die Komintern zu unternehmen habe. Diese konkreten Aufgaben offenbaren viel über die außenpolitische Denkweise der bolschewistischen Führung. Dies betrifft insbesondere die Aufforderung an die ausländischen »Sektionen« der Komintern, in ihren Ländern immer neue Kampagnen gegen die angebliche Kriegstreiberei ihrer Regierungen gegen die Sowjetunion zu veranstalten. Anders als man lange vermutet hatte, war diese Kriegsfurcht keine Finte, mit der die Sowjetunion ihre massive Aufrüstung rechtfertigen wollte – die inzwischen zugängliche interne Korrespondenz Stalins belegt, dass er tatsächlich ständig mit einem baldigen Angriff der kapitalistischen

DER GULAG – STRAFINSTRUMENT UND WIRTSCHAFTSUNTERNEHMEN

Schon 1922 wurde im ehemaligen Kloster auf den Solovecki-Inseln im Weißen Meer von der GPU (Nachfolgerin der Tscheka, russische Abkürzung für »Politische Hauptverwaltung«) ein »Besserungsarbeitslager« eingerichtet. Doch im Juni 1929 beschloss das Politbüro, Häftlinge zukünftig verstärkt als Zwangsarbeiter einzusetzen, und gründete dazu den Gulag (Akronym für »Hauptverwaltung der Besserungsarbeitslager«). Sie sollten im Rahmen der Industrialisierung Infrastrukturprojekte realisieren, für die sich keine freiwilligen Arbeiter fanden. Der 240 Kilometer lange Weißmeer-Ostsee-Kanal wurde zur ersten Großbaustelle des Stalinismus. Zeitweise schufteten dort 120 000 Häftlinge unter erbärmlichen Bedingungen – sämtliche Arbeiten wurden von Hand mit Spitzhacke, Schaufel und Schubkarren ausgeführt.

Der Gulag schwoll binnen kurzer Zeit zum mächtigsten Wirtschaftsgiganten der Sowjetunion an. Kaum bekannt ist allerdings, dass der Gulag nicht während des Großen Terrors seine größte Ausdehnung erreichte, sondern erst kurz vor Stalins Tod. Zu diesem Zeitpunkt saßen über 2,5 Millionen Menschen in den Lagern. Unter ihnen befanden sich nur verhältnismäßig wenige politische Häftlinge (der bekannteste von ihnen wurde Aleksandr Solženizyn, der den Opfern der Lager später mit seinem Roman *Archipel Gulag* ein literarisches Denkmal setzte), die meisten waren »sozial fremde Elemente«, Angehörige von Feindnationen oder andere Menschen, die das wuchernde Repressionssystem zum »Volksfeind« gestempelt hatte. Nach 1945 kamen zahlreiche Bürger aus den baltischen Republiken, Ostpolen und deutsche Kriegsgefangene hinzu. Stalins Hoffnung, die

Der Kindergarten eines Straf- und Arbeitslagers im Jahr 1932. Auf dem Schriftband ist zu lesen »Ein warmes Willkommen den Jugendlichen und Kindern des Oktober«

sowjetische Wirtschaft mit den Heerscharen von Zwangsarbeitern voranzubringen, wurde allerdings enttäuscht. Der Gulag blieb ein ständiges Zuschussunternehmen.

Transport und Arbeitsbedingungen in den Lagern waren unmenschlich, zahlreiche Häftlinge starben an Entkräftung oder wurden ermordet. Der Übergang zwischen Häftlingen und Wärtern war fließend. Häftlinge konnten als Spitzel schnell aufsteigen, während sich die Wärter infolge der häufigen »Säuberungen« bald auf der anderen Seite des Stacheldrahtes wiederfinden konnten. Anders als in den KZs der Nationalsozialisten wüteten hier meist keine Weltanschauungskrieger, sondern Bauernsöhne, die anderswo kein Auskommen fanden und hier schnell verrohten. 1933 beklagte ein Lagerkommandant, dass mittlerweile selbst die offiziellen Briefe seiner Verwaltung in einem üblen Verbrecherslang gehalten seien.

Konstantion Juon malte 1930 die Maiparade auf dem Roten Platz in Moskau. Die Demonstranten führten Puppen mit, die feindliche »Kapitalisten« und »Militaristen«, darstellten.

Staaten auf die Sowjetunion rechnete. Die Erfahrung der alliierten Intervention während des Bürgerkrieges zeigte hier ihre späte Wirkung: Stalin war fest davon überzeugt, dass Großbritannien, Frankreich und Japan nur auf eine neue Chance warteten, die Sowjetunion zu überfallen.

Hitler, der unterschätzte Gegner

Es war diese Furcht vor den Westmächten, die Stalin schließlich blind machte für die Bedrohung, die vom nationalsozialistischen Deutschland ausging. Zwar hatte sich die Sowjetunion in den dreißiger Jahren für eine antifaschistische Volksfront stark gemacht und im Spanischen Bürgerkrieg eine Art Stellvertreterkrieg mit Hitler ausgefochten: Stalin unterstützte die spanischen Republikaner mit »Militärberatern« und sowjetischem Kriegsmaterial, während Hitler dem Putschisten Franco die Kampfbomber der Legion Condor zu Verfügung stellte. Doch nachdem die Westmächte 1938 die Tschechoslowakei fallen gelassen hatten, erkannte Stalin, dass er nicht auf ihre Unterstützung rechnen konnte, wenn es zum Krieg zwischen der Sowjetunion und Deutschland käme. Daraufhin wechselte er schließlich die Seiten und schloss am 23. August 1939 einen Nichtangriffspakt mit dem »Dritten Reich«. Durch diesen sogenannten Hitler-Stalin-Pakt wollte der sowjetische Diktator gleich doppelt von der internationalen Lage profitieren: Erstens glaubte er, die Kriegsgefahr gegen die Sowjetunion vorerst bannen zu können, wenn Deutschland den Rücken frei hatte für einen Krieg mit Polen und den Westmächten, zweitens konnte er durch die im geheimen Zusatzprotokoll vereinbarte Aufteilung Polens und die Annexion der baltischen Staaten die sowjetische Einflusssphäre beträchtlich ausweiten.

Stalin sah sich damit auf der sicheren Seite. Nach dem Beginn des Zweiten Weltkrieges frohlockte er, nun seien die kapitalistischen Staaten erst einmal damit beschäftigt, sich gegenseitig zu vernichten. Er ließ sich in seiner Überzeugung, die Sowjetunion könne sich aus dem Krieg heraushalten, auch dann nicht beirren, als immer mehr Hinweise von sowjetischen Informanten und ausländischen Geheimdiensten vor einem deutschen Angriff warnten. Zwar sah auch Stalin in Deutschland eine Gefahr – aber erstens glaubte er nicht, dass Hitler einen selbstmörderischen Zweifrontenkrieg beginnen würde, und zweitens sah er vor allem in den britischen Hinweisen auf den deutschen Aufmarsch eine Provokation, um die Sowjetunion in den Krieg zu ziehen. Noch unmittelbar vor dem deutschen Überfall verbot er, die Rote Armee in Alarmbereitschaft zu versetzen und raunzte seine Generäle an: »Wenn Sie die Deutschen durch unerlaubte Truppenbewegungen an der Grenze provozieren, dann werden Köpfe rollen! Merken Sie sich das!« Kurz darauf rollten deutsche Panzer über die deutsch-sowjetische Demarkationslinie.

Deutschlands Vernichtungskrieg gegen die Sowjetunion

Der Krieg, den die Wehrmacht im Osten führte, unterschied sich grundlegend von den vorangegangenen Feldzügen seit 1939. Als Hitler seine Generalität im März 1941 in der Reichskanzlei über den geplanten Angriff gegen die Sowjetunion unterrichtete, stellte er klar: »Es handelt sich um einen Vernichtungskampf.« Für das Heer wurde eine Reihe von Befehlen erlassen, die bewusst das Kriegsrecht verletzten, darunter die Anweisung, alle politischen Kommissare der Roten Armee »sofort mit der Waffe zu erledigen.« Spezielle Mordkommandos, die sogenannten Einsatzgruppen von SS und SD, sollten die gesamte bolschewistische Führungsschicht ermorden. Den einfachen Rotarmisten und der Zivilbevölkerung war dagegen ein grausamer Hungertod vorherbestimmt – die sowjetischen Nahrungsmittelreserven sollten der Wehrmacht und der Bevölkerung des Deutschen Reiches zugute kommen.

Diese Hungerstrategie richtete sich zunächst gegen die sowjetischen Kriegsgefangenen in deutscher Hand. Bei ihrem schnellen Vormarsch waren der Wehrmacht in den ersten sechs Monaten des Feldzuges 3,4 Millionen Rotarmisten in die Hände gefallen – bis Ende 1941 kamen über 60 Prozent von ihnen in deutschen Lagern um.

Der Holocaust in den besetzten sowjetischen Gebieten

Am schlimmsten traf es die ca. fünf Millionen Juden im sowjetischen Herrschaftsgebiet. Die meisten von ihnen lebten in den baltischen Republiken und den ostpolnischen Gebieten, die Stalin 1939/40 annektiert hatte. Weil diese Territorien binnen weniger Wochen von der Wehrmacht besetzt wurden, konnten sich nur etwa fünf Prozent dieser Juden in Sicherheit bringen. Insgesamt fielen den Deutschen schließlich 2,8 Millionen Juden in die Hände. Weniger als ein Prozent dieser Menschen überlebte den Krieg.

Tausende Juden wurden schon in den ersten Kriegstagen im ukrainischen Lemberg, im litauischen Kaunas, in ostpolnischen Dörfern wie Jedwabne und vielen anderen Orten von der lokalen Bevölkerung ermordet. Vielfach wurden sie für die Verbrechen des sowjetischen NKVD verantwortlich gemacht, der vor seiner Flucht vor den Deutschen mehrere tausend politische Gefangene umgebracht hat. Dabei befanden sich unter den NKVD-Opfern auch viele Juden. Zudem waren die Pogrome nur scheinbar »spontan«: Die deutschen Einsatzgruppen hatten vom Gestapochef Reinhard Heydrich (1904–1942) vor dem Überfall den Auftrag erhalten, in den sowjetischen Gebieten unauffällig »Selbstreinigungs-

Zerstörte Kirche im ukrainischen Novaja Vodolaga, deutsches Propagandafoto von 1941

bestrebungen« der Einheimischen auszulösen. Allerdings flauten die Pogrome schnell ab. Die Einsatzgruppen und SS mussten die Mordaktionen selbst übernehmen. Bereits im August 1941 begannen sie damit, ganze jüdische Gemeinden auszulöschen. Das schlimmste Massaker wurde Ende September 1941 in Kiev begangen, wo 33 370 jüdische Männer, Frauen und Kinder in der Schlucht von Babij Jar erschossen wurden. Dies war aber nur eine von hunderten weiteren Mordaktionen, denen binnen eines Jahres 90 Prozent der Juden in den deutsch besetzten Gebieten der Sowjetunion zum Opfer fielen.

Kollaboration und Partisanenkrieg

Die nichtjüdische Bevölkerung der Sowjetunion hatte ebenfalls schwer zu leiden. Anfangs hatten viele Menschen die Deutschen als Befreier vom Bolschewismus begrüßt; die Morde an den Juden waren selbst in den altsowjetischen Gebieten vielen bestenfalls gleichgültig. Kundschafter und aus dem deutschen Besatzungsgebiet geflohene Kommunisten berichteten dem NKVD, dass sich vielerorts »Kulaken« und »antisowjetische Elemente« in der einheimischen Zivilverwaltung engagierten – die Opfer der bolschewistischen Repression sahen ihre Stunde gekommen. Sie erkannten ihren Irrtum, als ihre Dörfer von deutschen Requirierungskommandos heimgesucht wurden, die noch die letzte Kuh wegtrieben und den letzten Zentner Weizen fortschafften. Die Lage eskalierte, als die deutschen Besatzer im Kampf gegen die anwachsende Partisanenbewegung von 1942 an ganze Dörfer niederbrannten, wenn diese unter »Partisanenverdacht« standen, und alle Bewohner vom Greis bis zum Kleinkind ermordeten. Allein in Weißrussland wurden zusätzlich zu den 800 000 Juden noch 1,2 Millionen Nichtjuden bei sogenannten »Vergeltungsaktionen« umgebracht. Unter diesen Bedingungen wuchs plötzlich die Loyalität der sowjetischen Untertanen zu ihren zuvor ungeliebten Führern. Der Stalinismus überlebte nicht zuletzt deshalb, weil er sich im Krieg mit den Deutschen als das kleinere Übel präsentieren konnte, der vom Terror der Nationalsozialisten in den Schatten gestellt wurde.

Kriegsalltag an der Front

Die Rote Armee erlitt in den ersten Monaten nach dem deutschen Überfall vor allem deshalb so verheerende Niederlagen, weil Stalin seinen Generälen untersagt hatte, sie gegen den drohenden Angriff der Wehrmacht in Stellung zu bringen. Auch nach dem 22. Juni verhinderte der Diktator eine effektive Verteidigung, indem er die Rote Armee mit sinnlosen

Durchhaltebefehlen lähmte. Viele sowjetische Einheiten wurden daher von der Wehrmacht in großen Kesselschlachten aufgerieben. Außerdem fehlte es der Roten Armee seit den »Säuberungen« von 1937/38 an Offizieren. Während einige sowjetische Verbände den Deutschen überraschend effektiv Widerstand leisteten (bis August 1941 verlor die Wehrmacht bereits 400 000 Mann), waren andere Einheiten führungslos und zerfielen vollständig.

Im September 1941 wurde **Leningrad** von deutschen Truppen eingeschlossen; die Heeresgruppe Nord der Wehrmacht stand zeitweise nur drei Kilometer vom Stadtrand entfernt. Hitler wollte die Stadt aushungern. Im Winter 1941/42 verloren die Menschen bis zu 45 Prozent ihres Körpergewichtes, bevor über das Eis des Ladoga-Sees erste Lebensmitteltransporte in die Stadt gelangten. Trotz dieser Hilfslieferungen starben bis zum Januar 1944 mindestens 600 000 Einwohner an Hunger und Kälte. Zudem wurde die Stadt täglich bombardiert und mit Artillerie beschossen. Noch heute sind in einigen Straßen Warnhinweise zu sehen, welche Straßenseiten zu meiden waren.

Stalin ließ andere für seine eigene Unfähigkeit büßen: Der Oberkommandierende der Westfront, General Dmitrij Pavlov, und drei weitere Generäle wurden am 22. Juli 1941, vier Wochen nach Beginn des Krieges, als »Verräter« erschossen. Im Rücken der sowjetischen Einheiten marschierten derweil NKVD-Verbände auf, die Deserteure abfangen sollten. Allein während der Schlacht um Stalingrad 1942/43 wurden 13 500 Rotarmisten standrechtlich erschossen, insgesamt endeten zwischen 1941 und 1945 157 000 sowjetische Soldaten vor Erschießungspelotons. Wie wenig den bolschewistischen Führern das Leben ihrer eigenen Soldaten wert war, zeigte sich auch in den Schlachten, wo zehntausende Soldaten als Kanonenfutter verheizt wurden. In Stalingrad hatten viele Rotarmisten nicht einmal ein eigenes Gewehr. Keine Armee des Zweiten Weltkrieges erlitt so hohe Verluste wie die sowjetischen Streitkräfte, und in keiner anderen Armee wurden die Wehrpflichtigen so unerbittlich behandelt. Als einzige Armee gestand die Rote Armee ihren Soldaten keinen Heimaturlaub zu. Der ständige Terror und die unerträgliche Todesangst entluden sich schließlich in grauenhaften Gewaltexzessen, als die Rote Armee 1944 nach Mitteleuropa vordrang.

Terror und Patriotismus

Während der fast dreijährigen Belagerung von Leningrad verhungerten zahlreiche Menschen. Im Bild ziehen Angehörige einen Verstorbenen zum Friedhof.

Der stalinistische Terror wütete während des Krieges nicht nur in der Roten Armee, sondern auch im Hinterland. Selbst im belagerten Leningrad suchte der NKVD unermüdlich nach Spionen und entlarvte bis zum Oktober 1942 mehr als 600 »konterrevolutionäre Organisationen«. Die Arbeitsgesetze wurden 1941 nochmals verschärft, sodass bis 1942 1,4 Millionen Sowjetbürger wegen »Bummelei« zu Haftstrafen verurteilt wurden.

Das Marmormosaik in der Metrostation Avtosavodskaja in Moskau von 1943 illustriert den Bogen in die Vergangenheit, den die sowjetische Kriegspropaganda schlug

Allerdings begriffen die Bolschewiki auch, dass sich der Krieg allein mit Repressionen nicht gewinnen ließ. Um die Bevölkerung für den Krieg zu mobilisieren, setzte das Regime verstärkt auf den Sowjetpatriotismus und griff dazu auf die russische Geschichte zurück. Bewusst wurde mit der Bezeichnung »Großer Vaterländischer Krieg« auf den Widerstand gegen Napoleon im Jahr 1812 angespielt. Darüber hinaus stellte die bolschewistische Führung 1941 die antireligiöse Verfolgung ein und schloss mit der orthodoxen Kirche ein Bündnis. Der Moskauer Metropolit Sergej (1847–1944) segnete die Waffen der Roten Armee und wurde im Gegenzug 1943 zum Patriarchen gewählt; dieses Amt war seit dem Tod seines Vorgängers im Jahr 1925 vakant geblieben.

Die Sowjetunion wird Weltmacht (1943–1953)

Enttäuschte Hoffnungen nach Kriegsende

Als die deutschen Angreifer endlich aus dem Land getrieben und besiegt waren, hofften viele Menschen auf eine Liberalisierung der Verhältnisse. Das Regime blieb aber gegenüber seinen Untertanen misstrauisch. Die aus deutscher Gefangenschaft zurückkehrenden sowjetischen Zwangsarbeiter und Rotarmisten wurden pauschal der Kollaboration verdächtigt, viele von ihnen landeten zunächst in sogenannten Filtrationslagern. Bis

Sonnenbad zwischen Trümmern in Sewastopol kurz nach der Rückeroberung durch die Rote Armee, Foto vom Mai 1944. Das Bild durfte vor 1991 nicht veröffentlicht werden

Februar 1946 wurden 4,2 Millionen Sowjetbürger auf diese Weise überprüft, von denen 600 000 zwangsweise in »Wiederaufbaubataillone« gesteckt wurden und 360 000 in den Gulag wanderten.

Das Regime reagierte auf die immer drängenderen Eingaben, in denen die Sowjetbürger den Lohn für ihren Sieg verlangten, mit zunehmender Repression. Viele hatten gehofft, dass endlich das Kolchossystem aufgelöst würde. Doch statt wirtschaftlicher und politischer Reformen setzte auch im kulturellen Leben eine neue Eiszeit ein. Vor dem Hintergrund der Blockkonfrontation wurden moderne Tendenzen in Malerei, Literatur und selbst in der Musik als Anzeichen eines verderblichen »Kosmopolitismus« verboten. Zugleich gingen in Litauen, Ostpolen und der Westukraine die bewaffneten Auseinandersetzungen weiter. In diesen Regionen kämpften teilweise bis in die frühen fünfziger Jahre hinein nationalistische Untergrundverbände und Bauernrebellen gegen die Rückkehr in das sowjetische Imperium. Allein in der Ukraine fielen diesem Krieg bis 1953 ca. 150 000 Menschen zum Opfer, mehrere hunderttausend Ukrainer, Litauer, Polen und Letten wurden in Arbeitslager deportiert.

Stalin erntet die Früchte des Sieges

Spätestens als Minsk, Lemberg und Białystok am 22. Juni 1941 von der deutschen Luftwaffe bombardiert wurden, hatte Stalin erkennen müs-

DIE ERINNERUNG AN DEN HOLOCAUST UND DER ANTISEMITISMUS IN DER SOWJETUNION

Im August 1941 fand im Moskauer Gorki-Erholungspark eine Kundgebung des neu gegründeten »Jüdischen Antifaschistischen Komitees« (JAK) statt, auf dem die Zuhörer über die antijüdischen Verbrechen der Nazis informiert wurden. Einer der Redner war der Schriftsteller Ilja Ehrenburg, der bekannte: »Ich bin ein russischer Schriftsteller. Wie alle Russen verteidige ich jetzt mein Vaterland. Die Nazis riefen mir noch etwas anderes in Erinnerung: Meine Mutter hieß Hannah. Ich bin Jude.« Wie kein anderes Ereignis prägte der Holocaust das Bewusstsein der sowjetischen Juden, vielfach – das macht Ehrenburgs Rede deutlich – war es erst die Verfolgung durch die Deutschen, die aus ihnen überhaupt erst wieder Juden machte.

Der Chvorosti-Platz im ukrainischen Odessa war 1941 der Sammelplatz für 16 000 Juden, die auf der Kolchose Dalnik ermordet wurden. Der Gedenkstein wurde erst 1996 errichtet.

Obgleich von der Partei kontrolliert, war das JAK nicht deren verlängerter Arm, sondern verstand sich als jüdische Interessenvertretung. Diese Eigenständigkeit war der bolschewistischen Führung jedoch bald ein Dorn im Auge. Schon während des Krieges verschwanden fast alle Hinweise auf den beispiellos systematischen Massenmord, den die Nazis an den Juden begingen, aus der sowjetischen Öffentlichkeit. Das »Schwarzbuch«, eine Dokumentation über den Judenmord, die das JAK noch während des Krieges erstellt hatte, durfte nicht erscheinen. Die gesamte Auflage wurde beschlagnahmt und vernichtet. Die Bolschewiki stellten den Krieg der Nationalsozialisten als einen Krieg gegen alle Völker der Sowjetunion dar. Für den Völkermord an den Juden war in dieser Erzählung kein Platz. Wenn nach 1945 Denkmäler für die Opfer von Massakern an Juden errichtet wurden, bezeichnete man diese pauschal als »friedliche Sowjetbürger«.

sen, dass die Warnungen des britischen Geheimdienstes vor einem deutschen Angriff keine Finte waren, um die Sowjetunion zu einem Entlastungsangriff auf Deutschland zu provozieren. Das Misstrauen gegenüber den Westmächten aber blieb auch nach dem deutschen Überfall bestehen. Zwar hatte der britische Botschafter schon am 12. Juli in Moskau ein Unterstützungsabkommen mit Moskau unterzeichnet, und im November 1941 hatte der US-Kongress beschlossen, der Sowjetunion Hilfsgüter, LKWs und schwere Waffen zu liefern. Aber die zweite Front in Westeuropa mochten die Westalliierten zu diesem Zeitpunkt nicht eröffnen. Damit lastete die Abwehr des Nationalsozialismus hauptsächlich auf sowjetischen Schultern. Allen war bewusst, dass die Anti-Hitler-Koalition eine Vernunftehe auf Zeit war und die ideologischen und politischen Gegensätze fortbestanden.

Indirekt stärkte diese einsame Stellung der Sowjetunion auf dem Kontinent aber ihre politische Position für die Verhandlungen über die europäische Nachkriegsordnung: Aufgrund der militärischen Erfolge gegen die Wehrmacht fühlte sich die Sowjetunion seit Ende 1943 stark genug, Forderungen zu stellen. Auf den drei Konferenzen der Alliierten in Teheran, Jalta und schließlich im August 1945 in Potsdam zeichnete sich immer deutlicher ab, dass die Armeen der Verbündeten auch ihre jeweiligen politischen Systeme im Gepäck mitführten, wie sich Stalin ausdrückte. Die Sowjetunion konnte 1945 nicht nur ihr Territorium bedeutend ausdehnen, sondern auch fast ganz Osteuropa unter seinen Einfluss bringen und zu einer Pufferzone mit kommunistischen Regimen umgestalten. Obwohl die Sowjetunion nach Kriegsende wirtschaftlich und finanziell am Boden lag, war sie infolge der Kriegsanstrengungen militärisch endgültig zu einer Weltmacht geworden.

Auftakt des Kalten Krieges

Dem Westen blieb angesichts der militärischen Verhältnisse kaum etwas anderes übrig, als sich mit dem Status quo abzufinden und wenigstens die erreichten Positionen zu sichern. Die Teilung Europas durch den »Eisernen Vorhang« entsprach insofern den Interessen beider Seiten. Dies zeigte sich insbesondere dort, wo die Grenzziehung noch nicht eindeutig schien: Als die Sowjetunion 1948/49 die Westsektoren Berlins blockierte, wäre der »Kalte Krieg« beinahe in einen heißen Krieg umgeschlagen. Da die Sowjetunion seit 1949 ebenfalls über Atomwaffen verfügte, gewann der Ost-West-Konflikt zusätzlich an Brisanz. Erst die Gründung der beiden deutschen Staaten brachte hier Klarheit. Im Fernen Osten wuchs der

Ost-West-Konflikt im Jahr 1950 dagegen zu einem Stellvertreterkrieg aus. Wie im Berlinkonflikt errang der Westen zwar auch hier gewissermaßen einen Sieg nach Punkten (die Invasion kommunistischer Truppen aus Nord- nach Südkorea wurde von den USA unter hohen Verlusten zurückgeschlagen), die Position der Sowjetunion in Osteuropa blieb jedoch bis zum Zusammenbruch der sowjetischen Wirtschaft in den achtziger Jahren unumstritten.

Tauwetter, Wettrüsten und Wettstreit der Systeme (1954–1963)

In seinen letzten Lebensjahren war Stalin ein kranker Mann – physisch und psychisch: Im Oktober 1945 erlitt er einen ersten Schlaganfall, ein Jahr später wurden u. a. Herzmuskelschwäche und chronische Hepatitis diagnostiziert. Zugleich richtete sich sein pathologisches Misstrauen nun auch gegen seine engsten Mitstreiter. Der Diktator beschuldigte selbst seinen langjährigen Weggefährten Molotov, ein englischer Spion zu sein, und ließ ihn zeitweise nicht in seine Nähe. Molotov erlitt einen Nervenzusammenbruch. Auch die übrigen Handlanger Stalins fielen in Ungnade. Nur der Tod des Tyrannen am 5. März 1953 verhinderte die offenbar geplante finale Säuberung.

Aleksandr Solženicyn war als Häftling mit der Nummer ŠČ 282 acht Jahre lang im Gulag inhaftiert, Foto von 1950

Berija beendet den Massenterror

Noch während der Diktator nach einem Gehirnschlag im Koma lag, trat im Kreml' die politische Führung zusammen. Eine Troika, bestehend aus Molotov, dem Ministerratsvorsitzenden Georgij M. Malenkov (1902–1988) und dem Innenminister und Geheimdienstchef Lavrentij P. Berija (1899–1953), übernahm die Macht. Binnen weniger Wochen wurde die laufende antisemitische Kampagne gestoppt, die jüdischen Kremlärzte freigelassen, denen Stalin kurz zuvor unterstellt hatte, einen Anschlag auf sein Leben zu planen, und eine erste Amnestie für die vielen Menschen erlassen, die wegen Bagatelldelikten im Gulag waren. Bemerkenswerterweise ging die Initiative hierfür von Berija aus, der seit 1938 als NKVD-Chef der ausführende Hauptverantwortliche vieler Massenverbrechen war. Berija setzte nun auch durch, dass von den kommunistischen Führungen in Ungarn und der DDR ultimativ verlangt wurde, ihre Wirtschaftspolitik zu liberalisieren, die Kollektivierung zu stoppen und den Justizterror zu beenden. Ursprünglich hatte er sogar gefordert, völlig auf den Aufbau des Sozialismus in der DDR zu verzichten. Es waren dann die Berliner Bauarbeiter, die mit ihrem Aufstand vom 17. Juni diese Politik der Liberalisierung diskreditierten: Im innersten Führungskreis wurde Berija dafür verantwortlich gemacht, dass die Ereignisse aus dem Ruder gelaufen waren – wenige Tage später wurde er verhaftet und im Dezember des gleichen Jahres nach einem Geheimprozess hingerichtet.

Halbherzige Entstalinisierung

Nikita S. Chruščev (1894-1971), der als Sekretär des Zentralkomitees die Intrige gegen Berija maßgeblich organisiert hatte und im September 1953 zum neuen Parteichef gewählt wurde, hatte demgegenüber zunächst wenig Interesse an weiteren Liberalisierungsschritten. Er entdeckte das Thema Entstalinisierung erst 1955 für sich und betrieb diese dann auffällig selektiv: Als er im Februar 1956 auf dem XX. Parteitag der KPdSU seine berühmte »Geheimrede« über die Stalin'schen Verbrechen hielt, erweckte er den Eindruck, als habe sich der Terror nur gegen Kommunisten gerichtet. Die größten Opfergruppen, insbesondere die deportierten nationalen Minderheiten, blieben von der in diesem Jahr einsetzenden Rehabilitierung ausgenommen. Chruščev sprach in seiner Rede weder über die Ursachen des Terrors noch über seine eigene Beteiligung daran; stattdessen wurden die zentralen sowjetischen Archive 1955 von belastenden Dokumenten gesäubert.

Die ersten Jahre unter Chruščev werden auch als **»Tauwetter«-Periode** bezeichnet. So lautete der Titel eines Ende 1953 verfassten Romans von Ilja Ehrenburg, der den Sturz eines herrischen Fabrikleiters vor dem Hintergrund des Frühlingsbeginns in einer Provinzstadt schildert und der als Parabel auf das Ende des Stalinismus gelesen wurde.

Somit bedeutete die »Geheimrede« einerseits einen Durchbruch, weil weitere Menschen aus den Lagern entlassen wurden und erstmals die Möglichkeit bestand, offen über staatliche Verbrechen zu sprechen. Andererseits aber blieben die Grundlagen der Politik unverändert. So wurde nicht nur den meisten Angehörigen deportierter Völker und vielen ehemaligen Gulaghäftlingen verboten, in ihre alte Heimat zurückzukehren, Chruščev wollte im Gegensatz zu Berija auch nicht auf Gewalt und Zwang verzichten, um seine Politik durchzusetzen. Diese Einstellung prägte sowohl seine innenpolitischen »Reformen«, wie auch sein außenpolitisches Handeln.

»Friedliche Koexistenz« trotz Blockkonfrontation

Der partiellen innenpolitischen Liberalisierung in der Sowjetunion entsprach eine tastende außenpolitische Entspannung. Der Schlüsselbegriff, den Chruščev dafür auf dem XX. Parteitag prägte, lautete »friedliche Koexistenz« der Systeme. Schon aus wirtschaftlichen Gründen wollte er eine weitere Verschärfung des Kalten Krieges vermeiden. Die ersten Vereinbarungen über Rüstungskontrollen fallen in seine Zeit; 1960 verkündete die Sowjetunion die Demobilisierung von 1,2 Millionen Soldaten. Sowohl der Liberalisierung wie der Entspannung waren allerdings enge Grenzen gesetzt, solange die Sowjetunion als sozialistischer Staat bestand, in dem die Kommunistische Partei die Führungsrolle beanspruchte. Die Systemkonfrontation konnte unter diesen Bedingungen nur gemildert, nicht jedoch behoben werden.

Grundlage der Beziehungen zwischen Ost und West war daher die Anerkennung des Status quo, der selbst dann nicht in Frage gestellt wurde, als es 1956 in Polen und Ungarn zu Unruhen kam. In beiden Ländern sah man nach Stalins Tod die Zeit gekommen, um das eigene Schicksal wieder stärker selbst in die Hand zu nehmen. In Polen wurde nach dem plötzlichen Tod des bisherigen Parteichefs im März 1956 um die Nachfolge gekämpft. Władysław Gomułka (1905–1982) setzte sich dank der Hilfe Moskaus schließlich durch: Zwar hatte Chruščev dem 1948 wegen »rechtsnationalistischer« Abweichungen als Arbeitsminister abgesetzten Politiker anfangs misstraut, doch als es im Juni 1956 in Polen zu blutigen Straßenschlachten mit 44 Toten kam, erschien Gomułka als einziger Kandidat, der die Lage unter Kontrolle bekommen konnte. Der neue polnische Parteichef erhielt im Inneren einen größeren Freiraum (so durfte er die Kollektivierung der Landwirtschaft abbremsen und private Kleinunternehmen zulassen), rührte aber im Gegenzug nicht an der sowjetischen Oberhoheit.

Der Aufstand in Ungarn

Während die Verhältnisse in Polen durch diesen Kompromiss stabilisiert wurden, löste die Destalinisierung in Ungarn im gleichen Herbst 1956 eine Kettenreaktion aus, die mit einer sowjetischen Intervention endete. Auch in Ungarn war mit Imre Nagy (1896–1958) ein Reformkommunist an die Spitze des Staates gerückt – doch im Gegensatz zu Gomułka beging Nagy den Fehler, sich offiziell vom Großen Bruder emanzipieren zu wollen. Ein Rückzug der Roten Armee aus Ungarn kam für Chruščev jedoch nicht in Frage: Die Westalliierten, so erklärte er im Parteipräsidium »verstehen es als unsere Schwäche und werden uns angreifen.« Chruščev ließ daher Anfang November Panzer nach Budapest rollen; am Ende lagen 2652 Ungarn und 669 Rotarmisten tot auf Budapests Straßen. Es war der blutigste Einsatz sowjetischer Streitkräfte zwischen 1945 und dem Einmarsch nach Afghanistan im Jahr 1979.

Nachdem die Aufständischen in Budapest die Rote Armee zunächst zurückgeschlagen hatten, lagen die Leichen sowjetischer Soldaten in den Straßen der Stadt, Foto vom Oktober 1956

Trotz der Freiheitspropaganda von Radio Liberty dachte in Washington jedoch niemand ernsthaft daran, Ungarn direkt zu unterstützen. Wie wenig die USA an einer Veränderung des Status quo in Europa interessiert waren, solange dies mit der Gefahr eines Dritten Weltkrieges verbunden war, zeigte sich auch während der zweiten Berlinkrise, die 1961 mit dem Mauerbau endete. Der Protest der USA blieb auffällig verhalten. Solange den Westalliierten der freie Zutritt nach Ostberlin gewährt wurde, war es Washington ganz recht, dass die Lage in der alten Reichshauptstadt im Wortsinne zementiert wurde: Stabilität hatte oberste Priorität.

Zu hoch gepokert – die Kubakrise

Chruščev hingegen waren zu dieser Zeit die Erfolge der sowjetischen Raketentechnologie zu Kopf gestiegen. Seit die Sowjetunion 1957 einen ersten Satelliten ins All geschossen hatte, rechnete er damit, die USA militärisch bald überholen zu können. Mit der Stationierung von Mittelstreckenraketen auf Kuba wollte er diesem Prozess ein wenig nachhelfen, indem er eine militärische Potenz vorgaukelte, die noch gar nicht bestand. In Washington blieb man recht gelassen, nachdem man durchgerechnet hatte, dass die atomare Schlagkraft der USA die der Sowjetunion deutlich übertraf. Chruščevs Coup war als leere Drohgebärde erkannt worden. Er musste dem amerikanischen Ultimatum daher schließlich nachgeben und die Raketen wieder abziehen. Zwar wurden auch die US-Raketen in der Türkei abgebaut, dennoch hatte Chruščev eine schwere Blamage erlitten – sowohl in der Dritten Welt und vor der chinesischen Regierung, als auch vor den sowjetischen Eliten. Nicht zuletzt diese Demütigung trug zwei Jahre später zum Sturz des einstigen Reformers bei.

SOWJETISCHES DISNEY-LAND

Platz der Mechanisierung in der Ausstellung der Errungenschaften der Volkswirtschaft der UdSSR, Foto von 1954

Die Metrostation im Norden Moskaus heißt immer noch »VDNCh«, obwohl die »Ausstellung der Errungenschaften der sowjetischen Volkswirtschaft« längst nicht mehr besteht: Wo einst Mähdrescher und Raketen präsentiert wurden, drängen sich nun die Massen zwischen Verkaufsständen mit fernöstlicher Unterhaltungselektronik. Die steinerne Hülle des Komplexes aber hat sich bis heute kaum verändert. Das 1939 zunächst als All-Unions-Landwirtschaftsausstellung eröffnete und nach dem Zweiten Weltkrieg beträchtlich erweiterte Gelände bietet sich daher als ein gewaltiges Freilichtmuseum stalinistischer Architektur dar. Hier wollte das Regime einen Ausblick auf die schöne Welt des Sozialismus gewähren, wie sie sich Stalin erträumte: Monumental, modern – und stets ein gutes Stück schöner, als es die Realität je zulassen würde. Das Ausstellungsgelände gewann aufgrund seiner teilweise surrealistischen Gestaltungselemente den Charme eines sowjetischen Disneylands. Noch heute kann man mit Ruderbooten eine fast acht Meter hohe, vergoldete Weizenähre umrunden, die aus der Mitte eines Teiches emporragt, grotesk muskelbepackte Stierskulpturen auf dem ehemaligen Viehzuchtpavillon bestaunen und den »Brunnen der Völkerfreundschaft« umrunden, dessen sechzehn vergoldete Frauenskulpturen in Nationaltrachten die ehemaligen sowjetischen Teilrepubliken repräsentieren. In ihrer Begeisterung für Fruchtbarkeitssymbole, die sich in allgegenwärtigen Plastiken und Reliefs von überquellenden Obstkörben und prallen Kornähren ausdrückt, schmückten die Architekten selbst die Säulen des sibirischen Pavillons mit Weinranken aus Stuck. Dies war kein Versehen: Schon Mitte der dreißiger Jahre gehörte die Kübelpalme im kalten Moskau zum obligatorischen Attribut jeder Institution. Der Architektur wurde der »Ton frischer Zuversicht« verordnet, was durchaus der Grundstimmung amerikanischer Freizeitparks entsprach – mit dem Unterschied, dass die letzteren ihre Künstlichkeit nie verhehlten und sich als explizite Gegenwelt zur Realität profilierten. Mit der VDNCh dagegen wollte die sowjetische Führung die Wahrnehmung der Bevölkerung prägen und Identität stiften. Dies galt insbesondere für die forcierte Einigkeit des sowjetischen Vielvölkerstaates, deren Republiken sich in eigenen Länderpavillons darstellen durften. Mit ihrer folkloristischen Architektursprache täuschten sie eine harmonische Vielfalt vor, die durch die zahlreichen ethnischen Säuberungen konterkariert wurde.

Konsum und Raketen

Die Industriepolitik der Chruščev-Jahre litt unter dem grundlegenden Zielkonflikt, dass die Führung einerseits den Lebensstandard der Sowjetbürger deutlich anheben wollte, andererseits aber wegen des Ost-West-Konfliktes immer größere Ressourcen für die Rüstung abzweigen musste. Im Gegensatz zu Ministerpräsident Malenkov, der im August 1953 eine deutliche Ausweitung der Konsumgüter-Produktion zu Lasten der Rüstungsindustrie angestrebt hatte und das Verteidigungsministerium dazu verdonnerte, Kühlschränke und Fahrräder herzustellen, rüttelte Chruščev nie an der Priorität des militärisch-industriellen Komplexes – in dieser Hinsicht war er noch ganz Leninist und Stalinist alter Prägung. Allerdings ging der neue Parteichef davon aus, dass sich Rüstung und Konsum nicht ausschlössen, da er von der heimischen Produktivitätssteigerung wahre Wunder erwartete. Als dogmatischer Marxist war Chruščev ferner fest davon überzeugt, dass der Kapitalismus kurz vor einer entscheidenden Stagnationskrise stehe. Sein Versprechen, den materiellen Wohlstand der Vereinigten Staaten binnen weniger Jahre zu überrunden, war somit völlig ernst gemeint.

Dieser Entwurf eines Mosaiks verdeutlichte den Stolz auf das sowjetische Raumfahrtprogramm, »Die Bezwinger des Kosmos«, Aquarell von 1961

In der Praxis erwies sich dies als unmöglich, weil die sowjetische Wirtschaft chronisch ineffizient blieb. Zwar wurden 1957 zahlreiche Kompetenzen von den Moskauer Ministerien an regionale Volkswirtschaftsräte übertragen. Die eingeübten Verhaltens- und Denkweisen der Stalinzeit bestanden jedoch fort: Verantwortung wurde abgeschoben, die tatsächliche wirtschaftliche Lage der jeweiligen Branchen und Betriebe gegenüber Vorgesetzten verschleiert und zu allerlei Tricks gegriffen, um die Planvorgaben zu erfüllen. Chruščev selbst lästerte, es würden Kronleuchter hergestellt, die so schwer seien, dass sie von der Decke fielen, weil der Plan in Tonnen anstatt in Stück abgerechnet werde. Konsequenzen zog er jedoch nicht. Stattdessen erhöhte Chruščev schon 1961 die Rüstungsausgaben drastisch um 30 Prozent. Auch das Weltraumprogramm belastete den Haushalt immer mehr. Weil weder die Produktivität der Konsum- und Lebensmittelindustrie anstieg noch Investitionsmittel in diese Bereiche umgelenkt wurden, blieb die Produktion dort hinter den gesetzten Zielen zurück. Schon 1962 entlud sich die Unzufriedenheit über die gebrochenen Versprechen in einem Streik in Novočerkassk, der schließlich blutig niedergeschlagen wurde.

Die »Küchendebatte«

Unter solchen Bedingungen konnten die USA ihren wirtschaftlichen Vorsprung immer weiter ausbauen. Legendär wurde die sogenannte Küchendebatte, die Chruščev 1959 mit dem amerikanischen Vizepräsidenten Richard Nixon in der American National Exhibition auf dem Moskauer Messegelände führte. Dort war eine zitronengelbe Kücheneinrichtung von General Electrics ausgestellt, die sich die beiden Politiker gemeinsam anschauten. Wäre es nicht besser, so stichelte Nixon mit Blick auf die modernen Haushaltsgeräte, »wir würden uns an der Güte unserer Waschmaschinen messen und nicht an der Stärke unserer Raketen? Ist das die Art von Wettbewerb, die Sie wollen?« Noch in seinen Memoiren rechtfertigte Chruščev die sowjetische Rückständigkeit mit dem Argument, eine elektrische Saftpresse sei völlig unnötig, wenn es doch reiche, sich für den Tee eine Scheibe Zitrone abzuschneiden. Nixon gegenüber prahlte er hingegen, auch in der Sowjetunion gebe es Waschmaschinen. Chruščev verschwieg dabei, dass diese hauptsächlich in den Wohnungen der Nomenklatura, der linientreuen Elite in Partei, Verwaltung, Wirtschaft und Gesellschaft, standen: Noch im Jahr 1965 verfügten nur 21 Prozent der Familien über solche Geräte. Ein großer Teil der sowjetischen Produktion war zudem Ausschussware. 1974 wurden 27 Prozent aller fabrikneuen Waschmaschinen ausgesondert. Schließlich musste auch noch bis zu zwölf Monaten warten, wer seine Waschmaschine reparieren lassen wollte. Ähnlich sah es in anderen Produktionszweigen aus. Viele Waren blieben als unverkäuflich in den Läden liegen und wurden schließlich verramscht, vielfach fehlten auch Komplementärgüter – so lieferte die optische Industrie Brillengläser, für die es aber nicht genug Gestelle gab.

Chruščev und Nixon besichtigen 1959 in Moskau gemeinsam eine Ausstellung amerikanischer Kücheneinrichtungen [und trinken Pepsi-Cola]

Machbarkeitswahn und Wohnungsmangel – Bauen im Sozialismus

Agrostädte in der Steppe

Chruščev betrachtete sich selbst als Agrarexperten. Schon als ukrainischer Parteichef (1938–1949) hatte er in der Landwirtschaft sein Steckenpferd gefunden und war immer wieder mit »Reform«-Vorschlägen vorgeprescht. Ende der vierziger Jahre hatte Chruščev beispielsweise angeregt, die russischen Dörfer komplett aufzulösen und die Bewohner in neue Agrostädte umzusiedeln. Auf diese Weise sollte die Landwirtschaft endgültig industrialisiert werden. Berija hatte diese Planungen gestoppt, doch nachdem Chruščev Parteichef geworden war, bot sich ihm eine neue Chance, das alte Projekt zu realisieren. Er verband es mit einer für ihn typischen Hauruck-Kampagne: Binnen zweier Jahre sollten in den Steppengebieten Kasachstans, Südsibiriens und der unteren Wolga 30 Millionen Hektar Neuland unter den Pflug genommen werden.

Nur die wenigsten der etwa eine Million Freiwilligen, die für diese Aufgabe in den Jahren 1954/55 mobilisiert wurden, hatten allerdings eine Ahnung vom Ackerbau in Steppengebieten. Schon bald trockneten daher die Böden aus und wurden fortgeweht. Im Dürrejahr 1962 vernichteten starke Stürme mehrere Millionen Hektar Ackerkrume.

Pharaonische Projekte

Mit ihrem improvisierten Charakter war die Neulandkampagne zwar typisch für Chruščev (ihm war die Idee dazu erst wenige Wochen vor ihrem Start gekommen), in ihrer Gigantomanie aber stand sie ganz in der Tradition der stalinistischen Großplanungen. Die Bolschewiki hatten den Kampf gegen die wilde Natur seit den zwanziger Jahren als Teil ihrer Modernisierungsmission begriffen. Ein frei fließender Fluss war aus dieser Perspektive nichts weiter als ungenutzte Energie bzw. viel Wasser, das nicht für die Bewässerung von Feldern genutzt wurde; er musste daher ebenso »zivilisiert« werden wie die Nomaden, die in den asiatischen Steppen ihre Herden weideten. Aus diesem Überlegenheitsgefühl und der Überzeugung, die ansässige Bevölkerung zu ihrem Glück zwingen zu müssen, erklärt sich die Rücksichtslosigkeit, mit der die stalinistischen Infrastrukturprojekte durchgeführt

1949 wurde in Moskau **»Der Große Stalinsche Plan zur Umgestaltung der Natur«** bekannt gegeben: Die sibirischen Flüsse Ob und Enisej sollten nach Mittelasien umgeleitet werden, um dort neue Anbauflächen zu bewässern. Der Plan wurde erst 1986 endgültig zu den Akten gelegt.

Auf diesem Plakat aus dem Jahr 1952 wird Stalin als großer Wasserbauer präsentiert. Im Hintergrund ist der Plan zur Bewässerung der südlichen Gebiete der Sowjetunion zu sehen.

wurden. Natur und Gesellschaft wurden im Stalinismus gleichermaßen zu Objekten, die zu formen, zu korrigieren und zu kontrollieren waren. 1954 erklärte der sowjetische Außenminister Andrej Vyšinskij (1883–1954) dazu vor der UNO: »Wir tragen mittels der Atomenergie Berge ab, bewässern Wüsten und bahnen uns einen Weg durch Urwälder. Wir überwinden alle Arten von Hindernissen und tragen die Zivilisation in Gegenden, wo seit Tausenden von Jahren kein Mensch seinen Fuß hingesetzt hat.«

Menschengemachte Umweltkatastrophen

Jahrzehntelang wurden die staatlichen Planungen vom stalinistischen Denken in gigantischen Dimensionen dominiert. Es war eine Mentalität, die Wachstum nur quantitativ fassen konnte und sich allein von hohen Zuwachsraten die Überwindung der als quälend empfundenen Rückständigkeit versprach. Die technologischen Großprojekte hatten desaströse Auswirkungen. Schnelle Modernisierungserfolge mussten mit hohen ökologischen und gesellschaftlichen Folgekosten bezahlt werden. Riesige Stauseen überfluteten zahlreiche Städte und Dörfer und vernichteten die Heimat von Millionen von Menschen. In den Fluten des Wassers sammelten sich zunehmend Giftstoffe an, die heute die Gesundheit der Anwohner bedrohen. Während einerseits Wasser in die Wüste geleitet wurde, trockneten andernorts Gewässer aus; am bekanntesten ist das Schicksal des Aralsees, dessen Größe mittlerweile auf ein Fünftel seiner Fläche von 1960 geschrumpft ist.

Die angekündigten Segnungen der Moderne ließen hingegen auf sich warten. Häufig waren die Kosten für die Infrastrukturprojekte so hoch, dass kein Geld mehr für die versprochenen neuen Siedlungen oder den Anschluss an das Stromnetz der nahe gelegenen Kraftwerke mehr übrig blieb. Vor allem aber erwiesen sich viele Großprojekte als rücksichtslose, neokoloniale Landnahmen, bei der die ortsansässige Bevölkerung aus ihren angestammten Siedlungsgebieten vertrieben und anschließend sich selbst überlassen wurde. Dies traf insbesondere für die Neulandkampagne zu, die in den Steppengebieten eine neue Russifizierungswelle auslöste und gegen die sich die kasachische Parteiführung (vergeblich) wehrte.

Kommunal'ka und Prachtgebäude

Bis in die späten siebziger Jahre litt die sowjetische Gesellschaft unter extremem Wohnraummangel. Dieses Problem hatten die Bolschewiki noch aus der Zarenzeit geerbt und mit ihrer Politik der forcierten Industrialisierung weiter verschärft. Nach der Revolution hatte man die vielen Wohnungslosen kurzerhand in Gemeinschaftswohnungen (*kommunal'ka*) einquartiert – einst großbürgerliche Mehrzimmerwohnungen, in denen sich nun jeweils eine Familie ein Zimmer und mehrere Familien die Küche und das Badezimmer teilen mussten. Durch die zahllosen Zuwanderer wuchsen um die Großstädte Gürtel aus slumähnlichen Behausungen, in denen die Lebensbedingungen noch schlimmer waren. Während des Zweiten Weltkrieges wurden in den westlichen Landesteilen etwa die Hälfte der Häuser zerstört, sodass die Pro-Kopf-Wohnfläche in der Sowjetunion im Jahr 1950 mit knapp vier Quadratmetern auf den niedrigsten Stand der gesamten Sowjetzeit sank.

Unter Stalin wurde nicht viel unternommen, um die Situation zu verbessern. Lediglich knapp 20 Prozent der staatlichen Investitionen flossen in den Hausbau, wovon wiederum ein beträchtlicher Teil für Repräsentationsbauten ausgegeben wurde. So entstanden in den Zeiten der höchsten Wohnungsnot beispielsweise die riesigen Gebäude der Lomonosov-Universität und die sieben Hochhäuser rund um das historische Zentrum Moskaus. Diese Prestigeobjekte mit ihren überbordenden Verzierungen und üppigen Skulpturen wurden nach dem Tod des Diktators mit Spott und Hohn überzogen. 1954 nutzte Chruščev einen Auftritt auf dem Allunions-Baukongress, um eine grundlegende Wende in der Architektur zu verkünden. Er forderte, das Bauwesen zu industrialisieren.

Die Geburt der Plattenbauten

Die Priorität der Investitionen in Staudämme, Kanäle und Hochöfen stand zwar nicht zur Debatte, doch im Gegensatz zu vielen anderen Bran-

Neubauviertel Čeremuški in Moskau, der erste »Mikrorayon«, dessen Planung im Jahr 1957 begann.

chen gelang es im Bausektor tatsächlich, die Produktivität massiv zu steigern. Anstelle der aufwändigen Prachtbauten entlang der zentralen Magistralen, wurden von 1956 an typisierte Wohnhäuser errichtet – zunächst noch in Ziegelbauweise mit vorgefertigten Betondecken, von 1960 an in der sogenannten Großtafelbauweise. Die »Platte« war geboren. Zwischen 1957 und 1963 entstanden in der Sowjetunion 16,9 Millionen Wohnungen, die meisten in fünfstöckigen Wohnblöcken, die im Volksmund als *chruščeby* bezeichnet wurden. Mit den neuen Wohnungen bildete sich auch eine neue Ästhetik heraus. Die dunklen Möbel der Stalinzeit wurden durch moderne, schnörkellose Einrichtungen ersetzt. Vielfach geschah dies nicht ganz freiwillig, da die alten Möbel oft nicht durch die engen Türen passten oder sich als zu hoch für die neuen Wohnungen erwiesen: Um die Planvorgaben schneller erfüllen zu können, war die Deckenhöhe auf 2,20 m gesenkt worden.

Trotz aller Anstrengungen wurde das Ziel, jeder sowjetischen Familie eine eigene Wohnung zu geben, bis zum Kollaps der Sowjetunion nicht erreicht. In den achtziger Jahren betrug die durchschnittliche Wartezeit für staatliche Wohnungen acht Jahre.

DER TURMBAU ZU MOSKAU

Moskau ist die Stadt der ungebauten Bauten und der baulichen Kopien. Zu den sonderbarsten Projekten in der russischen Hauptstadt gehört das Hotel Moskva neben dem Roten Platz: Ein dunkler Klotz, der 1934 errichtet und 2004 wegen angeblicher Baufälligkeit abgerissen wurde und dann in der gleichen düsteren Form neu entstand, diesmal jedoch mit vierstöckiger Tiefgarage und integrierter Shoppingmall. Unverändert blieb die Dachterrasse, von der sich der Blick nach Westen auf eine weitere Kopie eröffnet – die Christ-Erlöser-Kathedrale, die 1883 erstmals eingeweiht, 1931 auf Geheiß Stalins gesprengt und nach 1995 wiedererrichtet wurde.

Ursprünglich sollten die Gäste der vornehmsten Herberge der Sowjetunion beim Frühstück auf das 420 Meter hohe Gebäude des Palastes der Sowjets blicken. Der erste Architektenwettbewerb für dieses Projekt war 1930 ausgerufen worden, den schließlich der sowjetische Architekt Boris Iofan (1891–1976) gewann. Er plante zunächst einen nur 220 Meter hohen, stufenförmig ansteigenden Rundbau im klassizistischen Stil. In zahlreichen Überarbeitungsschritten wuchsen Volumen und Höhe des Gebäudes immer weiter, um nicht hinter dem 381 Meter hohen Empire-State-Building in New York zurückzustehen. Der Palast der Sowjets war als moderner Turm von Babel geplant, er sollte die Macht und Überlegenheit des Sowjetsystems verkörpern. Allerdings gab die angestrebte Höhe auch zu Bedenken Anlass: Wie würde es wirken, wenn die monumentale Leninstatue, die das Gebäude krönen sollte, zur Hälfte in den Wolken verschwände und man nur den Unterleib des bolschewistischen Heiligen sehen könne?

Letztlich kam man aber nicht dazu, die Wirkung der Skulptur in der Praxis zu testen. Die 1939 begonnenen Bauarbeiten wurden nach dem deutschen Überfall auf die Sowjetunion 1941 eingestellt und nach 1945 nicht wieder aufgenommen. Jahrelang stand die gewaltige Stahlkonstruktion der Untergeschosse als Bauruine in Sichtweite des Kreml', erst 1957 verabschiedete sich die neue sowjetische Führung endgültig von dem Projekt. Von der Verheißung einer lichten kommunistischen Zukunft wollte sich zwar auch Chruščev nicht lösen, doch nahm sie bei ihm gewissermaßen volkstümlichere Formen an: In der kreisrunden Baugrube entstand nun ein Freibad, angeblich das größte der Welt. Zumindest in dieser Hinsicht blieb man den stalinistischen Planungen treu.

Boris Iofan musste sein Projekt für den Palast der Sowjets mehrmals umarbeiten. Im Bild die Version von 1934.

Das Ende des Sozialismus und die Wiedergeburt Russlands

Schon zu Beginn der siebziger Jahre zeichnete sich ab, dass die Sowjetunion im Wettlauf der Systeme unterliegen würde. Dem Untergang des Sozialismus und dem Zerfall der Sowjetunion im Jahr 1991 folgte seit der Jahrtausendwende ein politischer und wirtschaftlicher Wiederaufstieg. Allerdings bleibt der neue Wohlstand unsicher.

Zeit der Stagnation (1964–1984)

Trotz Kubakrise und Mauerbau galt Chruščev wegen seiner Abrechnung mit Stalin lange Zeit als »Reformer«, seine Absetzung im Oktober 1964 wurde aus dieser Perspektive als Intrige konservativer Kräfte in der Partei interpretiert. Tatsächlich stürzte der Parteichef vor allem über seine Sprunghaftigkeit und Unberechenbarkeit. Seinen Platz an der Spitze der Partei nahm dann auch ein Mann ein, den er selbst gefördert hatte: Leonid Brežnev (1904–1982). Die einzige Reform, die Brežnev rückgängig machte, war die Begrenzung der Amtszeit kommunistischer Funktionäre. Da es in den folgenden Jahrzehnten zu keinen weiteren Umstürzen oder Säuberungen kam, führte dies schließlich zu einer grotesken Überalterung des Politbüros.

Das Ende des »Prager Frühlings« und der Höhepunkt der Entspannungspolitik

Außenpolitisch setzte Brežnev die von Chruščev verfolgte Linie im Wesentlichen fort, die Konfrontation und Aufrüstung mit Entspannungssignalen an den Westen verband. Die konfrontative Seite der sowjetischen Außenpolitik bekamen erneut hauptsächlich die Länder des sozialistischen Lagers zu spüren, als Moskau im August 1968 den »Prager Frühling« mit Panzern niederwalzen ließ. Die tschechoslowakische Parteiführung hat-

Präsident Putin im Andreas-Saal des Kreml' in Moskau anlässlich eines Empfangs für die Absolventen der Militärakademien und Militärschulen, Foto von 2007

te sich aus Sicht der sowjetischen Führung mit ihrem Experiment eines »Sozialismus mit menschlichem Antlitz« zu weit vorgewagt und damit die Existenz des sozialistischen Systems insgesamt gefährdet.

Die seit 1963 intensivierte Entspannungspolitik wurde durch diese brutale Intervention allerdings kaum beeinträchtigt: Das Prinzip der begrenzten Souveränität der osteuropäischen Staaten hatte der Westen längst akzeptiert. Angesichts des inzwischen erreichten Arsenals an Atomwaffen – inzwischen verfügten beide Blöcke über genug Sprengkraft, um ihre Kontrahenten mehrfach zu vernichten – war außerdem beiden Seiten klar, dass ein bewaffneter Konflikt zwischen Ost und West keine realistische Option darstellte. Daher kam es nur darauf an, den Status quo festzuschreiben. Die sogenannten Abrüstungs-Verhandlungen waren tatsächlich lediglich Verhandlungen über Rüstungsbegrenzung – keine Seite wollte auch nur eine Atombombe abbauen, weil man fürchtete, dass dies das Gleichgewicht des Schreckens möglicherweise zu eigenen Ungunsten hätte umschlagen lassen können. Es ist daher nicht erstaunlich, dass trotz beinahe jährlich abgeschlossener Vereinbarungen zur Rüstungsbegrenzung die Aufrüstung unvermindert weiterging. Ständig schafften die beiden Supermächte neue Waffensysteme an, die von den alten Verträgen nicht erfasst wurden.

Eine neue Runde im Kalten Krieg

Es war absehbar, dass diese Form der »Entspannung« nicht von Dauer sein konnte. Das beiderseitige Misstrauen war zu groß und die Resultate der Verhandlungen mehr als bescheiden. Nachdem die Sowjetunion 1979 in

Die Mitglieder des Politbüros der KPdSU im Jahr 1980. Vorne rechts: Leonid Brežnev.

Afghanistan einmarschiert war und die USA daraufhin die Ratifizierung des SALT-II-Vertrages aussetzten, der die Anzahl der strategischen Atomraketen begrenzen sollte, trat der Kalte Krieg in eine neue Phase. Für die Sowjetunion erwiesen sich der nun einsetzende neue Rüstungswettlauf und die von den Supermächten finanzierten Stellvertreterkriege als fatal, zumal sie in den osteuropäischen »Bruderländern« auch noch gewaltige Truppenkontingente stationiert hatte. In den 1980er Jahren gab die Moskauer Führung etwa 20 Prozent des Bruttosozialproduktes für militärische Zwecke aus. Diese Last überforderte die sowjetische Wirtschaft bei weitem und trug wesentlich zum Niedergang des sowjetischen Systems bei.

Am 24. Dezember 1979 marschierte die **Rote Armee in Afghanistan** ein, um das kommunistische Regime zu stützen. Der Krieg gegen die muslimischen Widerstandsgruppen kostete 14 000 Sowjetsoldaten und etwa einer Million Afghanen das Leben. Die USA unterstützten die Mudschaheddin mit Geld und Flugabwehrraketen.

Die Grenzen der Kritik

Mit Stalins Tod endete zwar der offene Terror und das Zeitalter des Gulag, nicht aber die unerbittliche Verfolgung Andersdenkender. Allerdings wurden jetzt in begrenztem Umfang auch kritische Stimmen zugelassen – solange sich diese nicht gegen die Grundlagen des Regimes richteten. Nicht nur die Leserbriefspalten dienten nun als Ventil, um den Druck der Unzufriedenheit abzubauen, auch in der Literatur durfte in begrenztem Umfang Kritik geübt werden. So schilderte Valentin G. Rasputin (geb. 1937) in seinem Roman »Abschied von Matjora« (1976) das Schicksal eines sibirischen Dorfes, das in den Fluten eines Stausees versinkt. Rasputin und andere Vertreter der »Dorfprosa« riefen jedoch weder zum politischen Widerstand auf, noch wühlten sie in der Vergangenheit. Andere Künstler testeten dagegen immer wieder die Grenzen des Erlaubten aus. So konnten viele der Lieder und Gedichte von Vladimir Vysockij (1938–1980), des wohl berühmtesten sowjetischen Liedermachers der Nachkriegszeit, nur heimlich als Konzertmitschnitte bzw. als *Samizdat* weitergegeben werden, weil er in seinen Texten immer wieder auch Folter und Unterdrückung thematisierte.

Der Begriff **Samizdat** bedeutet wörtlich »Selbstverlag« und war als Verballhornung der sowjetischen Verlagsnamen wie Voenizdat oder Gosizdat gedacht. Diese Periodika und Bücher wurden in sehr kleinen Auflagen von bis zu 300 Exemplaren verbreitet.

Im Gegensatz zum populären Vysockij bekam der Schriftsteller Aleksandr Solženicyn (1918–2008) die ganze Macht des Unterdrückungsapparates zu spüren. Während Solženicyns Novelle »Ein Tag im Leben des Ivan Denisovič« 1962 mit Chruščevs Erlaubnis noch erscheinen durf-

Die Kirche des Heiligen Isidor in Rostov Velikij wurde in den siebziger Jahren als Lagerhaus und später als Latrine missbraucht und schwer beschädigt, Foto von 2006.

te, wurde der ebenfalls in der Welt des Gulag handelnde Roman »Im ersten Kreis der Hölle« 1965 vom KGB konfisziert. Auch sein Hauptwerk »Archipel Gulag« sollte in den Archiven des Geheimdienstes verschwinden. Solženicyn hatte jedoch vorgesorgt und eine Kopie in der Schweiz deponiert, die er dort 1974 veröffentlichen ließ. Daraufhin wurde er ausgebürgert.

Sowjetische Dissidenten – die Opposition am Küchentisch

Im Westen wurde Solženicyn sehr prominent (schon 1970 erhielt er den Literaturnobelpreis), in der Sowjetunion blieben seine Werke dagegen vielfach nur Eingeweihten bekannt. Damit teilte er das Schicksal vieler anderer Dissidenten, deren Rückhalt in der Bevölkerung bis in die Endphase der Sowjetunion sehr gering blieb – politische Diskussionen wurden meist im kleinen Kreis geführt, vielfach ganz im Wortsinne am Küchentisch. Die zuweilen angewandte Praxis, Oppositionelle in die Psychiatrie einzuweisen, anstatt sie ins Gefängnis zu stecken, mag vor diesem Hintergrund auch als verächtlicher Kommentar der Machthabenden zu dieser Vereinzelung der Dissidenten gelesen werden.

Rückzug ins Private: Eine Leningrader Wohnküche als Treffpunkt, Foto von ca. 1975

Einen gewissen Aufschwung erlebte die sowjetische Opposition nach 1975, als sich die sowjetische Führung auf der »Konferenz für Sicherheit und Zusammenarbeit in Europa« (KSZE) in Helsinki dazu verpflichtete, die Menschenrechte zu achten. Ein mächtiges Bündnis zwischen Arbeiterschaft und kritischen Intellektuellen, wie es in Polen mit der Gewerkschaft *Solidarność* aufgebaut wurde, entstand in der Sowjetunion jedoch nie. Ende der siebziger Jahre gab es in der Sowjetunion etwa 9000 politische Häftlinge und 10 000 in Freiheit lebende aktive Dissidenten – bei einer Gesamtbevölkerung von 276 Millionen. Nach dem Zerfall der Sowjetunion zeigten sich die Spätfolgen: Kaum einer der Oppositionellen schaffte es, in die neue Führungsschicht des postsozialistischen Russlands aufzusteigen.

Zeit der Reformen (1984–1990)

Der greise Staats- und Parteichef Breznev war seit einem Schlaganfall im Jahr 1976 nur noch begrenzt regierungsfähig. In gewisser Weise entsprach sein körperlicher Zerfall dem wirtschaftlichen Zustand des ganzen Landes: Der wirtschaftliche Aufschwung seiner ersten Regierungsjahre war lähmender Stagnation gewichen. In dieser Situation stellte ausgerechnet der Leiter des Geheimdienstes KGB Jurij V. Andropov (1914–1984) die Weichen, um die Sowjetunion wieder auf Reformkurs zu bringen. Im Gegensatz zu den Dissidenten motivierten ihn allerdings nicht moralische Überlegungen, sondern die kühle Erkenntnis, dass die Sowjetunion im Vergleich zum Westen immer weiter zurückfiel. Als Andropov 1982 zum Nachfolger des verstorbenen Breznev gewählt wurde, berief er zahlreiche Reformer in die Führungsgremien, darunter den ZK-Sekretär Michail S. Gorbačev (geb. 1931). Das System versuchte, sich von innen heraus zu erneuern.

SOMMERHAUS UND ÜBERLEBENSHILFE – DIE RUSSISCHE DATSCHA

Ein zentraler »Erinnerungsort« der russischen Kultur ist die Datscha. Die klassische Datscha kennen wir vor allem aus den Romanen und Erzählungen der russischen Literatur als ein Sommerhaus, das den wohlhabenden Schichten als zweiter Wohnsitz diente. Datschen drückten somit den Status einer Person in der Gesellschaft aus – und als solche waren sie auch in der Sowjetzeit ein in der Partei- und Staatselite gebräuchliches Distinktionsmerkmal. Typ, Größe, Dekor und Lage gaben Auskunft über Macht und Ansehen und verdeutlichten darüber hinaus, welche Vorstellungen sich ihre Bauherren von der von ihnen beherrschten Welt machten. Stalin ließ sich einige ausgedehnte Residenzen im neoklassizistischen Stil errichten, während Brežnev, Andropov und Gorbačev nacheinander einen 10-Zimmer Bungalow im kalifornischen Stil 25 Kilometer südwestlich von Moskau bewohnten, und damit ihren Anspruch zum Ausdruck brachten, mit den USA in kultureller und technischer Hinsicht Schritt zu halten.

Neben dem Sommerhaus entwickelte sich seit den 1950er Jahren die Gartendatscha, die sowjetische Form des Schrebergartens, die heute das quantitativ weit dominierende Phänomen darstellt und somit den Begriff der »Datscha« beinahe komplett ausfüllt: Aus einem traditionellen Elitenphänomen, das über

Datschensiedlung bei Kazan', Foto von 1987

den Epochenbruch von 1917 gerettet wurde und Überreste des vorrevolutionären Gesellschaftslebens sogar über die Zeit des stalinistischen Terrors hinaus konservierte, hat sich die Datscha auf diese Weise zu einem Massenphänomen entwickelt. Um Besitzer eines solchen Gartens mit Häuschen zu werden, musste man allerdings Mitglied in einer Kooperative werden und durfte auch keine Bauten errichten, die auch im Winter bewohnbar waren. Doch erst mit der Einführung des arbeitsfreien Samstages im Jahr 1967 kam es zu dem Boom der Datschensiedlungen rund um die Großstädte, die das Bild des Umlandes bis heute prägt.

Obwohl die Kleingärten teilweise sogar staatlich gefördert wurden, um die Nahrungsmittelproduktion zu steigern, trat die Partei den Datschenbesitzern dennoch häufig mit einem bemerkenswerten Misstrauen gegenüber – handelte es sich bei den kleinen Parzellen schließlich um private Räume, deren Existenz der bolschewistiche Staat seit seiner Gründung bekämpft hatte. Bezeichnend ist in dieser Beziehung ein Artikel der *Literaturnaja Gazeta* von 1976, dessen Autorin die Datschenbesitzer als neubourgeoise Spießer diffamierte. Der Staat, so schrieb sie, habe den Familien Gärten zugeteilt, damit sie ein wenig Gemüse für den Eigenbedarf anbauen könnten, nicht jedoch »damit bei ihm das Gefühl entsteht, ein Eigentümer zu sein: Halt, das ist meins! Gärtnerei wird nicht umsonst als etwas Kollektives bezeichnet.« Die Redaktion wurde daraufhin mit empörten Leserbriefen überschüttet, die die Datschen ausdrücklich als private Nischen im Sozialismus verteidigten: »Wir sind überall von standardisierten Dingen umgeben, in der Produktion und in den Typenwohnungen, in den Straßen und in den Geschäften. Der Mensch braucht aber etwas von ihm selbst Ausgedachtes, Gebautes, Ausgedrücktes, das sich vom Rest unterscheidet ... Und dieses menschliche Bedürfnis verwirklicht sich nun gerade in den Kleingärten.«

Welche Motive auch immer für den Erwerb einer Datscha den Ausschlag gaben – die Kleingärten prägten das Leben vieler Sowjetbürger. In der ganzen Sowjetunion nutzten einer Studie der OECD zufolge im Jahr 1988 insgesamt 18,9 Mio. Familien Kleingärten. Nach dem Zerfall der Sowjetunion übernahmen diese Gärten eine wichtige Rolle bei der Nahrungsmittelproduktion: 1996 wurden 46 Prozent des in Russland produzierten Gemüses in Privatgärten angebaut, 1990 waren es nur 26 Prozent gewesen. Inzwischen werden die Datschen wieder vorrangig entsprechend ihrer ursprünglichen Bestimmung genutzt: Trotz der in den vergangenen Jahren auch in Russland populären Pauschalreisen an das Mittelmeer, gehört die eigene Datscha weiterhin zu den bevorzugten Urlaubszielen der Russen.

Gorbačevs neuer Kurs

Dieser Hintergrund muss bedacht werden, wenn man Gorbačevs eigenes Reformprogramm verstehen will, das er nach seiner Wahl zum Generalsekretär der KPdSU im März 1985 in Gang setzte. Er zielte nämlich zunächst nur auf eine begrenzte Reform des Sozialismus ab – sein Programm der Perestrojka (Umbau) stand ganz in den Traditionen der Neuen Ökonomischen Politik der Zwischenkriegszeit. Gorbačev hoffte, dass sich die Wirtschaft wie schon zu Beginn der zwanziger Jahre wieder regeneriere, wenn man nur die Schattenwirtschaft legalisieren und den Betrieben größere Freiräume gewähren würde. Unter dem Schlagwort Glasnost' (Transparenz) wurden darüber hinaus die bestehenden Tabus der sowjetischen Gesellschaft beseitigt – eine freie Öffentlichkeit sollte den Reformprozess kritisch begleiten und offen über die Wurzeln des Stalinismus debattieren können. Den radikalsten Richtungswechsel vollzog Gorbačev in der Außenpolitik, wo er zu neuen, radikalen Abrüstungsschritten drängte. Ende 1987 wurde der Vertrag über den Abzug aller atomaren Kurz- und Mittelstreckenraketen aus Europa unterzeichnet. Erstmals wurde damit ein ganzes Waffensystem verschrottet. Bis 1989 zog er zudem die Rote Armee aus Afghanistan ab. Er drehte den »Bruderstaaten« den Geldhahn zu und erklärte ihren Regierungen, sie müssten den Sozialismus fortan aus eigener Kraft aufbauen – das Geld wurde für die innersowjetischen Reformen benötigt.

Portrait von Viktor Robertovič Coj (1962–1990), des populärsten Rock- und Punksängers der Perestrojka-Periode. Eines seiner bekanntesten Lieder lautete »Ich will Veränderungen« (1986)

Das Scheitern der Reformen

Zwar sah die DDR-Führung mangels sowjetischer Finanzhilfe schon 1988 den Staatsbankrott nahen, doch konnten die nun frei werdenden Mittel nicht einmal den Sozialismus in der Sowjetunion retten – vorausgesetzt, man will das sowjetische Wirtschaftssystem dieser Zeit überhaupt als »sozialistisch« bezeichnen. Nach Jahrzehnten der gelenkten Planwirtschaft hatte sich nämlich längst ein Beziehungsgeflecht aus Funktionären des Partei- und Staatsapparates, der Wirtschaft, der Justiz, des Geheimdienstes und des Militärs gebildet, das sich die Ressourcen gegenseitig zuschob und sich jeglicher Kontrolle entzog. Die Schattenwirtschaft der späten Sowjetzeit war insofern kein Schwarzmarkt, sondern ein ma-

rechts: Das bislang schwerste Nuklearunglück ereignete sich am 25.4.1986 im ukrainischen Atomkraftwerk Černobyl (Tschernobyl). Ein Gebiet von 218 000 Quadratkilometern wurde verstrahlt, mehrere tausend Menschen starben infolge des radioaktiven Fallouts.

VOLKSDROGE ALKOHOL

Der Alkoholismus ist keine russische Besonderheit, wohl aber die unrühmliche Rolle, die der Staat in diesem Zusammenhang spielte. Die sich hier bietende Einnahmequelle erschien schon der Regierung unter dem letzten Zaren Nikolaj II. zu attraktiv, als dass man sie wegen sozialer und wirtschaftlicher Folgekosten ausschließen wollte. Um die Einnahmen weiter zu erhöhen, wurde die Verbrauchssteuer auf Alkohol zwischen 1894 und 1902 sogar in ein staatliches Verkaufsmonopol umgewandelt. 1913 stammten 28 Prozent aller staatlichen Einnahmen aus dem Alkoholverkauf. Auch die Bolschewiki konnten der Versuchung nur wenige Jahre widerstehen. 1917 war zwar ein allgemeines Alkoholverbot erlassen worden, doch wurde es nach Lenins Tod schrittweise aufgehoben. Unter Stalin wurde auch das staatliche Alkoholmonopol wieder eingeführt, um mit dessen Einnahmen den Aufbau der Industrie zu fördern.

Schon 1925 zeigten sich die Folgen des staatlich geförderten Alkoholismus. In den Fabriken erschien in den drei Tagen nach dem Zahltag ein Großteil der Arbeiter nicht mehr zur Arbeit, die »Arbeitsbummelei« und familiäre Konflikte nahmen zu. Dennoch steigerte der Staat die Alkoholproduktion immer weiter, auch nach Stalins Tod. Der jährliche Pro-Kopf-Verbrauch reinen Alkohols wuchs von durchschnittlich 2,24 Litern im Jahr 1940 auf 8,7 Liter im Jahr 1980. Rechnet man noch den *samogon*, den »Selbstgebrannten«, hinzu, so kommt man laut offiziellen Schätzungen für das Jahr 1980 sogar auf einen durchschnittlichen Verbrauch von 18 Litern reinen Alkohols pro Kopf.

Anfang der 1980er Jahre wurden 37 Prozent der männlichen Arbeiter als Alkoholiker geführt, Trunksucht war die dritthäufigste Todesursache und bei weitem der häufigste Scheidungsgrund. Die sowjetische Gesellschaft zerbrach am Alkohol. 1988 wurde ausgerechnet, dass für jeden Rubel, der für Alkohol ausgegeben wurde, ein volkswirtschaftlicher Schaden von drei Rubeln entstand. Die staatlichen Anti-Alkoholismuskampagnen nahmen sich angesichts der Tatsache, dass die Alkoholsteuer 1979 immer noch zehn Prozent der staatlichen Einnahmen ausmachte, stets ziemlich bigott aus. Die letzte dieser Kampagnen fiel mit dem Zusammenbruch der Sowjetunion zusammen – und erschöpfte sich darin, alte Weinberge abzuholzen.

Eine Patrouille des kommunistischen Jugendverbandes stellt Jugendliche zur Rede, die in einem Park Wodka getrunken haben, Foto von 1983

fiöses System, das die angestrebten Marktmechanismen von vorneherein unterlief. Wie stark diese Seilschaften waren, zeigte sich während der Privatisierung zu Beginn der neunziger Jahre, als erstaunlich viele ehemalige Geheimdienstler und Parteifunktionäre zu Großunternehmern aufstiegen. Auch die Landwirtschaft war sechzig Jahre nach der Kollektivierung völlig zerrüttet: Anders als in den zwanziger Jahren stand beispielsweise kaum Personal zur Verfügung, das privatwirtschaftliche Bauernhöfe hätte führen können. Es gab nur noch spezialisierte Melkerinnen und Mähdrescherfahrer.

Indem die Parteiführung die Kontrolle über die Wirtschaft lockerte, entstand somit kein Markt – es festigten sich nur die mafiösen Strukturen. 1990 begann daher eine rasante wirtschaftliche Talfahrt, für die die Bevölkerung allerdings die Reformer verantwortlich machte. Gorbačev verspielte die letzten Sympathien, als er hektisch radikale Reformprogramme entwarf und sie dann doch wieder bis zur Unkenntlichkeit verwässerte: Nach den Konservativen und den Mafiosi machte er sich auf diese Weise auch die Reformer zu Gegnern.

Der Widerstand der Nationalitäten gegen die Bevormundung aus Moskau

Krisen haben sich in Russland meist von den Rändern her in Richtung Zentrum bewegt, soziale Unruhen entfalteten in der Regel erst dann ihre Brisanz, wenn sie durch ethnische bzw. nationale Konflikte überlagert wurden. Eine solche Konstellation bestand auch Ende der achtziger Jahre wieder. Dass die nationalen Eliten mehr Mitsprache forderten und verlangten, die Interessen ihrer Gebiete stärker zu berücksichtigen, zeichnete sich schon länger ab. Zwei Themenbereiche erwiesen bald eine besondere Sprengkraft: die Russifizierung und die Umweltverschmutzung. Beide Phänomene wurden als Zeichen für eine koloniale Haltung des Zentrums gegenüber den Republiken gewertet. Das Politbüro in Moskau konterte diese Kritik unter Chruščev und Brežnev mit dem Vorwurf des Nationalismus – selbst wenn sie von den regionalen Parteiführungen vorgebracht wurde.

Durch die **Zuwanderung russischer Siedler** waren die Kasachen nach dem Zweiten Weltkrieg zur Minderheit im eigenen Land geworden: Sie machten 1979 nur noch 36 Prozent der Bevölkerung aus. In Lettland betrug der russische Bevölkerungsanteil in diesem Jahr 33 Prozent.

Zwar erblickte Gorbačev insbesondere in den baltischen Oppositionsbewegungen anfangs Bündnispartner, um seine Reformen durch den demokratischen Druck »von unten« zu stärken. Die Forderung der Balten, die Annexion ihrer Republiken durch Stalin im Jahr 1940 als völkerrechtswidrig anzuerkennen, rief in Moskau jedoch konservative Gegner auf den Plan. Anfang 1990 ging sowjetisches Militär in Litauen und Lettland gewaltsam gegen die nationalen Demokratiebewegungen vor. Diese gingen aus solchen Konfrontationen jedoch gestärkt hervor, weil sich die Union durch den Gewalteinsatz in der Bevölkerung endgültig diskreditierte und andererseits aber selbst die »Falken« in Moskau sich zurückhielten und nicht den Schritt zum Bürgerkrieg wagen wollten. Zwischen 1988 und 1990 erklärten alle sowjetischen Teilrepubliken (einschließlich Russlands) ihre Souveränität, womit jedoch zunächst nur eine stärkere Autonomie gemeint war.

Alte Konflikte brechen auf

Dass auch die Demokratiebewegung durchaus ihre Schattenseite hatte, zeigte sich allerdings schon 1988/89, als sich in die Rufe nach Freiheit zunehmend nationalistische Parolen mischten. Nun offenbarten sich die fatalen Spätfolgen der Stalin'schen Entscheidung, die sowjetischen Nationalitäten territorial zu gliedern. Weil es wegen der ethnischen Gemengelage nie ethnisch homogene Gebiete gab, verstärkten die häufig willkürlichen Grenzziehungen die nationalen Konflikte langfristig anstatt sie abzubauen. Vor allem im Kaukasus kam es nach 1988 zu einer Explosion ethnisch motivierter Gewalt. Der schwerwiegendste Konflikt entwickelte sich zwischen Armenien und Aserbaidschan, die um die von Armeniern bewohnte, aber zu Aserbaidschan gehörende Enklave Nagornyj Karabach einen blutigen Krieg miteinander ausfochten.

Saparmyrat Nyýazow (1940–2006) wurde 1985 zum Parteichef der Turkmenischen SSSR bestimmt und 1990 zum Präsidenten Turkmenistans gewählt. Er führte das Land 1991 in die Unabhängigkeit. Sein diktatorischer Regierungsstil gipfelte bald in einem beispiellosen Personenkult, so wurde in der Hauptstadt eine Monumentalstatue des »Türkmenbaşy« (»Führer der Turkmenen«) errichtet, die dem Lauf der Sonne folgt.

Auch in Mittelasien kam es zu bewaffneten Auseinandersetzungen und Pogromen, die allerdings vorrangig von den herrschenden Clans und mafiösen Eliten instrumentalisiert oder auch überhaupt erst angefacht wurden, um ihre Macht zu sichern. In Ländern wie Usbekistan und Turkmenistan, die weitgehend als stalinistische Kunstgebilde entstanden waren und deren traditionelle Strukturen durch die Baumwollmonokultur vollständig zerstört worden war, konnten sich keine Demokratiebewegungen entwickeln, sodass hier jeweils lediglich die herrschenden Cliquen die Bezeichnungen ihrer Ämter wechselten.

Gescheiterte Flucht in die Vergangenheit – der Putsch vom August 1991

Die Auflösungserscheinungen der Sowjetunion zeigten sich schon 1989 ganz offen, sodass Gorbačev Ende 1989 beschloss, mit den Teilrepubliken einen neuen Unionsvertrag auszuhandeln, um den Gesamtstaat auf diese Weise zu retten. Dieser Versuch kam jedoch zu spät. Die baltischen Republiken, Georgien und die Ukraine nahmen an den Verhandlungen schon nicht mehr teil, Litauen und Georgien erklärten im März und April 1991 bereits ihre Unabhängigkeit.

Die Demontage des Dzierzynski-Denkmals vor der KGB-Zentrale in Moskau im August 1991 wurde zum Symbol für das Ende der kommunistischen Unterdrückung.

Für die Anhänger der alten Ordnung war damit endgültig der Zeitpunkt gekommen, das Rad der Geschichte wieder zurückzudrehen. Am Tag vor der für den 20. August 1991 geplanten Unterzeichnung des neuen Unionsvertrages setzten die Verschwörer, darunter der KGB-Chef und der sowjetische Ministerpräsident, Gorbačev auf seinem Feriendomizil auf der Krim fest und riefen den Ausnahmezustand aus. Das »Weiße Haus an der Moskva«, der Sitz des am 12. Juni 1991 direkt gewählten ersten russischen Präsidenten Boris El'cin und Tagungsort des sowjetischen Volksdeputiertenkongresses, wurde mit Panzern umstellt. Noch am gleichen Tag deutete sich jedoch an, dass der Putsch erfolglos bleiben würde: El'cin konnte die Belagerer ungehindert passieren und zu seinem Dienstsitz gelangen, wo er vom Turm eines übergelaufenen Panzers zu der Menschenmenge sprach, die sich inzwischen zur Verteidigung des Parlamentes eingefunden hatte. Als die Putschisten weitere Panzereinheiten in das Stadtzentrum schickten, blieben diese in der Menschenmenge und vor den eilig errichteten Barrikaden stecken. Drei Zivilisten wurden überrollt und starben, bevor der Putsch am 22. August zusammenbrach.

Die Sowjetunion zerfällt

Mit ihrem Vorgehen beschleunigten die Verschwörer, was sie eigentlich hatten aufhalten wollen: Binnen weniger Tage riefen die meisten Teilrepubliken ihre Unabhängigkeit aus. Als auch die Ukrainer am 1. Dezember 1991 in einer Volksabstimmung für die Unabhängigkeit votierten, war der Sowjetunion endgültig die Grundlage entzogen. Am 7. Dezember hoben die Präsidenten von Russland, der Ukraine und Weißrussland die »Gemeinschaft unabhängiger Staaten« (GUS) aus der Taufe (der Begriff »Union« wurde bewusst vermieden), und vereinbarten, die Sowjetunion zum 31. Dezember aufzulösen.

Ein schwieriger Neuanfang (1991–2008)

Der Augustputsch von 1991 hatte die Autorität Gorbačevs nachhaltig untergraben. Als er am 23. August nach Moskau zurückkehrte, wurde er von El'cin gezielt gedemütigt: Öffentlich unterzeichnete dieser ein Dekret, das die Tätigkeit der KPdSU, deren Generalsekretär Gorbačev noch war, auf dem Gebiet Russlands verbot. Schon seit El'cins Rede auf dem Panzer vor

Der Sieg im Zweiten Weltkrieg wurde nach dem Zerfall der Sowjetunion zu einem wesentlichen Identitätsfaktor in Russland. Im Bild die zentralle Halle des 1995 eröffneten Gedenkkomplexes in Moskau

dem »Weißen Haus« war abzusehen gewesen, dass er fortan die Politik des neuen Russlands bestimmen würde, noch bevor Gorbačev mit dem Zerfall der Sowjetunion von allen politischen Ämtern zurücktrat.

Dauerkonflikt zwischen Präsident und Parlament

Der Neuanfang war trotz der euphorischen Unterstützung der Reformer durch die Moskauer Bevölkerung mit der Hypothek belastet, dass keine verfassungsgebende Versammlung einberufen wurde – infolgedessen blieb lange unklar, wie die neue Ordnung ausgestaltet würde. Dem direkt gewählten Präsidenten El'cin stand zudem der im März 1990 aus nur halbfreien Wahlen hervorgegangene und mehrheitlich konservative Volksdeputiertenkongress entgegen. Dessen Abgeordnete waren bald nicht mehr bereit, El'cins Reformvorschlägen zuzustimmen. Daraufhin schlug dieser einen gewissermaßen petrinischen Weg ein und setzte die Reformen von oben per Dekret durch. El'cin nutzte darüber hinaus seine starke Stellung als Präsident, um sich eine umfangreiche Verwaltung zu schaffen, die er vorwiegend mit Gefolgsleuten aus seiner Heimatregion Sverdlovsk (Ekaterinburg) besetzte.

Der Konflikt zwischen El'cin und dem Volksdeputiertenkongress eskalierte im September 1993 und endete damit, dass der Präsident das »Weiße Haus« am 4. Oktober mit Panzern beschießen ließ. Allerdings wurde auch das am 12. Dezember 1993 neu gewählte Parlament (es erhielt nun den alt-

In den Straßen von Moskau protestierten Demonstranten im September 1993 gegen die Auflösung der von den Kommunisten dominierten Duma durch El'cin

russischen Namen *Duma*) von reformfeindlichen Kräften dominiert; die demokratischen Parteien erhielten lediglich 30 Prozent der abgegebenen Stimmen. Bei den Parlamentswahlen, die zwei Jahre später stattfanden, fiel das Ergebnis noch ungünstiger aus – der Block aus Nationalisten, Kommunisten und Agrariern kam auf 50,2 Prozent der Sitze, das Präsidentenlager auf 12,2 und die Demokraten auf nur noch 10,2 Prozent. Die Spaltung des Lagers der Reformer in die präsidentennahen Parteien der Macht und eine demokratische Opposition deutet schon an, dass vom liberalen Aufbruch des Jahres 1991 mittlerweile nicht mehr viel zu spüren war. Im Dauerkonflikt mit dem Parlament setzte El'cin zunehmend auf einen autoritären Regierungsstil und kümmerte sich mehr um den Machterhalt als um Reformen.

Die Tschetschenienkriege

Das innenpolitische Klima wurde zusätzlich durch die zwei Tschetschenienkriege belastet, mit denen Moskau versuchte, die seit 1991 faktisch unabhängige Kaukasusrepublik wieder unter Kontrolle zu bringen. Der erste Krieg von 1994 bis 1996 kostete 100 000 Menschen das Leben, bevor El'cin die Republik vorerst aufgab. Als die russische Hauptstadt im Herbst 1999 von mehreren Bombenanschlägen erschüttert wurde, die

Russische Soldanten in der zerstörten tschetschenischen Hauptstadt Grozny, Foto von 1996

tschetschenischen Terroristen zugeschrieben wurden, begann der zweite Krieg, in dem die Separatisten schließlich niedergerungen wurden. Der Preis dieses Sieges war hoch: Heute wird die kleine Republik durch korrupte Clans übergelaufener Freischärler regiert. 2003 trat Achmat Kadyrov (1951–2004) an die Spitze der Republik, der 1994 als Großmufti von Grozny noch zum »Heiligen Krieg« gegen die Russen aufgerufen hatte, im Jahr 1999 aber die Seiten wechselte. Nachdem er 2004 bei einem Bombenanschlag der weiterhin gegen Russland kämpfenden Rebellen getötet wurde, übernahm sein Sohn Ramsan Kadyrov (geb. 1976) mit Moskaus Billigung die Macht. Ramsan Kadyrov hatte zuvor die mehrere tausend Mann umfassende Leibgarde seines Vaters geführt, die in Tschetschenien inzwischen mehr gefürchtet wird als die russische Armee. Die Gewalt ist mittlerweile auf die zuvor ruhigen Nachbarrepubliken übergesprungen. Seit tschetschenische Rebellen auch dort Anschläge verübt haben und die Moskauer Führung mit undifferenzierten Repressionen reagiert hat, radikalisierte sich der ehemals liberale Islam des Kaukasus deutlich. Hier wirkten sowohl äußere Einflüsse von Seiten saudiarabischer »Gotteskämpfer«, die in Tschetschenien den »Heiligen Krieg« unterstützen wollten, als auch interne Faktoren, wie die Hoffnung, die blühende Entführungsindustrie und die sich immer weiter ausdehnenden Blutrachefehden einzudämmen: Die Scharia gilt angesichts der verbreiteten Rechtlosigkeit selbst moderaten Kräften als kleineres Übel.

Autoritäre Entwicklung unter Putin

Im Schatten des zweiten Tschetschenienkrieges vollzog sich der Aufstieg Vladimir Putins (geb. 1952), der im August 1999 zum Ministerpräsidenten ernannt worden war und sich als Befürworter des Krieges profilierte. In der Bevölkerung war dieser Kampf nach den verheerenden Bombenanschlägen auf Moskauer Wohnhäuser sehr populär, weshalb die Regierungsparteien bei der Dumawahl Ende 1999 einen großen Erfolg erzielten. In dieser Situation sah der schwer angeschlagene El'cin den Zeitpunkt für seinen Abgang gekommen und trat am 31. Dezember zugunsten Putins von seinem Amt zurück. Bei den Präsidentenwahlen in den Jahren 2000 und 2004 wurde Putin bestätigt, zuletzt mit über 70 Prozent der Stimmen. Obwohl die Konfrontation mit dem Parlament nicht mehr fortbestand, schlug der neue Präsident einen zunehmend autoritären Kurs ein: Unter dem Schlagwort der »gelenkten Demokratie« wurden die Medienfreiheit beschnitten (es gibt beispielsweise keine unabhängigen Fernsehkanäle mehr), die Macht zentralisiert (die Gouverneure werden vom

Präsidenten ernannt und nicht mehr in den Regionen gewählt) und das Wahlrecht stark eingeschränkt. Seit der Wahl zur fünften Duma im Dezember 2007 sitzen nicht einmal mehr unabhängige Abgeordnete der demokratischen Opposition im Parlament.

Da Putin 2008 laut Verfassung nicht für eine dritte Amtszeit kandidieren durfte, baute er sich einen Nachfolger auf: Im März 2008 wurde Dmitrij A. Medvedev (geb. 1965) zum Präsidenten gewählt, während Putin auf den Posten des Ministerpräsidenten rückte. Als solcher ist er theoretisch von Medvedev abhängig, der ihn jederzeit entlassen könnte. Zunächst aber bleibt der Apparat in dieser eigentümlichen Form der Doppelherrschaft weiterhin auf Putin zugeschnitten.

Der verblasste Traum der Demokratie

Die Marginalisierung der demokratischen Bewegung in Russland ist nicht vorrangig auf die zunehmenden staatlichen Repressionen zurückzuführen – Putin und die hinter ihm stehenden Parteien hätten auch ohne diese Maßnahmen gewonnen. Sein hohes Ansehen in der russischen Bevölkerung resultierte vor allem aus dem wirtschaftlichen Aufschwung, der

Villa eines »Neuen Russen« bei Novgorod, Foto nach 2000 (Hofseite)

Der Kvas-Trank war lange Zeit das beliebteste nichtalkoholische Getränk in Russland und wird noch heute auf der Straße aus großen Tanks verkauft, Foto von 2000

sich in den acht Jahren seiner Präsidentschaft vollzog. Die El'cin-Ära dagegen wird heute allgemein mit Chaos und Niedergang verbunden. El'cin war 1992 mit einem radikalen Reformprogramm gestartet, das die Rezepte neoliberaler US-Ökonomen und des Internationalen Währungsfonds in die Praxis umsetzten sollte: Preise wurden freigegeben, Subventionen gekürzt, die Unternehmen privatisiert und das Land für den Weltmarkt geöffnet. Das Resultat dieser »Schocktherapie« war eine gigantische Wirtschaftskrise, neben der die Gorbačev-Ära als eine Zeit des Wohlstands erschien: 1992 stieg die Inflation auf 1000 Prozent, die Industrieproduktion fiel um 23 Prozent, der Einzelhandel sank um 42 Prozent. Plötzlich war die private Gartenparzelle wieder wichtig.

Zugleich klaffte die soziale Schere dramatisch auseinander. Das Kernstück der Reformen, die Privatisierung der Betriebe, hatte damit geendet, dass die massenhaft ausgegebenen Anteilsscheine an Staatsunternehmen überwiegend von ehemaligen Komsomolsekretären oder Geheimdienstlern und von den jeweiligen Fabrikdirektoren aufgekauft wurden. Aus einstigen sowjetischen Nomenklatura erwuchsen die sogenannten Neuen Russen; einige Oligarchen bauten binnen weniger Jahre gigantische Vermögen auf, während

Dem ehemaligen Komsomolfunktionär **Michail B. Chodorkovskij** (geb. 1963) gelang es nach 1991 auf teilweise unsauberen Wegen zum größten Ölmagnaten Russlands aufzusteigen. Er war jedoch der einzige Oligarch, der deswegen zur Rechenschaft gezogen wurde – auffälligerweise, nachdem er begonnen hatte, die politische Opposition und zivilgesellschaftliches Engagement zu fördern. Er wurde 2003 wegen Steuerhinterziehung zu acht Jahren Haft verurteilt, sein Yukos-Konzern de facto verstaatlicht.

Rentner und Arbeitslose kaum genug zum Überleben hatten. Die Grenzen zwischen Geschäften und organisierter Kriminalität waren anfangs fließend, zahlreiche Auftragsmorde ließen das Ansehen des gesamten neuen Wirtschaftssystems drastisch sinken. Mit dem Ansehen des Kapitalismus sank auch das der Reformer – der Begriff »Demokratie« wurde weithin mit »Chaos« und »Ungerechtigkeit« gleichgesetzt. Vor diesem Hintergrund rief die von Putin ausgerufene »gelenkte Demokratie« in Russland keineswegs die gleichen negativen Assoziationen hervor wie im Westen: Für die Mehrzahl der russischen Bürger erschien sie vielmehr als Versprechen, die zu sagenhaftem Reichtum gekommenen Oligarchen gewissermaßen wieder an die Leine zu legen und somit ihrem oftmals undurchsichtigen Einfluss auf die Politik Einhalt zu gebieten. Aus dem gleichen Grunde stieß Putins auf die Oligarchen gemünztes Schlagwort von der »Diktatur des Gesetzes« in der Bevölkerung auf breite Zustimmung – dass im gleichen Zuge auch die sich eben erst bildende Zivilgesellschaft eingeschränkt wurde, erscheint der russischen Öffentlichkeit als nachrangig: In einer Gesellschaft, in der die Lösung der Probleme nach wie vor »von oben« erwartet wird, gilt der »starke Staat« trotz der Erfahrungen aus der Sowjetzeit nicht als Bedrohung, sondern als Garantie des eigenen Wohlstandes.

Die russisch-orthodoxe Kirche ist in Russland wieder zu einem wichtigen Pfeiler des öffentlichen Lebens geworden. Im Bild die Segnung der Osterkuchen einer Moskauer Gemeinde, Foto von 2001

Glossar

Autokephalie Unabhängigkeit der russisch-orthodoxen Kirche vom Patriarchat in Konstantinopel

Autokratie Selbstherrschaft des Großfürsten bzw. des Zaren

Besprizornye wörtlich: »Unbeaufsichtigte« – Waisenkinder und obdachlose Kinder und Jugendliche nach dem Ersten Weltkrieg und dem Bürgerkrieg

Bojaren aus der Gefolgschaft der Fürsten entstandene sozial hochstehende Gruppe, die teilweise auch über Grundbesitz verfügte und gewisse Ähnlichkeiten zum Adel Westeuropas aufwies

Bolschewiki (Bol'ševiki) wörtlich: »Mehrheitler« – radikale Fraktion der russischen Sozialdemokraten um Lenin, aus denen 1918 die KPR(b) (Kommunistische Partei Russlands (der Bolschewiki)) hervorging

Chruščeby umgangssprachliche Bezeichnung für die seit 1956 entstandenen, anfangs meist fünfstöckigen, genormten Neubauten – ein Kunstwort, das aus dem Namen Chruščev und dem russischen Wort für »Slum« (truščeba) zusammengesetzt wurde

Dritte Abteilung 1815 gegründete Vorläuferin der zaristischen Politischen Polizei

Duma 1905 eingeführtes Parlament des Zarenreiches; der Name leitete sich von der »Bojarenduma« des 17. Jahrhunderts ab, einer adeligen Versammlung, die den Zaren beraten sollte

Glasnost' wörtlich: »Transparenz« – neuer Kurs Gorbačevs, mit dem offene gesellschaftliche Debatten zugelassen wurden

GPU russische Abkürzung für Politische Hauptverwaltung (*Glavnoje Političeskoje Upravlenije*), den 1922 umgebildeten sowjetischen Geheimdienst

Gulag russisches Akronym für Hauptverwaltung der Besserungsarbeitslager (*Glavnoje Upravlenije Ispravitelno-trudovych Lagerej i kolonij*); dieses 1929 entstandene System von Straf- und Arbeitslagern entwickelte die seit 1918 entstandenen Internierungslager für politische Gegner fort

Inorodcy wörtlich: »Fremdstämmige« – 1822 geschaffener, neuer Gesellschaftsstand für Nomaden, Jäger u. a. in vormodernen Lebensweisen verhaftete Bevölkerungsgruppen

Kreml' Burg des Fürsten in der Rus' – Zentrum der mittelalterlichen Herrschaft und Keimzelle der meisten russischen Städte

Kommunal'ka umgangssprachliche Wendung für Kommunalwohnung – meist ehemals bürgerliche Wohnungen, in die nach der Revolution Arbeiterfamilien aus den Außenbezirken zwangseinquartiert wurden; Inbegriff für die bis zum Ende des Sozialismus andauernde Wohnungsnot

Korenizacija wörtlich: »Einwurzelung« – sowjetische Nationalitätenpolitik der 1920er Jahre zur Förderung nationaler Eliten und ihrer Einbindung in den Sozialismus

KPdSU Kommunistische Partei der Sowjetunion (russisch: KPSS – *Kommunističeskaja partija Sovetskogo Sojuza*) – offizielle Bezeichnung seit 1952

Kulak wörtlich: »Faust« – beleidigend gemeinte Bezeichnung für sogenannte Großbauern

Narodniki wörtlich: »Volkstümler« – politische Strömung, die einen Agrarsozialismus auf der Basis der *obščina* propagierte

Nomenklatura eigentlich: Personalliste – bezeichnet die privilegierte sowjetische Funktionärsschicht

Menschewiki (Menševiki) wörtlich: »Minderheitler« – gemäßigtere Fraktion der russischen Sozialdemokratie

Obščina Bauerngemeinde, sie diente bis zur Wende zum 20. Jahrhundert auch noch als Zwangssolidargemeinschaft und haftete für das Steueraufkommen des Dorfes

Ochrana inoffizielle, inzwischen weithin gebräuchliche Bezeichnung für die 1880 gegründete Politische Polizei des Zaren

Opričina wörtlich: »Absonderung« – Sonderherrschaftsgebiet im Nordosten des Moskauer Reiches, das der unmittelbaren Gewalt Ivan Groznyjs unterstand

Opričniki Angehörige der Sondereinheiten Ivan Groznyjs zur Herrschaftssicherung und Verwaltung der *opričina*

Perestrojka wörtlich: »Umbau« – gemeint ist der neue Wirtschaftskurs Gorbačevs

Posad ursprünglich die »Vorstadt« vor dem herrschaftlichen Kreml': im Mittelalter der Stadtteil, in dem die freien und steuerpflichtigen Kaufleute und Gewerbetreibenden lebten

Prikazy erste dauerhafte Zentralverwaltungen des Moskauer Reiches

Rus' historische Bezeichnung für die mittelalterlichen Siedlungsgebiete ostslawischer Ethnien und der dort entstandenen frühen slawischen Staaten

Samizdat wörtlich: »Selbstverlag« – Schriften, die von sowjetischen Oppositionellen illegal herausgegeben wurden

Sloboda ursprünglich »Freiheit«: Stadtteil, in dem die persönlich unfreien, aber von der Steuer befreiten, Bediensteten des Fürsten, des Adels und der Geistlichkeit wohnten

Smuta die »Zeit der Wirren«, als nach dem Tod des Zaren Boris Godunov 1605 bis 1613 die staatliche Ordnung des russischen Reiches zusammenbrach und Bürgerkrieg herrschte

Sudebnik Gesetzessammlung

Tscheka eingedeutschte Bezeichnung für die 1917 gegründete bolschewistische Geheimpolizei, abgeleitet aus der russischen Abkürzung »*ČK*« für »Außerordentliche Allrussische Kommission zur Bekämpfung von Konterrevolution, Spekulation und Sabotage« (*Vserossijskaja Čresvyčajnaja Komissija po bor'be s Kontrrevoljuziej, spekuljaciej i sabotažem*)

Veče Volksversammlung der freien Bürger und Bauern der Gemeinden der Rus'

VKP(b) Kommunistische Allunionspartei (der Bolschewiki) (*Vsesojusnaja Kommunisti eskaja partija (Bol'ševikov)* – Bezeichnung der Kommunistischen Partei zwischen 1925 und 1952

Votčina wörtlich: »Vatererbe« – Landbesitz, den die Adeligen an ihre Nachkommen vererben konnten

Waräger Wikingerstamm aus Schweden, der seit dem 8. Jahrhundert über osteuropäische Flüsse den Handel mit Byzanz aufbaute und in diesem Zuge Herrschaftszentren entlang der Handelsroute errichtete bzw. eroberte

Zemskij sobor Reichsversammlung der Städte, Bojaren, Geistlichkeit, Dienstadeligen und Kosaken

Zemstva überörtliche Selbstverwaltungen mit gewählten Vertretungen, 1864 eingeführt

Hinweise zu Umschrift und Aussprache

Die Schreibweise der Namen und Bezeichnung folgt der wissenschaftlichen Transliteration mit diakritischen Zeichen. Hinweise zur Aussprache:

C »Z« wie »Zirkus«
Č scharfer Zischlaut wie in »Tschechien«
ev Endung: Aussprache als »jev« bzw. »ov«
Š Zischlaut wie in »Schiene«
ŠČ zusammengesetzter Zischlaut
V weiche Aussprache wie in »Wort«
Ž weiche Aussprache wie »Garage«
Y dumpfes »I«
Z weiches »S« wie in »Samt«
' Weichheitszeichen (mildert die Aussprache vorstehender Konsonanten ab)

Weiterführende Literatur

Überblickswerke und Lexika

Figes, Orlando: Nataschas Tanz. Eine Kulturgeschichte Russlands, Darmstadt 2003.

Goehrke, Carsten: Russischer Alltag. Eine Geschichte in neun Zeitbildern vom Frühmittelalter bis zur Gegenwart, Zürich 2003–2006.

Haumann, Heiko: Geschichte Russlands, Zürich 2003.

Hellmann, Manfred u. a. (Hg.): Handbuch der Geschichte Russlands (5 Bde.), Stuttgart 1981–2004.

Hildermeier, Manfred: Geschichte der Sowjetunion 1917–1991. Entstehung und Niedergang des ersten sozialistischen Staates, München 1998.

Hosking, Geoffrey: Russland. Nation und Imperium 1552–1917, Berlin 2003.

Kappeler, Andreas: Russland als Vielvölkerreich. Entstehung, Geschichte, Zerfall, München 2008.

Lichatschow, Dmitrij u. a. (Hg.): Die Kunst Russlands. Vom Mittelalter zur Moderne, Gütersloh 1992.

Wieczynski, Joseph L. (Hg.): The modern encyclopedia of Russian and Soviet history (54 Bde.), Gulf Breeze, Fla. 1976–1994.

Ur- und Frühgeschichte

Goehrke, Carsten: Frühzeit des Ostslaventums, Darmstadt 1992.

Parzinger, Hermann: Die Skythen, München 2007.

Posselt, Alfred Helmut: Geschichte des chazarisch-jüdischen Staates, Wien 1982.

Russland im Mittelalter (800–1612)

Dejevsky, Nikolai J.: Novgorod in the early Middle Ages. The rise and growth of an urban community, Oxford 2007.

De Madariaga, Isabel: Ivan the Terrible. First tsar of Russia, New Haven 2005.

Donnert, Erich: Das Kiewer Russland. Kultur und Geistesleben vom 9. bis zum beginnenden 13. Jahrhundert, Leipzig 1983.

Dunning, Chester S. L.: Russia's first civil war. The time of troubles and the founding of the Romanov dynasty, University Park, Pa. 2001.

Halperin, Charles J.: Russia and the Golden Horde. The Mongol impact on medieval Russian history, Bloomington, Ind. 1987.
Heller, Klaus: Die Normannen in Osteuropa, Berlin 1993.
Müller, Ludolf: Die Taufe Russlands. Die Frühgeschichte des russischen Christentums bis zum Jahre 988, München 1987.
Rüss, Hartmut: Adel und Adelsoppositionen im Moskauer Staat, Wiesbaden 1975.

Russland in der frühen Neuzeit (1613–1800)

Burbank, Jane u. a. (Hg.): Russian empire. Space, people, power, 1700–1930, Bloomington 2007.
Dukes, Paul: The making of Russian absolutism 1613–1801, London 1990.
Hughes, Lindsey: Russia in the age of Peter the Great, New Haven, Conn. 1998.
Kahan, Arcadius: The plow, the hammer, and the knout. An economic history of eighteenth century Russia, Chicago, Ill. 1985.
Khodarkovsky, Michael: Russia's steppe frontier. The making of a colonial empire, 1500–1800, Bloomington 2002.
Lotman, Jurij M.: Russlands Adel. Eine Kulturgeschichte von Peter I. bis Nikolaus I., Bausteine zur slavischen Philologie und Kulturgeschichte, Köln 1997.
Michels, Georg Bernhard: At war with the church. Religious dissent in seventeenth-century Russia, Stanford, Calif. 1999.
Scharf, Claus (Hg.): Katharina II., Russland und Europa. Beiträge zur internationalen Forschung, Mainz 2001.
Scheidegger, Gabriele: Endzeit. Russland am Ende des 17. Jahrhunderts, Bern u. a. 1999.

Russland im 19. Jahrhundert

Frank, Stephen P.: Crime, cultural conflict, and justice in rural Russia. 1856–1914, Berkeley 1999.
Geyer, Dietrich: Der russische Imperialismus. Studien über den Zusammenhang von innerer und auswärtiger Politik 1860–1914, Göttingen 1977.
Gitelman, Zvi: A century of ambivalence. The Jews of Russia and the Soviet Union, 1881 to the present, Bloomington 2001.
Lemberg, Hans: Die nationale Gedankenwelt der Dekabristen, Köln 1963.
Lincoln, W. Bruce: The great reforms. Autocracy, bureaucracy, and the politics of change in imperial Russia, DeKalb, Ill. 1990.
Löwe, Heinz-Dietrich: Antisemitismus und reaktionäre Utopie. Russischer Konservatismus im Kampf gegen den Wandel von Staat und Gesellschaft, 1890–1917, Hamburg 1978.
Wortman, Richard: Scenarios of power. Myth and ceremony in Russian monarchy, Princeton 1995.
Sidorko, Clemens P.: Dschihad im Kaukasus Antikolonialer Widerstand der Dagestaner und Tschetschenen gegen das Zarenreich (18. Jahrhundert bis 1859), Reichert 2007.

Zeit der Kriege und der Revolutionen (1905–1924)

Beyrau, Dietrich: Petrograd, 25. Oktober 1917. Die russische Revolution und der Aufstieg des Kommunismus, München 2001.

Figes, Orlando: Die Tragödie eines Volkes. Die Epoche der russischen Revolution 1891 bis 1924, München 2001.
Ingold, Felix Philipp: Der große Bruch. Russland im Epochenjahr 1913. Kultur – Gesellschaft – Politik, München 2000.
Schlögel, Karl: Petersburg. Das Laboratorium der Moderne. 1909–1921, München 2002.
Service, Robert: Lenin. Eine Biographie, München 2000.

Zeit der Utopien und der Unterdrückung

Baberowski, Jörg: Der rote Terror. Die Geschichte des Stalinismus, München 2003.
Fitzpatrick, Sheila: Everyday Stalinism. Ordinary life in extraordinary times. Soviet Russia in the 1930s, New York 1999.
Martin, Terry: The Affirmative Action Empire. Nations and Nationalism in the Soviet Union. 1923-1939, Ithaca, NY 2001.
Montefiore, Simon: Stalin. Am Hof des roten Zaren, Frankfurt am Main 2006.
Paperny, Vladimir: Architecture in the age of Stalin. Culture two, Cambridge u. a. 2002.
Stettner, Ralf: »Archipel GULag«. Stalins Zwangslager. Terrorinstrument und Wirtschaftsgigant. Entstehung, Organisation und Funktion des sowjetischen Lagersystems 1928–1956, Paderborn 1996.
Viola, Lynn: Peasant Rebels under Stalin. Collectivization and the Culture of Peasant Resistance, New York 1996.

Tödliche Bedrohung und Aufstieg zur Weltmacht

Altman, Ilja: Opfer des Hasses. Der Holocaust in der UdSSR 1941–1945, Zürich 2008.
Merridale, Catherine: Iwans Krieg. Die Rote Armee 1939 bis 1945, Frankfurt am Main 2006.
Zubkova, Elena J.: Russia after the war. Hopes, illusions and disappointments. 1945–1957, Armonk, NY 1998.

Tauwetter, Wettrüsten und Wettstreit der Systeme

Kozlov, Vladimir A.: Mass Uprisings in the USSR. Protest and Rebellion in the Post-Stalin Years, Armonk 2002.
Martiny, Albrecht: Bauen und Wohnen in der Sowjetunion nach dem Zweiten Weltkrieg. Bauarbeiterschaft, Architektur und Wohnverhältnisse im sozialen Wandel, Berlin 1983.
Nove, Alec: Stalinism and after. The road to Gorbachev, Boston 1989.
Taubman, William: Khrushchev. The Man and his Era, New York 2003.

Perestrojka, Zerfall, Neubeginn

Brown, Archie: Seven years that changed the world. Perestroika in perspective, Oxford 2007.
Schröder, Hans-Henning: Sowjetische Rüstungs- und Sicherheitspolitik zwischen »Stagnation« und »Perestrojka«. Eine Untersuchung der Wechselbeziehung von auswärtiger Politik und innerem Wandel in der UdSSR (1979–1991), Baden-Baden 1995.
Mommsen, Margareta, Nussberger, Angelika: Das System Putin. Gelenkte Demokratie und politische Justiz in Russland, München 2007.

Bildnachweis

Bettmann/CORBIS: 160; bpk: 69; Darkevi /Borisevi , Drevnjaja stolica Rjazanskoj zemli: 30; Henry Diltz/CORBIS: 174; Dollinger, Rußland: 16, 36; Donnert, Russland im Zeitalter der Aufklärung: 82; Drevnij Novgorod: 13, 26, 34; Ein Tag im Leben der Sowjetunion: 172; Bert Hoppe: 31, 170, 180, 186; Goehrke, Russischer Alltag I: Die Vormoderne: 21, 33, 52; Goehrke, Russischer Alltag III: Sowjetische Moderne und Umbruch: 168, 171, 184; Guljanickij, Drevnerusskoe gradostroitel'stvo: 23; Iroschnikov u.a. (Hg.), Vor der Revolution: Das alte St. Petersburg: 97, 107, 108; Jacobi, Russland 1932/33: 131, 132; Georges de Keerle/Sygma/Corbis: 181; Kingston-Mann/Mixter, Peasant Economy, Culture, and Politics of European Russia, 1800-1921: 54; laif: 179; Noever (Hg.), Tyrannei des Schönen: 162; picture-alliance/akg-images: 5, 6, 7, 9, 14, 39, 40, 43, 45, 47, 55, 56, 65, 67, 72, 78, 80, 84, 89, 91, 92, 95, 100, 102, 103, 110, 111, 113, 121, 124, 134, 142, 146, 151, 165; picture-alliance/akg-images/Pau Almasy: 123, 164; picture-alliance/akg-images/Bildarchiv Steffens: 49; picture-alliance/akg-images/Electa: 19; picture-alliance/akg-images/Erich Lessing: 12, 17, 29, 157; picture-alliance/akg-images/RIA Nowosti: 2, 18, 117, 138, 154, 166, 176, 182; picture-alliance/akg-images/Claudia Quaukies: 185; picture-alliance/akg-images/(c) VG Bild-Kunst, Bonn 2009: 129, 139, 159; picture-alliance/dpa/zb: 175; picture-alliance/Henning Langenheim/akg-images: 152; picture-alliance/IMAGNO/Austrian Archives: 60; picture-alliance/Russian Picture Service/akg-images: 58, 120; Roosevelt, Life on the Russian Country Estate: 77 Smiljanskaja, Dvorjanskoe gnezdo serediny XVIII veka: 74; Staatliche Bücher- und Kupferstichsammlung Greiz, Inv.-Nr. S 4081: 71; Tarkhanow/Kavtaradze, Stalinist Architecture: 126, 144, 150, 158; Tupitsyn, Alexander Rodtschenko. Das neue Moskau: 136; ullstein bild: 59; ullstein bild/Archiv Gerstenberg: 53; ullstein bild/Nowosti: 105, 148; Vova Pomortzeff/Alamy: 15

Verlag und Autor danken allen Leihgebern für die Bereitschaft, Bildmaterial für diese Publikation zur Verfügung zu stellen. Leider war es nicht in allen Fällen möglich, die Inhaber der Urheberrechte zu ermitteln. Etwaige Ansprüche kann der Verlag bei Nachweis entgelten.

Bibliografische Information Der Deutschen Bibliothek
Die Deutsche Bibliothek verzeichnet diese Publikation in der Deutschen Nationalbibliografie; detaillierte bibliografische Daten sind im Internet über http://dnb.d-nb.de abrufbar.

Umschlaggestaltung: Stefan Schmid, Stuttgart, unter Verwendung einer Abbildung von picture-alliance/ZB (Der Kreml an den Ufern der Moskwa), picture-alliance/akg-images/Bildarchiv Steffens (Trinität des Alten Testaments), picture-alliance/DPA (Zar Nikolaus II. mit Familie) und picture-alliance/KPA/TopFoto (Blechillustration: Lenin)

Lektorat: Ricarda Berthold, Freiburg
Korrektorat: Silke Hoppe, Gevelsberg
Kartografie: Peter Palm, Berlin
Reihen-Gestaltung und Satz: Katrin Kleinschrot, Stuttgart
Reproduktionen: reproteam siefert, Ulm
Druck und Bindung: Offizin Andersen Nexö Leipzig GmbH, Zwenkau
ISBN: 978-3-8062-2175-6

Besuchen Sie uns im Internet: www.theiss.de